全注·全译

国学

白话孟子

陈洪海
冉万里 ◎注译

陕西新华出版传媒集团·三秦出版社

图书在版编目（CIP）数据

白话孟子 / 陈洪海，冉万里注译. —2 版. —西安：
三秦出版社，2003.07（2022.5 重印）
（传统文化经典读本）
ISBN 978-7-80628-002-7

Ⅰ. 白… Ⅱ. ①陈… ②冉… Ⅲ. ①儒家 ②孟子 –
注释 ③孟子 – 译文 Ⅳ. B222.5

中国版本图书馆 CIP 数据核字（2003）第 042733 号

传统文化经典读本
白 话 孟 子

陈洪海　冉万里　注译

出版发行	陕西新华出版传媒集团　三秦出版社
社　　址	西安市雁塔区曲江新区登高路 1388 号
电　　话	（029）81205236
邮政编码	710061
印　　刷	北京华强印刷有限公司
开　　本	710mm×1000mm　1/16
印　　张	18.5
字　　数	203 千字
版　　次	2003 年 7 月第 2 版
	2022 年 5 月第 2 次印刷
标准书号	ISBN 978-7-80628-002-7
定　　价	55.00 元

孟 子 像

总　序

　　中国是举世闻名的文明古国，其光辉灿烂的传统文化，已成为整个人类共同的精神财富。随着时代的进步，随着探索自然、认知社会的触角不断深入，人们比以往任何时候都迫切需要发掘传统文化宝藏，汲取更多的智慧和精神力量，来进行自我完善、自我提高，从而获取成功。于是许多人都不约而同地把目光投向那些历尽风雨淘洗的传世经典，吟之诵之，含英咀华。他们意识到，不了解唐诗宋词，没读过孔孟老庄，其麻烦不仅仅是难以达到辩才无碍的境地或获得博学多识的美誉，而且会在工作、学习及社会生活的许多方面遭遇尴尬。反之，熟知经典，以古为镜，以古为师，必定会在全新意义上的修身、齐家、治国平天下方面收到奇效。这方面例子很多，如国内某名牌高校从《易经》中提取"厚德载物"做为校训，培养了无数英才；日本企业家运用《孙子兵法》和《菜根谭》进行经营管理，屡创经济奇迹；某自然科学家要求弟子背诵《道德经》，作为攻克难关前的心理演练；某诺贝尔奖得主坦言，其所以能够历经磨难取得突破，全得益于《孟子》中的一句名言。近年来我国中小学实验教材不断加大古诗文比重以及高考试题频频"考古"，也是为了促进素质教育，培养一代新人。

　　传统文化经典很多，就存在一个轻重缓急和选择的问题，我们不赞成搞什么"百种必读"或"50种必读"，武断地制造一个封闭系统。我们认为中国传统文化经典宝库应当是开放的，其中异彩纷呈，玉蕴珠藏。所以我们推出这套《传统文化经典读本》丛书，第一批20种，只能说是向广大读者奉献的最基本的、应当最先了解的经典作品，包括《易经》、《论语》、《孟子》、《道德经》、《庄子》、《孙子兵法》、《幼学琼林》、《唐诗三百首》、《宋词三百首》、《元曲三百首》等。我们还将根据情况陆续推出第二辑、第三辑。值得说明的是，我社自上个世纪80年代就开始致力于传统文化经典的整理普及，是最早出版白话类经典读本的出版社之一。此次推出的这批图书都是精选版本、精选作者，付出了艰苦努力完成的，内在质量上乘，曾作为我社品牌图书，经受了市场的检验，受到读者的广泛好评。为适应新的形势，更好满足读者的需求，我们对其进行了重新改造整合，使之在版式、装帧等方面更趋考究精美。同时也希望读者多提批评意见，以便进一步改进。

魏全瑞

2003 年 7 月

序　言

《孟子》一书是我国古代思想家孟子言论的总汇，被称为中国传统文化的元典。它不仅影响人们的思想达两千年之久，而且融入日常生活之中。"缘木求鱼"、"拔苗助长"等故事家喻户晓，"鱼和熊掌不可兼得"、"以其昏昏，使人昭昭"等名言警句，皆源于《孟子》一书。

孟子，名轲，战国时邹邑（今山东邹县）人。少年家贫，由寡母抚养成人。在孟母"择邻处"、"断机杼"的教育下，孟子拜子思为师，潜心攻读孔子的儒家学说，终成儒学思想的一代尊师，被后人称为"亚圣"。

《孟子》一书的内容包括孟子与诸侯国君的对话，与朋友谈话，解答弟子提问，与不同学派人士的辩论，关于时事、政治的评论等。其精髓是以仁、义为根本的伦理道德。面对不同的对象，孟子能从不同的角度阐述其仁、义思想：对诸侯国君，大讲王道，并提出了"仁者无敌"、"得民心者得天下"的理论。由于他认为"民为贵、君为轻"，致使其理论无法具体实施。孟子以仁、义、礼、孝作为为人处世的原则。他的"富贵不能淫，贫贱不能移，威武不能屈"等观点，至今仍有其积极的意义。他强调个人自强奋斗，认为"天将降大任于斯人也，必先苦其心志，劳其筋骨，饿其体肤，空乏其身，行拂乱其所为"；只要我们不断磨砺自己，终能战胜困难，获得成功。在继承孔子学说的同时，他光大了儒学仁、义根本，使之更完善，更系统化。

本书注译中，参考了朱熹《四书章句集注》、赵岐《〈孟子〉章句》、杨伯峻《〈孟子〉译注》等书籍。不妥之处，欢迎读者批评指正。

目　录

◇ 卷 六 ◇

◇ 卷 七 ◇

◇ 卷 一 ◇

梁惠王章句 上

一

【原文】

孟子见梁惠王①。王曰："叟②不远千里而来，亦将有以利吾国乎？"

孟子对曰："王何必曰利？亦有仁义而已矣。王曰'何以利吾国'，大夫曰'何以利吾家'，士庶人曰'何以利吾身'，上下交征③利而国危矣。万乘④之国，弑⑤其君者必千乘之家；千乘之国，弑其君者必百乘之家。万取千焉⑥，千取百焉，不为不多矣。苟为后义而先利，不夺不餍⑦。未有仁而遗其亲者也，未有义而后其君者也。王亦曰仁义而已矣，何必曰利？"

【注释】

①梁惠王：魏国在惠王三十一年被秦国打败，将国都由安邑迁往大梁，故魏惠王又称梁惠王。

②叟：老人。这里是对孟子的尊称。

③交征：交，相互；征，征取。

④乘（shèng）计数战车的量词。古时车马齐备的一辆战车为一乘，并常以其数量多少来衡量国家的大小。

⑤弑：地位低的人杀地位高的人叫弑。

⑥焉：从这里，从那里。这是焉字的常义。

1

⑦餍（yàn）：满足。

【译文】

孟子拜见梁惠王。惠王问："老先生不远千里来见我，将会对我国有什么好处吗？"

孟子回答："大王为何非要谈好处呢？只有仁义不就足够了吗！如果大王开口就是'对我国有什么好处'，贵族大臣开口就是'对我家族有什么好处'，平民百姓开口就是'对我个人有什么好处'，这样从上到下纷纷追求私利，那么整个国家便到了岌岌可危的地步了。在一个拥有万乘战车的国度里，犯上作乱杀其君主的肯定是那拥有千乘战车的贵族大臣；在一个拥有千乘战车的国家中，杀君犯上的肯定是那拥有百乘战车的贵族之家。在万乘战车的国家中就能拥有千乘，在千乘战车的国中就能占有百乘，富贵程度实在是够高了，但是处在先谈私利后讲公义的情势中，不杀君夺权独占整个国家便永远不会满足。讲'仁'的人决不会遗忘其父母亲人，有'义'的人决不会做出不忠于君主的事来。大王只要以仁义为本，就足以保国安民了，何必开口就是好处呢？"

二

【原文】

孟子见梁惠王。王立于沼①上，顾鸿、雁、麋、鹿，曰："贤者亦乐此乎？"

孟子对曰："贤者而后乐此，不贤者虽有此不乐也。《诗》②云：'经始灵台，经之营之；庶人攻之，不日成之。经始勿亟③，庶民子来。王在灵囿，麀鹿攸伏；麀鹿濯濯，白鸟鹤鹤。王在灵沼，於牣④鱼跃。'文王以民力为台为沼，而民欢乐之，谓其台曰'灵台'，谓其沼曰'灵沼'，乐其有麋鹿鱼鳖。古之人与民偕乐，故能乐也。《汤誓》⑤曰'时日曷丧，予及女偕亡'。民欲与之偕亡，虽有台池鸟兽，岂能独乐哉？"

【注释】

①沼：沼泽，池塘。此处泛指惠王的宫庭园囿。

②《诗》：即《诗经》。本处所引，出自《大雅·灵台》，追述周文王修筑台、沼故事。因文王是后代所尊崇的圣人，所以其台沼也附有灵气，被称为"灵台、灵沼"。

③亟：同"急"。

④於牣（wū rèn）：於，感叹词；牣，充满。

⑤《汤誓》：《尚书》中的一篇，追述商汤灭夏桀旧事。

【译文】

　　孟子拜见梁惠王之时，正值惠王在宫廷苑囿中。惠王环视飞禽走兽，洋洋得意地信口问道："具有高尚品德的先人，也喜欢像我这样的愉快生活吗？"

　　孟子回答："先有了高尚的品德，才会体会到这种豪华生活的真正乐趣；品德达不到的人，即使有享受这种生活的条件，也不能得到快乐。《诗经·大雅·灵台》上说：'开始构筑灵台的时候，细心劳作，百姓们齐心协力，没用几天就完成了。文王并没有催促，百姓们却踊跃参加。文王去苑囿游览，看到了群鹿安逸憩息，白鸟翎毛光洁。文王去水塘，成群的鱼儿欢腾畅游。'文王役使百姓为他修楼台、挖池塘，百姓们反而欢乐无比备感荣幸，虔诚地尊称楼台为'灵台'，池塘为'灵沼'，并且因为其中充满了鸟兽虫鱼而欢欣。像文王这样的古代贤人，能够与民同乐，所以能体味到拥有楼台池塘等设施的真正乐趣。《尚书·汤誓》里说：'夏桀这个太阳什么时候死去，我宁可与他一起灭亡'。像这种让百姓怨恨到宁肯与他同归于尽的君王，即使拥有再多的水榭阁台、鸟兽虫鱼，又怎能独享欢乐呢？"

三

【原文】

　　梁惠王曰："寡人①之于国也，尽心焉耳矣。河内②凶，则移其民于河东，移其粟于河内。河东凶亦然。察邻国之政，无如寡人之用心者。邻国之民不加③少，寡人之民不加多，何也？"

孟子对曰："王好战，请以战喻：填然④鼓之，兵刃既接，弃甲曳兵而走。或百步而后止，或五十步而后止。以五十步笑百步，则何如？"

曰："不可。直⑤不百步耳，是亦走也。"

曰："王如知此，则无望民之多于邻国也。不违农时，谷不可胜⑥食也；数罟⑦不入洿⑧池，鱼鳖不可胜食也；斧斤⑨以时入山林，材木不可胜用也。谷与鱼鳖不可胜食，材木不可胜用，是使民养生丧死无憾也。养生丧死无憾，王道⑩之始也。

"五亩之宅，树⑪之以桑，五十者可以衣⑫帛矣。鸡豚狗彘⑬之畜，无失其时，七十者可以食肉矣。百亩之田，勿夺⑭其时，数口之家可以无饥矣。谨庠序⑮之教，申之以孝悌⑯之义，颁⑰白者不负戴于道路矣。七十者衣帛食肉，黎⑱民不饥不寒，然而不王者，未之有也。

"狗彘食人食而不知检⑲，涂⑳有饿莩㉑而不知发㉒；人死，则曰：'非我也，岁㉓也。'是何异于刺人而杀之，曰：'非我也，兵㉔也'？王无岁罪，斯天下之民至焉。"

【注释】

①寡人：古代诸侯王的自称。本意为寡德之人，以表谦逊，后代诸王以此自称，却是得意于少有与其并驾齐驱者。

②河内：魏国之地在今山西南部和河南中西部，恰是黄河转弯处，在黄河由北向南流时，山西一带称河东；河水转向东流时，北岸一带地区称河内。

③加：更、进一步。

④填然：充实的样子。此处指气势浑厚。

⑤直：同"只"。后面各章中仍常有此用法。

⑥胜（shēng）：尽，如"不胜感激"、"不胜枚举"。

⑦数罟（shuò gǔ）：数，大，多，此处指细密；罟，网。

⑧洿（wū）：同"污"，低洼之地。

⑨斤：大斧。这是"斤"字的本意。

⑩王道：使天下共尊之为王的道理与方法。孟子的王道概念就是通过施行仁政而称王。

⑪树：种植。

⑫衣：穿衣。

⑬豚：小猪。彘：大猪。

⑭夺：侵占，使之违背、错过。

⑮庠序：学校。殷商称庠，周称序，后来合用以指学校。

⑯孝悌（tì）：侍奉父母为孝，顺从兄长为悌。

⑰颁：同"半"。

⑱黎：众。

⑲检：收敛，约束。

⑳涂：同"途"。

㉑莩（piǎo）：饿死之人。

㉒发：发放。

㉓岁：年成，即一年的收获。

㉔兵：武器。

【译文】

梁惠王说："我治理国家，可算得上尽心尽力了。河内地区闹饥荒，我就疏散一部分饥民到河东，并调拨一些粮食去河内。河东地区闹饥荒，我仍然是这样处理。看周围其他国家的君主，没有一个比我更努力的。可是尽管这样，周围国家的百姓没减少，我国百姓也没增多，这到底是什么原因呢？"

孟子："大王喜欢战争，我就以战争为例子来说吧：战鼓擂响后，双方士兵已经近身肉搏，有些士兵抛盔弃甲拖着武器往后跑，有的退了一百步才停住，有的退到五十步就停下了。后退五十步的战士讥笑后退一百步的人怯懦，可以吗？"

梁惠王："不行不行。虽然没退到一百步，可他们也是一样地后退了，怎么有资格讥笑别人呢？"

孟子："大王知道了这层道理，也就不用指望您的百姓多于邻国百姓了。不违背农时，粮食就足够吃的；不使用太细密的网去池塘沼泽滥捕，鱼鳖等水产品也吃不完；选择时间有次序地入森林砍伐，木材就会用之不尽。粮食和鱼鳖足够食用，木材没有匮乏，百姓们便是活着有东西吃，死后有棺椁葬，不再为生死担心。只要百姓们没有了生死之忧，就是您称王于天下的开始了。

"五亩大的庭院里种上桑树，五十岁的人就能够有丝织衣服穿了。对猪狗鸡等家畜按时饲养，七十岁以上的老人就可以经常吃到肉了。百亩农田，不因其他事务而耽误了耕种节气，几口人的一个家庭也就消除了饥饿之苦。在这种情况下，再认真办好学校，积极倡导孝敬父母、和睦兄弟的道德规范，头发花白的人就不用干那些搬运装卸之类的重体力活了。七十岁的人穿丝绸、吃蛋肉，普通百姓都解决了温饱问题，达到了这种程度还不能称王于天下，是万万不可能的。

"如果丰收时猪狗之类吃着人吃的粮食而不知道收藏；遇到灾年，路上已有饿死之人了还不发粮赈济；直到人死了，只会说：'非我之过，年成太差了。'这就跟拿刀杀了人，还说'不是我杀的，是刀杀的'有什么两样？大王若是不再怪罪收成不好，从自己身上找出真正原因，并且以实际行动来证明，到那时，周围各国的老百姓自然会蜂拥而至。"

四

【原文】

梁惠王曰："寡人愿安①承教。"

孟子对曰："杀人以梃与刃，有以异乎？"

曰："无以异也。"

曰："以刃与政，有以异乎？"

曰："无以异也。"

曰："庖有肥肉，厩有肥马；民有饥色，野有饿莩：此率兽而食人也。兽相食，人且恶②之；为民父母行政，不免于率兽而食人，恶③在其为民父母也。仲尼曰：'始作俑者，其无后乎④！'为其像人而用之也。如之何其使斯民饥而死也？"

【注释】

①安：认真地，虔诚地。

②恶（wù）：厌恶，憎恨。

③恶（wū）：为何。

④孔子认为先有人制造人形俑用来殉葬，引得后人用真人殉葬，所以咒骂发明俑的人该断子绝孙。其实用俑殉葬晚于使用真人，是古代人殉的改进，以假人代替真人正是仁慈的体现，孔子完全错了。

【译文】

梁惠王："寡人愿虚心听取您的指教。"

孟子问："用刀杀人和用棍杀人，有区别吗？"

梁惠王："没有什么区别。"

孟子问："严厉的行政管理让百姓无法生存，与用刀杀人有什么两样吗？"

梁惠王："也没有什么两样。"

孟子说："厨房里有肥肉，马棚里有壮马；而普通百姓面黄肌瘦，城外有饿死者的尸体。这种情形就是放纵禽兽来吃人。动物自相残杀，人们都觉得可憎，而统治百姓的父母官们行施政务时，不能避免放纵动物吃人的现象，又怎能算是百姓的父母官呢！孔子咒骂'第一个制造俑的人真该断子绝孙'，是因为他以人的模型用来随葬死者。现今又为什么让父母官们把百姓闹得饥饿致死呢？"

五

【原文】

梁惠王曰："晋国①，天下莫强焉，叟之所知也。及寡人之身，东败于齐，长子死焉②；西丧地于秦七百里③；南辱于楚④。

寡人耻之，愿比⑤死者壹⑥洒⑦之，如之何则可？”

孟子对曰：“地方百里而可以王。王如施仁政于民，省刑罚，薄税敛，深耕易耨⑧。壮者以暇日修其孝悌忠信，入以事其父兄，出以事其长上，可使制梃以挞秦楚之坚甲利兵矣。

“彼夺其民时，使不得耕耨以养其父母。父母冻饿，兄弟妻子离散。彼陷溺其民，王往而征之，夫谁与王敌？故曰‘仁者无敌’。王请勿疑！”

【注释】

①晋国：周初分封之诸侯国，后被大臣瓜分为韩、赵、魏三国。这里惠王以晋国后继者身份自称其国为晋国。

②指惠王三十年之齐魏马陵之战，魏将庞涓败死，太子申被俘。

③指惠王三十一年大败于秦国商鞅，被秦侵占了十五座城池，都城被迁至大梁。

④指魏国伐赵时，南部边境被楚军趁机攻占了一部分。

⑤比：与……同，此处为代替之意。

⑥壹：全部。

⑦洒：洗。

⑧耨（nòu）：锄草。

【译文】

梁惠王说：“我们晋国，在天下各国中算得上强盛无比了，有关前代业绩，先生当然是清楚的了。可是传到我这一代，东边败给了齐国，连太子也送了性命；西面又败给秦国，丧失了七百里国土；南面也屡遭楚国蚕食。我无时无刻不铭记着这些耻辱，常常想替死者报仇雪恨，洗却所蒙受的一切耻辱。先生您看该如何才能达成心愿呢？”

孟子回答：“只要拥有方圆百里的国土，就可以称王于天下。大王如果对百姓施行仁政，减轻刑罚，降低赋税，使百姓安心于耕种田地，年轻力壮的人有空时提高其个人修养，孝敬父母、和睦兄弟、忠于君长、善待朋友，在家里侍奉父母兄长，在外面服从上级领导。达到了这种程度，就可以让他们拿起武器来对付秦、楚这样的大国将士了。

"等到别的国家为了备战而耽误了农耕，兵士们没有收获来奉养他们的父母，其父母饥寒交迫，兄弟无法团聚，妻离子散。别国君主坑害其百姓，在他们民不聊生时，大王发兵征讨，哪个国家能够抵抗您呢？所以说'奉行仁政的人是无敌于天下的'。请大王不要再迟疑了。"

六

【原文】

孟子见梁襄王①，出，语人曰："望之，不似人君；就②之，而不见所畏焉。卒然③问曰：'天下恶④乎定？'吾对曰：'定于一⑤。''孰能一之？'对曰：'不嗜杀人者能一之。''孰能与之⑥？'对曰：'天下莫不与之也。王知夫苗乎？七八月之间旱，则苗槁矣。天油然作云，沛然作雨，则苗浡然⑦兴之矣。其如是，孰能御之？今夫天下之人牧⑧，未有不嗜杀人者也。如有不嗜杀人者，则天下之民皆引领⑨而望之矣。诚如是也，民归之由⑩水之就下，沛然谁能御之？'

【注释】

①梁襄王：惠王之子，在位23年（公元前318—前296年）。
②就：靠近。
③卒然：同"猝然"。
④恶（wū）：怎样。
⑤一：统一。
⑥与：和……在一起，即追随。
⑦浡（bó）然：同"勃然"，兴起旺盛的样子。
⑧人牧：像放牧牲畜一般管理百姓的人。

⑨引领：引颈，伸长了脖子。

⑩由：同"犹"。

【译文】

孟子拜见梁襄王，出来后对人说："远看，不像是个君主；靠近了，也感觉不到让人敬畏的地方。突然问我：'天下怎样才能安定下来？'我回答：'统一了，自然会安定。'再问：'谁能统一天下呢？'我回答：'不嗜好杀人的君主能够完成统一大业。'又问：'能有多少人追随他呢？'我回答：'普天下的人都会拥戴他。大王知道田间的禾苗吧？七、八月间天旱的时候，禾苗就枯萎了。一旦天上乌云翻滚；哗啦啦降下雨来，禾苗又会茁壮成长起来了。就像这种情形，哪个人能够驾驭得了呢！当今天下各国的君主，没有一个不喜欢杀人的。如果真的出现一位不爱好杀人的君主，各国的百姓都会伸长了脖子盼望着他的到来。果真如此的话，百姓的归顺就像水向低处流一样，滚滚而下谁能阻挡得住呢？'"

七

【原文】

齐宣王①问曰："齐桓、晋文②之事，可得闻乎？"

孟子对曰："仲尼之徒，无道桓文之事者，是以后世无传焉，臣未之闻也。无以③，则王乎？"

曰："德何如则可以王矣？"

曰："保民而王，莫之能御也。"

曰："若寡人者，可以保民乎哉？"

曰："可。"

曰："何由知吾可也？"

曰："臣闻之胡龁曰，王坐于堂上，有牵牛而过堂下者，王见之，曰'牛何之'？对曰'将以衅钟'④。王曰'舍之！吾不忍其觳觫⑤，若⑥无罪而就死地'。对曰：'然则废衅钟也？'曰：

'何可废也！以羊易之'。不识有诸？"

曰："有之。"

曰："是心足以王矣。百姓皆以王为爱⑦，臣固知王之不忍也。"

王曰："然，诚有百姓者。齐国虽褊⑧小，吾何爱一牛？即不忍其觳觫，若无罪而就死地，故以羊易之也。"

曰："王无异于百姓之以王为爱也。以小易大，彼恶知之？王若隐其无罪而就死地，则牛羊何择焉？"

王笑曰："是诚何心哉？我非爱财而易之以羊也，宜乎百姓之谓我爱也。"

曰："无伤也，是乃仁术也，见牛未见羊也。君子之于禽兽也，见其生，不忍见其死；闻其声，不忍食其肉。是以君子远庖厨也。"

王说⑨曰："《诗》云'他人有心，予忖度之'⑩，夫子之谓也。夫我乃行之，反而求之，不得吾心。夫子言之，于我心有戚戚焉。此心之所以合于王者，何也？"

曰："有复于王者曰：'吾力足以举百钧，而不足以举一羽；明足以察秋毫⑪之末，而不见舆薪'⑫。则王许之乎？"

曰："否。"

"今恩足以及禽兽，而功不至于百姓者，独何与？然而一羽之不举，为不用力焉；舆薪之不见，为不用明焉；百姓之不见⑬保，为不用恩焉。故王之不王，不为也，非不能也！"

曰："不为者与不能者之形，何以异？"

曰："挟太山⑭以超北海⑮，语人曰'我不能'，是诚不能也。为长者折枝，语人曰'我不能'，是不为也，非不能也。故王之不王，非挟太山以超北海之类也，王之不王是折枝之类也。"

"老吾老以及人之老，幼吾幼以及人之幼，天下可运于掌。《诗》云：'刑于寡妻，至于兄弟，以御于家邦'⑯。言举斯心加诸彼而已。故推恩足以保四海，不推恩无以保妻子。古之人所以大过人者，无他焉，善推其所为而已矣。今恩足以及禽兽，而功不至于百姓者，独何与？"

"权⑰，然后知轻重；度⑱，然后知长短。物皆然，心为甚，王请度之。抑⑲王兴甲兵、危士臣、构怨于诸侯，然后快于心与？"

王曰："否。吾何快于是，将以求吾所大欲也。"

曰："王之所大欲，可得闻与？"

王笑而不言。

曰："为肥甘⑳不足于口与？轻暖㉑不足于体与？抑为采色㉒不足视于目与？声音不足听于耳与？便嬖㉓不足使令于前与？王之诸臣，皆足以供之，而王岂为是哉？"

曰："否，吾不为是也。"

曰："然则王之所大欲可知已：欲辟土地、朝秦楚、莅㉔中国而抚四夷也。以若所为，求若所欲，犹缘木而求鱼也。"

王曰："若是其甚与？"

曰："殆有甚焉。缘木求鱼，虽不得鱼，无后灾。以若所为，求若所欲，尽心力而为之，后必有灾。"

曰："可得闻与？"

曰："邹人与楚人战，则王以为孰胜？"

曰："楚人胜。"

曰："然。则小固不可以敌大，寡固不可以敌众，弱固不可以敌强。海内之地，方千里者九，齐集有其一。以一服八，何以异于邹敌楚哉？盍㉕亦反其本矣。今王发政施仁，使天下仕者皆欲立于王之朝，耕者皆欲耕于王之野，商贾皆欲藏于王之市，行旅皆欲出于王之涂，天下之欲疾㉖其君者，皆欲赴愬㉗于王。其若是，孰能御之。"

王曰："吾惽㉘，不能进于是矣。愿夫子辅吾志，明以教我，我虽不敏，请尝试之。"

曰："无恒产而有恒心者，惟士为能，若民则无恒产，因无恒心。苟无恒心，放辟邪侈，无不为己。及陷于罪，然后从而刑之，是罔㉙民也。焉有仁人在位罔民而可为也？是故明君制民之产，必使仰足以事父母，俯足以畜^㉚妻子，乐岁^㉛终身饱，凶年免于死亡。然后驱而之善，故民之从之也轻。

"今也制民之产，仰不足以事父母，俯不足以畜妻子，乐岁终身苦，凶年不免于死亡。此惟救死而恐不赡，奚^㉜暇治礼义哉？

"王欲行之，则盍反其本矣。五亩之宅，树之以桑，五十者可以衣帛矣；鸡豚狗彘之畜，无失其时，七十者可以食肉矣；百亩之田，勿夺其时，八口之家可以无饥矣。谨庠序之教，申之以孝悌之义，颁白者不负戴于道路矣。老者衣帛食肉，黎民不饥不寒，然而不王者，未之有也。"

【注释】

①齐宣王：田辟疆，在位18年（前342—前324）。

②齐桓：齐桓公姜小白；晋文：晋文公姬重耳。此二人曾先后于春秋时期称霸。

③无以：无已，不得已。

④衅钟：杀牲取血涂在钟上，是新钟铸成后的一道仪式。

⑤觳觫（hú sù）：颤栗发抖的样子。

⑥若：它。

⑦爱：爱惜，不舍得。

⑧褊（biǎn）：小。

⑨说（yuè）：同"悦"。

⑩忖度（duó）：思忖猜测。

⑪秋毫：鸟兽秋天新生的绒毛。

⑫舆薪：一车柴草。舆，车。

⑬见：被。

⑭太山：泰山。

⑮北海：渤海。

⑯刑：同"型"，楷模。寡妻：自己的妻子。此句出自《诗经·大雅·思齐》。

⑰权：砝码，秤砣。此处指称量。

⑱度：尺子。此处指丈量。

⑲抑：抑或。

⑳肥甘：香甜的食物。此处是形容词代替名词。

㉑轻暖：轻便暖和的衣服。

㉒采色：彩色。

㉓便嬖（pián bì）：被宠幸的近侍。

㉔莅（lì）：临。

㉕盍（hé）：同"蓋"、"盍"，是"何不"二字加合。

㉖疾：愤恨。

㉗愬（sù）：同"诉"。

㉘惽：同"昏"

㉙罔：同"网"。

㉚畜：抚养。

㉛乐岁：丰年。

㉜奚：哪里，哪有。

【译文】

齐宣王问："齐桓公、晋文公先后称霸于天下的壮举，您能给我讲讲吗？"

孟子回答："孔老先生的弟子，（不愿提那些蔑视周天子而称霸于诸侯的事情），所以没有人讲齐桓公、晋文公这些霸主的策略，后代也就没有流传下来，我自然也就没有听说过。既然没有确立霸主地位的良策可讲，我谈点施行仁政而称王于天下的方法，可以吗？"

齐宣王："品德修养到什么地步就可以称王了呢？"

孟子："善待百姓，然后称王，没有谁能够阻挡得了。"

齐宣王："像我这样的君主，能做到善待百姓吗？"

孟子："完全可以。"

齐宣王："先生怎么知晓我能够做到呢？"

孟子："我曾经听胡龁说，您坐在殿堂上，看见有人牵牛从殿堂前走过，就问'把牛牵到哪里去？'牵牛的人回答'要去杀掉来祭新铸铜钟！'您说：'算了吧！我不忍心看到它颤栗不安恐惧发抖的样子。它是毫无过错就被杀死啊！'下属问您'那么就不祭钟了吗？'您回答说：'怎能不祭呢？换只羊吧！'有这回事吗？"

齐宣王："有这回事。"

孟子："有这种品德就足可以称王了。百姓都以为大王太吝啬，我却知道大王其实是不忍心啊！"

齐宣王："是的！确实有些百姓这样看我，但齐国虽不算大，我又怎会舍不得一头牛呢？实在是不忍心看它没有过错而将被处死，颤栗不安恐惧得发抖。所以我命令换一只羊。"

孟子："百姓觉着您吝啬，您对此不必惊异。牛大羊小，您杀一个小的留下一个大的，百姓们又怎能知道您不忍心杀牛的仁慈之心呢？不过话说回来，您要是怜悯牛无错而被杀，难道羊就有什么罪过吗？又为什么舍羊而保牛呢？"

齐宣王一笑："真的，这是什么用意呢？当时我的确因为不忍心而换羊的，并非是贪财而留个大的。现在一想，百姓们觉得我吝啬，似乎也很有道理。"

孟子："不忍杀生，就是仁慈。您以羊换牛是因为见牛而没见羊的缘故。有修养的人对于禽兽的态度，是见它活着就不忍见看到它死，听过它的声音就不忍心吃它的肉。所以说有德行的人一般不去厨房，就是这么个道理。"

齐宣王："《诗经·小雅·巧言》上说'别人有心事，我就能猜透。'就跟说您的一样啊！当时我做过的事，返回头来再想想，却不清楚自己为什么要做了。经您这么一解释，我就豁然开朗了。不过我的这份品德为什么可以称王，您还要再说明白点。"

孟子："有人跟大王说：'我的力气可以举起百钧重的东西，但举不动一根羽毛；我的视力可以分辨出鸟兽秋天新生绒毛的细尖，但看不见跟前的一车柴草。'大王您相信这种话吗？"

齐宣王："当然不信。"

孟子："大王现在恩泽都能普及到鸟兽身上了，而仁慈之心却单单不体现在对待您的百姓上，为什么呢？举不动一根羽毛，是因不用力气；看不见一车柴草，是因为不去看它；百姓得不到善待，是您不给予恩惠。所以，大王没有称王于天下，不是做不到，而是不去做。"

齐宣王："不干与干不了，有什么差别吗？"

孟子："携持泰山跨超渤海，跟人说'我干不了'，这是真的干不了。为年迈的人折一树枝，跟人说'我干不了'，这是不想干而非干不了。大王没有称王于天下，并不是挟泰山过北海之类的干不了的事，而是为老人折一树枝之类简单但不想去干的事。

"赡养自己的老人，同时也去善待别人的长辈；抚育自己的子女，同时也去关心别人的孩子。这样天下就可以握在手掌里了。《诗经·大雅·思齐》上说：'给妻子做个榜样，再推广到兄弟，进而普及到家族和国家。'就是指把这份仁爱之心施展给别人。所以多行善事能够拥有天下，不施恩惠连妻子儿女也照顾不好。过去有品德的人，之所以比一般人更伟大，没有别的原因，只是善于推行他的仁慈罢了。现在大王对禽兽都可以施恩，惟独不给百姓一些实惠，怎么可以呢？"

"比较，才能知轻重；度量，才能知长短。东西实物都是这样，人心更是这样，请大王想想是否如此？如果大王扩充军队，把手下人放于危险境地，与周围邻国结下冤仇，大王心情就非常愉快了吗？"

齐宣王："不是，我又怎会去寻这种快乐呢？只不过我想达到我的最高目标罢了。"

孟子："大王的最大心愿，可说出来让我听听吗？"

齐宣王笑了笑，没有马上回答。

孟子："因为美味佳肴不能满足口腹之欲吗？轻便暖和的衣服不够穿吗？雕楼美景不够您看吗？吹拉弹唱不够您听吗？左右侍从不够您用吗？这一切大王的属下都能为您办到，难道真是为了这些吗？"

齐宣王："不是，我不追求这些。"

孟子："好了，大王的最大心愿我猜到了：是想开拓国土，使秦、楚这样的大国也来向您朝拜，统治中央大国，安抚边远落后民族。不过依您现在所作所为，想要达到您的最高目标，就好比是爬上树去捕鱼，是万万不能的。"

齐宣王："难道有这么严重吗？"

孟子："比我刚才所说更严重。爬树捉鱼，当然抓不到鱼，但也没有什么灾祸。依您的所为，去达成您的心愿，若是倾尽全力贸然行事，灾难会随后降临。"

齐宣王："说给我听听！"

孟子："如果邹国和楚国开战，大王以为谁能得胜呢？"

齐宣王："自然是楚国会胜。"

孟子："对啊！小国无法抵抗大国，人少打不过人多，力弱胜不了力强的。四海之内各国土地，方圆有九千里，齐国占有其中之一。用齐国的这一份去制服其余的八份，与邹国跟楚国开战有什么差别？为什么不返回头来从根本上想办法呢？现在大王若是肯施行仁政，使得天下有识之士都想来齐国听从大王的命令，（从而建功立业），老百姓都想在齐国的土地上耕种，商人们都想在齐国的集市上存放货物，出门的人都想走在齐国的道路上，怨恨本国统治者的人都想向您诉说冤情。若真到了这一步，哪一个国家的君主能够阻碍您的统一？"

齐宣王："我算不上聪明，不能达到您刚说的程度。希望先生辅助我，明明白白的指点我，我虽愚笨，也想试一试！"

孟子："没有固定财产却能坚守高尚情操的人，只是那些有修养的人。至于普通百姓，如果没有固定资产，也就失去了其应有的道德观念。一旦丧失了道德观念，只能是完全地放纵自己的私欲邪念，一切为了个人着想。等到他们犯了罪再去用刑罚处理他们，就像是先布好了网等着他们去钻一样。有道德的统治者不会这样去陷害百姓，所以高明的统治者控制百姓的私有财产，必须让百姓有些剩余，对上可以赡养父母，对下可以养活妻子儿女，年成好时吃饱穿暖，碰到灾年也不至于饿死。在这种情况下再引导百姓提高其道德水平，百姓们便很容易听从了。

"现在对百姓财产的收敛，使得他们上不能赡养父母，下不能养活妻子儿女，年成好时也是劳碌不止，遇到灾年就只有等着饿死了。这时候人们只想着养活自己不被饿死了，又哪里有空去提高修养呢？

"大王若是想推行'王道'的话，为何不返回来从根本上解决问题呢：五亩大的宅院，种上桑树，五十岁的人就有丝绸穿了。鸡、猪、狗等常养的家畜，按时喂着，七十岁的人就有肉类食物了。百亩面积的农田，不因国家大事而耽误耕种节令，八口人的一家就可免于饥饿了。认真加强学校教育，积极推行孝敬父母遵从兄长的道德规范，头发斑白的人就用不着出门从事一些重体力劳动了。老人穿丝绸吃肥肉，一般百姓温饱无忧，这样还不能称王于天下，是绝对不可能的。"

梁惠王章句　下

一

【原文】

庄暴①见孟子，曰："暴见于王②，王语暴以好乐③，暴未有以对也。"曰："好乐何如？"

孟子曰："王之好乐甚，则齐国其庶几④乎？"

他日见于王，曰："王尝语庄子以好乐，有诸？"

王变乎色，曰："寡人非能好先王之乐也，直⑤好世俗之乐耳。"

曰："王之好乐甚，则齐其庶几乎？今之乐由⑥古之乐也。"

曰："可得闻与？"

曰："独乐⑦乐⑧，与人乐乐，孰乐？"

曰："不若与人。"

曰："与少乐乐，与众乐乐，孰乐？"

曰："不若与众。"

"臣请为王言乐。今王鼓乐于此，百姓闻王钟鼓之声，管龠⑨之音，举疾首蹙頞⑩而相告曰：'吾王之好鼓乐，夫何使我至于此极也：父子不相见，兄弟妻子离散！'今王田⑪猎于此，百姓闻王车马之音，见羽旄⑫之美，举疾首蹙頞而相告曰：'吾王之好田猎，夫何使我至于此极也：父子不相见，兄弟妻子离散！'此无他，不与民同乐也。

"今王鼓乐于此，百姓闻王钟鼓之声，管龠之音，举欣欣然有喜色而相告曰：'吾王庶几无疾病与，何以能鼓乐也！'今王田猎于此，百姓闻王车马之音，见羽旄之美，举欣欣然有喜色而相告曰：'吾王庶几无疾病与，何以能田猎也！'此无他，与民同乐也。

"今王与百姓同乐，则王矣。"

【注释】

①庄暴：齐国大臣。

②王：齐宣王。

③好乐（yuè）：喜欢音乐。

④庶几：差不多。

⑤直：同"只"。

⑥由：同"犹"。

⑦乐（yuè）：欣赏音乐。

⑧乐（lè）：欢乐。

⑨龠（yuè）：古代管乐器。

⑩蹙頞（cù è）：皱起鼻子。蹙，缩；頞，鼻梁。

⑪田：同"畋"（tián），打猎。

⑫旄（máo）：用牦牛尾巴装饰的大旗。

【译文】

庄暴遇到孟子时说："我今日拜见大王，大王跟我说他爱好欣赏音乐，我当时无话可说。"又说："喜欢音乐怎么样呢？"

孟子问："大王喜欢音乐，齐国现在恐怕很不错了吧？"

过了几天，孟子进见齐宣王，说："大王跟庄先生说喜欢音乐，有这回事吗？"

齐宣王很尴尬地说："我并不是喜欢先代圣明君主的那种高雅音乐，只是欣赏些时下通俗音乐罢了。"

孟子："大王喜欢赏乐，齐国该是相当不错了吧！古代音乐与当今流行乐曲没有根本区别。"

齐宣王："能说来听听吗？"

孟子："一个人赏乐很快乐，与别人一起赏乐也快乐，哪种更快乐一些呢？"

齐王："不如与别人一起赏乐。"

孟子："与几个人一起赏乐很高兴，与很多人一起赏乐也很高兴，哪种更高兴呢？"

齐王："不如跟多人一起赏乐。"

孟子："现在我给大王讲讲赏乐的道理。今日大王在这里鼓乐齐鸣，老百姓听见大王的音乐声，都摇着头皱着眉说：'我们大王喜欢音乐，为什么把我们逼到了这种悲惨至极的地步：父亲见不上儿子，兄弟、老婆、孩子无法团聚。'今日大王在这里打猎，老百姓听到车马滚滚的声音，看到鸟羽牛尾装饰的大旗，纷纷皱着眉头摇着脑袋说：'大王喜欢打猎，为什么使我们悲惨到了这种地步：父子不见面，兄弟妻子无法团聚。'这没有别的，只是不与百姓共享欢乐的原因。

"要是大王在这里赏乐，百姓听到钟鼓宏大的节奏、丝竹委婉的旋律，纷纷兴高采烈地欢呼：'我们大王身体很健康，否则怎么能赏乐呢！'大王在这里打猎，百姓们听见车马声，看到羽毛大旗的艳丽，都兴高采烈地说：'我们大王身体大概很好啊！要不怎么还来打猎呢！'这也没有别的，与民分享快乐罢了。

"现在若是大王能够与民同乐，那么就可以称王于天下了。"

二

【原文】

齐宣王问曰："文王之囿^①方七十里，有诸？"

孟子对曰："于传有之。"

曰："若是其大乎？"

曰："民犹以为小也。"

曰："寡人之囿方四十里，民犹以为大，何也？"

曰："文王之囿方七十里，刍荛②者往焉，雉兔者往焉，与民同之。民以为小，不亦宜乎？臣始至于境，问国之大禁，然后敢入。臣闻郊关之内有囿方四十里，杀其麋鹿者如杀人之罪，则是方四十里为阱于国中。民以为大，不亦宜乎？"

【注释】

①囿（yòu）：养动物的园林。

②刍荛（chú ráo）：刍，喂牲口的草；荛，柴草。此处意为割草打柴。

【译文】

齐宣王问："周文王的园林七十里见方，确有其事吗？"

孟子回答："记载中是这样的。"

齐宣王："那么是否太大了点？"

孟子："百姓们还觉得太小呢！"

齐宣王："寡人的园林四十里见方，老百姓就嚷嚷着太大了，真是不可思议。"

孟子说："文王的园林方圆七十里，割草打柴的人去那里，抓野鸡打兔子的人去那里，是与百姓共同使用的。老百姓觉得它太小，难道不是很正常吗？我刚到齐国边境，先打听清楚在齐国有什么禁忌，然后才敢进来。我听说城墙边上有一片方圆七十里的禁苑，杀里面的麋鹿要按杀人罪论处，这实在是一个四十里见方的大陷阱啊！老百姓觉得它太大，这有什么不合适吗？"

三

【原文】

齐宣王问曰："交邻国有道①乎？"

孟子对曰："有。惟仁者为能以大事②小，是故汤事葛③，文王事昆夷④。惟智者为能以小事大，故太王⑤事獯鬻⑥，勾践事吴。以大事小者，乐天⑦者也；以小事大者，畏天⑧者也。乐天者保天下，畏天者保其国。《诗》云：'畏天之威，于时保之。'"

王曰："大哉言矣！寡人有疾，寡人好勇。"

对曰："王请无好小勇。夫扶剑疾视曰：'彼恶敢挡我哉！'此匹夫之勇，敌一人者也。王请大之。

"《诗》云：'王赫斯⑨怒，爰整其旅，以遏徂莒，以笃周祜⑩，以对于天下'。此文王之勇也。文王一怒而安天下之民。

"《书》曰：'天降下民，作之君，作之师，惟曰助上帝宠之。四方有罪无罪惟我在，天下曷⑪敢有越厥⑫志'？一人⑬衡⑭行于天下，武王耻之。此武王之勇也。而武王亦一怒而安天下之民。今王亦一怒而安天下之民，民惟恐王之不好勇也。"

【注释】

①道：规范。

②事：从事，侍奉。

③葛：商汤时的一小国。

④昆夷：文王时与周相邻的西戎小国。

⑤太王：文王的爷爷古公亶父。

⑥獯鬻（xūn yù）：即猃狁，北方游牧民族。

⑦乐天：自然符合客观规律。

⑧畏天：因敬畏而遵循天下的正常规范。

⑨赫斯：赫然。

⑩祜（hù）：福。

⑪曷：同"何"。

⑫厥：其。

⑬一人：指殷纣王。

⑭衡：同"横"。

【译文】

齐宣王问："结交邻国有什么原则吗？"

孟子回答："有的。只是仁慈的君主才能以大国身份去为小国谋划，所以有商汤王曾经服务于葛国，周文王善待昆夷人。只有聪明的君主才能以小国身份为大国尽力，所以太王古公亶父谨慎地结交猃狁、越王勾践恭顺地去吴国听从安排。以大的服从小的，是自然而然地符合了万物运行的规律；以小的服从大的，是因敬畏而遵循了自然的正常规律。前者可以拥有天下并保持安定，后者可以拥有自己的小国并维持其安宁。所以《诗经·周颂·我将》中说：'敬畏天道的神威，才会保持安宁。'"

齐宣王说："您说的太对了！但我有个毛病，就是爱好勇敢、喜欢武力。"

孟子说："那么希望大王不要喜欢小勇力。那些握紧剑柄、瞪大眼睛盯着别人、并恶声恶气地问'哪个敢来跟我较量比试'的人，只是稍有武力的一般人，不过就能对付一个罢了。希望大王的勇敢更伟大一些。

"《诗经·大雅·皇矣》篇中说：'大王赫然震怒，马上整顿军伍去阻挡伐莒的敌人，从此增加了周国的福泽，以此证明了大周国在天下的地位。'这就是文王的'勇'。文王一旦发怒，可以使天下人民得到安宁。

"《尚书》上说：'老天孕育了一般黎民百姓，给他们君主来加以管理，给他们师长来加以教育，这就是帮助上天来照顾百姓的。各地之人有罪无罪由我来处理，哪一个敢不安分守己违背上天意志呢？'商纣王横行霸道，有违上天管理爱护百姓的旨意，周武王深感可耻，随即起兵伐纣。这就是武王的'勇'。武王一旦发怒，也使天下百姓过上安宁的日子。现在要是大王也大发雷霆之怒，从而安定天下之百姓，百姓们恐怕只担心大王不够喜欢勇敢呢！"

四

【原文】

齐宣王见孟子于雪宫①。王曰:"贤者亦有此乐乎?"

孟子对曰:"有。人不得,则非②其上矣。不得而非其上者,非也;为民上而不与民同乐者,亦非也。乐民之乐者,民亦乐其乐;忧民之忧者,民亦忧其忧。乐以天下,忧以天下,然而不王者,未之有也。

"昔者,齐景公问于晏子③曰:'吾欲观于转附、朝儛,遵海而南,放于琅邪,吾何修④而可以比于先王观也?'晏子对曰:'善哉问也!天子适诸侯曰巡狩。巡狩者,巡所守也。诸侯朝于天子曰述职,述职者,述所职也。无非事者。春省⑤耕而补不足,秋省敛而助不给。夏谚曰:吾王不游,吾何以休?吾王不豫⑥,吾何以助?一游一豫,为诸侯度⑦。今也不然:师行而粮食,饥者弗食,劳者弗息。睊睊胥⑧谗,民乃作慝⑨。方命虐民,饮食若流,流连荒亡,为诸侯忧。从流下而忘反谓之流,从流上而忘反谓之连,从兽无厌谓之荒,乐酒无厌谓之亡。先王无流连之乐,荒亡之行。惟君所行也。'

"景公悦,大戒于国,出舍于郊。于是始发补不足。召大师曰:'为我作君臣相说⑩之乐!'盖《徵招》、《角招》是也。其诗曰'畜⑪君何尤'?畜君者,好君也。"

【注释】

①雪宫:齐王的一处别宫。

②非:以……为非。

③晏子:晏婴,春秋时齐国名相。

④何修:怎么做。

⑤省(xíng):省视,检查。

⑥豫:同"预",参与。

⑦度:制定规划。

⑧胥：全部。

⑨慝（tè）：恶。

⑩说（yuè）：同"悦"。

⑪畜：奉养。

【译文】

齐宣王在雪宫接见孟子时问："品行高尚的人也享受这种乐趣吗？"

孟子回答："是的。人们得不到这种乐趣，就认为是他们的统治者不对。因为得不到就诽谤怨恨统治者当然不对，但统治者不与人们共享欢乐，也是不对的。谁能因百姓欢乐而高兴，则百姓也以他的幸福为满足；谁能把百姓的忧愁当成自己的忧愁，则百姓便也为他的痛苦而担忧。如果国王能够与天下百姓同忧愁、共欢乐，然后还不能称王于天下，是不可能的。

"过去，齐景公问宰相晏婴：'我想先去胶东半岛的芝罘山、召石山游览，然后乘船沿海岸南下，转游中部的瑯邪山，怎么做才能跟古圣明君主的出游相媲美呢？'晏子回答：'大王这个问题提得好！古代天子到各诸侯国去叫巡狩，巡狩的意思就是巡察自己所拥有的国土和人民。诸侯国君朝拜天子叫述职，述职的意思就是汇报自己履行职责的情况。这些出游没有什么其他事务，只是春天检查耕种情况，对无力耕种的人发放一些补助；秋天检查粮食收获情况，对余粮不足以度过冬季的百姓给予一定的照顾。夏代时流行过这样的谚语：我们大王不出游，我们就无法得到休息；我们大王不参与我们的计划，我们从哪里得到一些帮助呢？所以天子的出游，实际上是帮助了各诸侯国的国君。现在不同了，大群人员出动，要耗费很多食物，饥饿的人得不到饭吃，劳动者得不到休息，百姓们用愤怒的眼睛盯着游山玩水的人群。怨恨之声不绝于耳，更有甚者为了活命就违法乱纪、为非作歹。这种有违上天意愿、暴虐百姓、浪费粮食毫无节制的状况，已经到了流连荒亡的程度，诸侯们应该引以为忧才是。顺流而下、贪乐忘返叫流；逆流而上、贪乐忘返叫连；终日打猎不满足叫荒；沉湎于饮酒而不自拔叫亡。古时贤明的君主，不追求流连的乐趣，也没有荒亡的行为。望大王自己考虑该怎么做吧！"

"景公听了晏子的话，非常高兴，马上命令城内戒除浪费虚耗恶习，到郊外出舍财物，开始发放救助以补充百姓生活的不足。并且命令乐师创作君主与大臣同心同德的乐曲，这就是《徵招》、《角招》两道乐曲的来历。当时还有诗说：'奉养君主有什么不对吗？'奉养君主就是热爱国君的表现。"

五

【原文】

齐宣王问曰："人皆谓我毁明堂①，毁诸？已乎？"

孟子对曰："夫明堂者，王之堂也。王欲行王政，则勿毁之矣。"

王曰："王政可得闻与？"

对曰："昔者文王之治岐也，耕者九一②，仕者世禄，关市讥③而不征，泽梁无禁，罪人不孥④。老而无妻曰鳏，老而无夫曰寡，老而无子曰独，幼而无父曰孤。此四者，天下之穷民而无告者。文王发政施仁，必先斯四者。《诗》云："哿⑤矣富人，哀此茕独！"

王曰："善哉言乎！"

曰："王如善之，则何为不行？"

王曰："寡人有疾，寡人好货。"

对曰："昔者公刘好货。《诗》云：'乃积乃仓，乃裹糇⑥粮，于橐于囊，思戢⑦用光。弓矢斯张，干戈戚扬，爰方启行。'故居者有积仓，行者有裹囊也，然后可以爰方启行。王如好货，与百姓同之，于王何有？"

王曰："寡人有疾，寡人好色。"

对曰："昔者太王好色，爱厥妃。《诗》云：'古公亶父，来朝走马，率西水浒，至于岐下，爰及姜女⑧，聿来胥宇。'当是时也，内无怨女，外无旷夫。王如好色，与百姓同之，于王何有？"

【注释】

①明堂：天子庙堂，周代经常在此处理政事。这里指的是齐国境内周天子出巡时建的祭天场所。

②九一：周代井田制度，九分之一是国家公田。

③讥：同"稽"，检查。

④孥（nú）：儿子。或指妻与子。

⑤哿：同"可"。

⑥糇（hóu）：干粮。

⑦戢（jí）：收藏。

⑧姜女：太公王妃。姬、姜二姓世代通婚，故周王之妃多姜姓。

【译文】

齐宣王问："人们都劝我将天子来泰山时建的明堂拆了，您认为是拆了好呢，还是留着好？"

孟子回答："明堂，是天子处理大事的地方。您要是像圣明君主一样施行王政，就没有必要拆了它。"

齐宣王说："那您讲讲实施王政又该怎样吧！"

孟子回答："过去文王治理西岐时，让百姓按井田制耕种，用九分之一的精力为国家劳动。官僚可以世代领取俸禄，边关和市场只检查但不征税，山梁沼泽不划出禁地，一人犯罪不连累妻子儿女。老人无妻叫鳏夫，老人无丈夫叫寡妇，老人无子女叫独，小孩没有父亲叫孤儿，这四种人无依无靠是最可怜的。文王施行仁政，首先就是照顾这些人。因为《诗经·小雅·正月》中都说：'富裕的人可以生活了，唯独孤立无援的人才最悲哀。

齐宣王说："这话说得好极了。

孟子问："既然您认为说得对，为什么不照此实施呢？"

齐宣王说："寡人有个毛病，就是贪图财物。

孟子说"过去周人先王公刘也贪财，《诗经·大雅·公刘》上记着：'仓里堆积着谷物，身上携带着干粮，连口袋之类的东西里也都填满了。然后带上弓箭，扛起斧钺，准备好了开始出征。'这样家里有存粮，出门有食物，就可以远征启程了。大王喜欢财物，也要让百姓有点积蓄，跟实施王政又有什么冲突呢？"

齐宣王又说："我还有个毛病，就是贪恋女色。"

孟子说："过去周太王也喜欢女色，宠爱他的妃子，《诗经·大雅·绵》上记着：'古公亶父早晨骑马顺漆水而行，来到岐山脚下，还带着他的王妃一起来到这里视察住处。'在那个时候，百姓家里没有未出嫁的成年女儿，也没有娶不上媳妇的单身儿子。太王要是喜欢女色，也同时考虑让百姓满足这份同样的要求，这与大王实施王政又有什么冲突呢？"

六

【原文】

孟子谓齐宣王曰："王之臣有托其妻子于其友而之^①楚游者，比^②其反也，则冻馁其妻子，则如之何？"

王曰："弃之。"

曰："士师^③不能治士，则如之何？"

王曰："已之。"

曰："四境之内不治，则如之何？"

王顾左右而言他。

【注释】

①之：同"至"。

②比：及，待到。

③士师：官员，主管刑法。

【译文】

孟子问齐宣王："大王的属臣中，有人在去楚国游历前，把妻子儿女托付给朋友照看，等到从楚返回时，却发现妻子儿女在忍饥受冻。对这样的朋友该如何交往呢？"

齐宣王答："跟他断绝关系。"

孟子问："刑法官员不能管理处置辖内人员，该怎么办？"

齐宣王答："撤职。"

孟子又问："整个国家一片混乱，又该怎么办？"

齐宣王东张西望，马上把话题引到别的事上。

七

【原文】

孟子见齐宣王，曰："所谓故国①者，非谓有乔木之谓也，有世臣之谓也。王无亲臣矣，昔者所进，今不知其亡也。"

王曰："吾何以识其不才而舍之？"

曰："国君进贤，如不得已，将使卑逾尊、疏逾戚，可不慎与？左右皆曰贤，未可也；诸大夫皆曰贤，未可也；国人皆曰贤，然后察之见贤焉，然后用之。左右皆曰不可，勿听；诸大夫皆曰不可，勿听；国人皆曰不可，然后察之，见不可焉，然后去之。左右皆曰可杀，勿听；诸大夫皆曰可杀，勿听；国人皆曰可杀，然后察之，见可杀焉，然后杀之。故曰：国人杀人也。如此，然后可以为民父母。"

【注释】

①故国：历史较长的国家。

【译文】

孟子进见齐宣王，说："那些历史悠久盛名远扬的国家，并非指国境内有枝叶参天的千年古树，而是因为有一些世代辅佐忠心耿耿的老臣。大王现在没有可以信赖的亲近大臣了，过去提拔上来的臣子，今日又不知到哪里去了！"

齐宣王问："该怎样辨别那些没有才能的大臣然后舍弃他们呢？"

孟子回答："一国君主，要选择贤明的臣子来辅佐。如果在左右亲近之人中没有贤才可用，则只能在地位低的人中选拔使其凌驾于过去那些地位高的人之上，选关系疏远的贤才越过亲近之人而加以重用。像这样的大事能不倍加谨慎吗？左右亲近说某人贤明，不一定对；堂下大臣都说他贤明，也不一定对；平民百姓都说他贤明，就应该去实际考察了，若是果真贤明，便任用他担当一定职务。左右亲近说某个人不称职，不要相信；堂下大臣也都说此人不称职，还不能轻信；直到平民百姓都认为此人不行，这时就该实际调查了，若果真不称职，便免除其所任职务。左右亲信说某人该死，不能轻信；堂下大臣也说他该死，还不可轻信；平民百姓都说他该死，就派人检查一番，发现他果真罪不可赦然后才能杀他。这就叫全国百姓杀人。大王若能这样做的话，就是一个合格的君主了。

八

【原文】

齐宣王问曰："汤放桀，武王伐纣，有诸？"

孟子对曰："于传有之。

曰："臣弑其君，可乎？"

曰："贼仁者谓之贼，贼义者谓之残，残贼之人谓之一夫。闻诛一夫纣矣，未闻弑君也。

【译文】

齐宣王问："商汤流放了他的国君夏桀，周武王讨伐他的国君殷纣王，有这回事吗？"

孟子回答："记载上是有的。

齐宣王问："做属臣的杀死他们的君主，这符合仁义规范吗？"

孟子回答："践踏仁道的人叫'贼'，违背信义的人叫'残'，两者兼而有之的人就叫'一夫'。我只听说过周武王为民除害杀死了独夫民贼殷纣王，没听说过以下犯上杀害君王的事。"

九

【原文】

孟子见齐宣王，曰："为巨室，则必使工师求大木。工师得大木，则王喜，以为能胜其任也。匠人斫而小之，则王怒，以为不胜其任矣。夫人幼而学之，壮而欲行之，王曰：'姑舍女①所学而从我'，则何如？今有璞玉于此，虽万镒②，必使玉人雕琢之。至于治国家，则曰：'姑舍女所学而从我'，则何以异于教玉人雕琢玉哉？"

【注释】

①女：同："汝"。
②镒：齐国的重量单位，二十两为一镒。

【译文】

孟子拜见齐宣王时说："要盖一大房子，一定先派总管去找大木料。总管找来了大木料，大王就高兴，认为他能很好地履行职责。木匠刀削斧砍之后木料变小了，国王就生气，认为木匠干不了这种活。人家从小就开始学习这门手艺，出徒之后要干了，大王却命令：'忘记你先前学的，听我的指挥'，这样合适吗？就好比这里有块玉料，虽然价值万镒，也必须经过玉匠雕刻琢磨才能合用。至于治理国家，也说：'忘了你原来学的，只服从我就行了。'这就跟一个外行人教导玉匠怎么雕琢玉器有什么两样？"

十

【原文】

齐人伐燕，胜之。宣王问曰："或谓寡人勿取，或谓寡人取之。以万乘之国伐万乘之国，五旬而举之，人力不至于此，不取必有天殃。取之，何如？"

孟子对曰："取之而燕民悦，则取之。古之人有行之者，武王是也。取之而燕民不悦，则勿取。古之人有行之道者，文王是也。以万乘之国伐万乘之国，箪食壶浆①以迎王师，岂有他哉？避水火也。如水益深，如火益热，亦运而已矣！"

【注释】

①箪食壶浆：用篮子盛满干粮，用壶装满酒浆。

【译文】

齐国征伐燕国，取得了胜利。齐宣王问："有人说不要出兵，有人劝我应该出兵。拥有万辆战车的大国征讨另一个同样大的国度，只用五十天就大获全胜，人的力量断断不能达到这种地步，这是上天的意愿，我要是不举兵侵占燕国的话，必定遭到上天的惩罚。现在燕国已落到我手里，怎么样呢？"

孟子回答："占领燕国后他们的百姓高兴，就说明应该占领，从前武王兴兵伐纣王，就是这种情况。占领之后燕国百姓不高兴，就说明不该去侵占，从前周文王没有兴兵伐纣就属于这种情况。以万乘战车的大国起兵去讨伐另一个同样的大国，他们的百姓用篮子盛着干粮，举着壶里的美酒夹道欢迎大王的军队，什么原因呢？盼着能脱离水深火热的悲惨境地罢了。要是从此后水更深，火更热，生活更加悲惨痛苦，也只是换了一个国君罢了，命运并没有改变，当然新统治者遭讨伐的命运也不可避免。"

十一

【原文】

齐人伐燕，取之。诸侯谋将救燕。宣王曰："诸侯多谋伐寡人者，何以待之？"

孟子对曰："臣闻七十里为政于天下者，汤是也，未闻以千里畏人者也。《书》曰：'汤一征，自葛始。'天下信①之，东面而征，西夷怨；南面而征，北狄怨，曰：'奚为后我！'民望之，若大旱之望云霓也。归市者不止，耕者不变，诛其君则吊其民，若时雨降，民大悦。《书》曰：'徯②我后，后来其苏。'今燕虐其民，王往而征之，民以为将拯己于水火之中也，箪食壶浆以迎王师。若杀其父兄，系累③其子弟，毁其宗庙，迁其重器，如之何其可也？天下固畏齐之强也，今又倍地，而不行仁政，是动天下之兵也。王速出令，反其旄倪④，止其重器，谋于燕众，置君而后去之，则犹可及止也。"

【注释】

①信：等信，听候消息。
②徯（xī）：等待。
③系累：用绳索捆绑。
④倪：同"儿"。

【译文】

齐国攻伐燕国获得全胜，其他各诸侯国联合谋划准备帮燕恢复国土。齐宣王问："各国诸侯都准备攻打我国，该如何对待呢？"

孟子回答："我听说商汤只有方圆七十里的国土，就建立了统治天下的大业，没听过拥有方圆千里土地的大国还惧怕别国的。《书经》记载：'商开始时是首先征讨葛国。'当时天下百姓都等候着他的消息，他向东征，西边的百姓不满意，他向南征，北边的百姓不高兴，纷纷埋怨：'为什么把我们这里安排在后面呢！'可见百姓们盼着他的到来，就好像是久旱之时盼着天上漂来云彩一样。商汤的征伐，商贩们仍然做买卖，农民仍是种地，只杀那些暴君、解救处于苦难中的百姓，这就像是及时雨的到来，百姓们自然欢欣鼓舞。《尚书》上说：'等到商汤王来到，我们也就得救了。'现在燕国君王坑害其百姓，大王派兵征讨，百姓们以为这是把他们从水深火热之中拯救出来呢！纷纷献上美酒和粮食。但大王杀他们的父亲兄长，掳掠他们的子女，拆毁他们的宗庙祠堂，抢劫他们的世代珍藏，这怎么能行呢！天下各国本来就怕齐国的强大，现在土地多了一倍（就更让人恐惧），这时不施行仁政，就是自己招惹天下各国的兵马呀！大王赶快传令，返还掳掠来的人口，放弃抢劫来的珍宝，与燕国各层人士商量后选择一贤明的人当燕国君主，然后离开燕国退回来，这样还能来得及阻止别国军队的进攻。"

十二

【原文】

邹与鲁哄①。穆公问曰："吾有司②死者三十三人，而民莫之死也。诛之，则不可胜诛；不诛，则疾视其长上之死而不救。如之何则可也？"

孟子对曰："凶年饥岁，君之民，老弱转乎沟壑，壮者散而之四方者，几千人矣，而君之仓廪实、府库充，有司莫以告，是上慢③而残下也。曾子曰：'戒之戒之，出乎尔者，反乎尔者也。'夫民今而后得反之也，君无尤焉。君行仁政，斯民亲其上、死其长矣。"

【注释】

①哄：纠纷，开战。
②有司：有关方面的官员。
③慢：同"谩"。

【译文】

邹国与鲁国发生了战争。邹国国君问孟子："我手下官员战死了三十三人，而普通士兵却无一伤亡。把士兵们杀掉吧！人数又太多了；不杀吧，我实在痛恨这些眼看着他们的长官战死而不去救助的人。该怎么处分他们才合适呢？"

孟子回答："遇到灾荒歉收的岁月，您的百姓中，老弱病残的只有横尸山谷沟渠中，身体强壮些的便四处逃荒，这共有几千人吧！而您的仓库里堆满了粮食和布匹，您属下官吏不能把百姓的苦难向您汇报以便解除，这就是对上隐瞒不报、对下残害百姓啊！曾子说：'一定要当心啊！你怎么对待别人，同样的待遇还会降临到你自己身上。'您的百姓就在这次回报了他们的长官，所以希望您不要再责怪他们了。统治者施行仁政，那么百姓自然亲近上级，愿为长者献身。"

十三

【原文】

滕文①公问曰："滕，小国也，间于齐楚。事齐乎？事楚乎？"

孟子对曰："是谋，非吾所能及也。无已，则有一焉：凿斯池也，筑斯城也，与民守之，效死而民弗去，则是可为也。"

【注释】

①滕：一小国名，在今山东省滕县。

【译文】

滕国君主滕文公问："滕国，是一个地小人少的国家，又夹在齐、楚这两个大国之间，我们是听从楚人的号令呢，还是倒向齐国怀抱？"

孟子回答："这种关系到一个国家生死存亡的大选择，不应该由我做出决定，这也超出了我的能力。既然无法做出选择，我倒认为另有一法：深挖壕沟，高筑城墙，与百姓一起来保卫它，宁愿献出生命也不轻易舍弃百姓逃跑，这样做还是可以有所作为的。"

十四

【原文】

滕文公问曰："齐人将筑薛，吾甚恐，如之何则可？"

孟子对曰："昔者大王^①居邠^②，狄人侵之，去之岐山之下居焉。非择而取之，不得已也。苟为善，后世子孙必有王者矣！君子创业垂统^③，为可继也。若夫成功，则天也。君如彼何哉？强为善而已矣。"

【注释】

①大王：即太王，古公亶父。
②邠：即豳（bīn），今陕西旬邑县附近。
③垂统：使传统继续下去。

【译文】

滕文公问："齐国派人修筑与我国边境相邻的薛城，并增加了军队，我很怕他们来攻伐，该怎么对待这件事呢？"

孟子回答："从前大王古公亶父生活在邠地，其周围的狄族人一再侵犯，便离开那里到岐山脚下定居。太王并不是多方选择才搬迁，是被狄人逼迫而不得不搬。如果做善事、行仁政，后代子孙中总会有人称王于天下！贤明的人创立基业制定规范并传给子孙，是要一代一代发展下去。如果能够取得成功，那是天意。您何必考虑齐国人要干什么呢？只要坚持不懈地实施仁政就完全可以了。"

十五

【原文】

滕文公问曰："滕，小国也，竭力以事大国，则不得免焉，如之何则可?"

孟子对曰:"昔者大王居邠,狄人侵之。事之以皮币^①,不得免焉;事之以犬马,不得免焉;事之以珠玉,不得免焉。乃属其耆老而告之曰:'狄人之所欲者,吾土地也。吾闻之也;君子不以其所以养人者害人。二三子^②何患乎无君?我将去之。去邠,逾梁山,邑于岐山之下居焉。邠人曰:'仁人也,不可失也。'从之者如归市。或曰:'世守者,非身之所能为也。效死勿去。'君请择于斯二者。"

【注释】

①币:帛类织物。古代曾以帛为货币,故今人才有"钱币"的名称。

②二三子:你们这些人。

【译文】

滕文公问:"滕国是一小国,虽然竭尽全力迎奉齐楚这些相邻大国,结果仍是无法避免时时受欺辱的命运,该怎么做才好呢?"

孟子回答:"从前太王居住在邠地,狄人经常前来侵扰。贡送皮毛丝帛,得不到安宁;贡献猎犬良马,仍得不到安宁;奉送玉石珠宝,还是得不到安宁。太王便召集这里的父老长辈们说:'狄人想要得到的,无非是我的土地而已。我听人说:贤明的人不会因为那些养活人的东西而使人遭受伤害。你们大家不必担心没有君主,我还是离开这里的好。'从此离开邠地,翻越梁山,搬到岐山脚下安居。邠地的人非常怀念地说:'古公亶公可是个仁慈贤明的人啊!我们不能没有这样的领袖。'因此跟随太王搬往岐山的人就像蜂拥着赶集的人一样多。另有一种说法:'这是祖宗前辈世代相传的家业,不能因我的想法而说走就走。宁可献出生命也决不离此远去。'是搬迁呢,还是坚守,请在这两种方案中妥为选择。"

十六

【原文】

鲁平公将出，嬖人①臧仓者请曰："他日君出则必命有司所之，今乘舆已驾矣，有司未知所之，敢请。"

公曰："将见孟子。"

曰："何哉，君所为轻身②以先于匹夫者？以为贤乎？礼义由贤出，而孟子之后丧逾前丧。君无见焉！"

公曰："诺。"

乐正子入见，曰："君奚为不见孟轲也？"

曰："或告寡人曰：'孟子之后丧逾前丧'，是以不往见也。"

曰："何哉！君所谓逾者？前以士，后以大夫？前以三鼎，而后以五鼎与？"

曰："否。谓棺椁衣衾之美也。"

曰："非所谓逾也，贫富不同也。"

乐正子见孟子，曰："克③告于君，君为来见也。嬖人有臧仓者沮④君，君是以不果来也。"

曰："行，或使之；止，或尼⑤之。行止，非人所能也。吾之不遇鲁侯⑥，天也。臧氏之子焉能使予不遇哉？"

【注释】

①嬖人：姬妾之类。这里指亲信侍从。

②轻身：自轻身份。

③克：乐正子。

④沮：即"阻"。

⑤尼：阻止。

⑥鲁侯：鲁国君主。鲁是一个公国，君主爵位是公。

【译文】

鲁平公将要出行，有个名叫臧仓的侍从前来请示："君主以前每次外出，都是先告诉有关部门要去哪里，现在车马都备好了，属下人员还不知您要到什么地方，因此前来探问一声。"

鲁平公回答："我准备去拜访孟子。"

臧仓劝说道："为什么您不顾君主的高贵身份，先去拜访一个普通人呢？因为他有高尚的品德吗？品德高尚的人自然会遵循仪礼道义，可孟子埋葬其母亲的规格远远超过他的父亲，明显违背礼制。这样的人，您还是别去见他吧！"

鲁平公说："那好吧！"

过了一会，乐正子进见，问鲁平公："君主您为何没如约前去拜访孟子呢？"

鲁平公说："有人跟我说：'孟子葬母使用了比葬父亲更高的规格。'所以我没有去。"

乐正子问："您说的葬母超过葬父，是指什么呢？对父亲按平民礼制、对母亲按贵族官僚礼制吗，还是葬父殉三鼎，葬母殉五鼎？"

鲁平公说："不是这些。我是指棺椁和衣服被褥等的精美程度不同。"

乐正子说："这不算违背礼制，只是贫富有了变化而已。"

乐正子又去孟子处，说："我跟国君谈过，他也答应来见您。但是有个叫臧仓的侍从劝阻国君，所以国君没有如约前来。"

孟子说："走有走的道理，停有停的道理。对某件事情的干与不干，不是某个人可以左右得了的。我见不上鲁国国君，这是天意，否则一个姓臧的人就能让我见不上国君吗？"

◇ 卷 二 ◇

公孙丑章句 上

一

【原文】

公孙丑问曰："夫子当路①于齐，管仲、晏子之功，可复许乎？"

孟子曰："子诚齐人也，知管仲晏子而已矣！或问乎曾西曰：'吾子与子路孰贤？'曾西蹴然，曰：'吾先子②之所畏也。'曰：'然则吾子与管仲孰贤？'曾西艴然③不悦，曰：'尔何曾比予于管仲！管仲得君，如彼其专也；行乎国政，如彼其久也；功烈，如彼其卑也。尔何曾比予于是！'

曰："管仲，曾西之所不为也，而子为我愿之乎？"

曰："管仲以其君霸，晏子以其君显，管仲、晏子犹不足为与？"

曰："以齐王，由反手也。"

曰："若是，则弟子之惑滋④甚。且以文王之德，百年而后崩，犹未洽于天下，武王、周公继之，然后大行。今言王若易然，则文王不足法与？"

曰："文王何可当也！由汤至武丁，圣贤之君六七作，天下归殷久矣！久则难变也。武丁朝诸侯有天下，犹运之掌也。纣之去武丁未久也，其故家遗俗、流风善政犹有存者，又有微子、微仲、王子比干、箕子、胶鬲，皆贤人也，相与辅佐之，故久而后失之也。尺地莫非其有也，一民莫非其臣也。然而文王犹方百里起，是以难也。

"齐人有言曰：'虽有智慧，不如乘势；虽有镃基⑤，不如待时。'今时则易然也：夏后殷周之盛，地未有过千里者也，而齐有其地矣；鸡鸣狗吠相闻，而达乎四境，而齐有其民矣。地不改⑥辟矣，民不改聚矣，行仁政而王，莫之能御也。且王者之不作，未有疏于此时者也；民之憔悴于虐政，未有甚于此时者也。饥者易为食，渴者易为饮。孔子曰：'德之流行，速于置邮而传命。'当今之时，万乘之国行仁政，民之悦之，犹解倒悬也，故事半古之人，功必倍之，惟此时为然。"

【注释】

①当路：指执掌政务。
②吾先子：我父亲。
③艴然：变脸色的样子。
④滋：更加。
⑤镃基：农用工具。
⑥改：另外。

【译文】

公孙丑问："您要是在齐国掌权，像管仲、晏婴那样的功绩，能够再现吗？"

孟子说："你真不愧是个齐国人啊，就只知道管仲、宴婴时的盛况罢了。有人曾经问曾西：'您与子路相比，谁更有高尚的品德？'曾西局促不安地说：'他是我父亲很敬畏的人啊！'又问：'那么您与管仲相比，谁的德行更好呢？'曾西很生气地回答：'你怎能把我与管仲相提并论！他深得齐王信任，长期执掌大权，但功绩却是微不足道的。你为何让我与他相比呢？'"

孟子接着说："管仲那一套，曾西都看不上他，你以为我会学他吗?"

公孙丑说:"管仲辅佐齐桓公称霸于诸侯,晏婴也让齐景公声名远扬,难道他们做的还不够吗?"

孟子回答:"以齐国的条件,称王于天下都易如反掌,称霸扬名又算得了什么。"

公孙丑:"既然这样,我就更不明白了。以周文王高尚的品德,活到一百多岁才死,都没能使整个天下承受他的恩惠,还是武王和周公继续发展,才最后统一了天下。现在您说称王于天下易如反掌,难道连周文王都不值得学习吗?"

孟子说:"文王哪敢比呢!由汤至武丁,其间贤明的君王也有六七位之多,天下归服殷商很长时间了,时间一长就不好变动。武丁王召见诸侯、管理天下,就像玩玩具一样轻松自如。纣王离武丁时并不很远,世代忠臣、先前习俗、社会风化以及良好的管理手段,都还有所留存,又有微子、微仲、比干、箕子、胶鬲这样一些贤臣辅助,所以要等很长时间纣王才失掉天下。在所有土地和百姓都归纣王的时候,周文王在西部边境的方圆百里的基业而兴盛起来,实在是件相当困难的事啊!

"齐国流传一句俗话:'聪明贤慧不如机遇形势,精耕细作不如风调雨顺。'现在容易称王的原因是:夏、商、周三代最兴盛的时候,土地也没超过方圆千里,而齐国现已面积广大了;鸡鸣狗叫此起彼伏,直到四方边境仍不绝于耳,说明齐国的百姓已够多了。不用新开拓国土,不需再扩充百姓,只要能行施仁惠的政策,就能称王于天下,没有谁能阻挡。况且,贤明君主的降生,从来没有等过这么长时间;老百姓遭受统治者的暴虐对待,也从来没有像现在这么严重过。饥饿时吃什么都香,干渴时喝什么都甜。孔子说:'贤德名称的传播,比驿站里传送公文的速度都快。'在现今情况下,要是哪一个拥有万乘战车的大国施行仁政,百姓的高兴劲,就像是从倒吊着状态中被解放下来一样。所以只要付出前辈人一半的努力,就会取得比从前多一倍的效果,称王于天下现在正是时候。"

二

公孙丑问曰："夫子加齐之卿相，得行道焉，虽由此霸王，不异矣。如此，则动心①否乎？"

孟子曰："否。我四十不动心。"

曰："若是，则夫子过孟贲远矣。"

曰："是不难，告子先我不动心。"

曰："不动心有道乎？"

曰："有。北宫黝之养勇也：不肤挠，不目逃，思以一豪②挫于人，若挞之于市朝；不受于褐宽博③，亦不受于万乘之君；视刺万乘之君，若刺褐夫；无严④诸侯，恶声至，必反之。孟施舍之所养勇也，曰：'视不胜犹胜也。量敌而后进，虑胜而后会，是畏三军者也。舍岂能为必胜哉？能无惧而已矣。'孟施舍似曾子，北宫黝似子夏。夫二子之勇，未知其孰贤，然而孟施舍守约也。昔者曾子谓子襄曰：'子好勇乎？吾尝闻大勇于夫子矣：自反而不缩⑤，虽褐宽博，吾不惴焉；自而反缩，虽千万人，吾往矣。'孟施舍之守气，又不如曾子之守纪也。"

曰："敢问夫子之不动心与告子之不动心，可得闻与？"

"告子曰：'不得于言，勿求于心；不得于心，勿求于气。'不得于心、勿求于气，可；不得于言、勿求于心，不可。夫志，气之帅也；气，体之充也。夫志至焉，气次焉。故曰：'持其志，勿暴其气。'"

"既曰：'志至焉，气次焉'，又曰'持其志，无暴其气'者，何也？"

曰："志壹则动气，气壹则动志也，今夫蹶者趋者，是气也，而反动其心。"

"敢问夫子恶乎长？"

曰："我知言。我善养吾浩然之气。"

"敢问何谓浩然之气？"

曰："难言也。其为气也，至大至刚，以直养而无害，则塞于天地之间。其为气也，配义与道；无是，馁也。是集义所生者，非义袭而取之也。行而不慊⑥于心，则馁矣！我故曰，告子未尝知义，以其外之也。必有事焉，而勿正⑦，心勿忘，勿助长也。无若宋人然：宋人有闵其苗之不长而揠⑧之者，芒芒然归，谓其人曰：'今日病矣！予助苗长矣！'其子趋而往视之，则苗槁矣。天下之不助苗长者寡矣。以为无益而舍之者，不耘苗者也；助之长者，揠苗者也，非徒无益，而又害之。"

"何为知言？"

曰："诐⑨辞知其所蔽，淫辞知其所陷，邪辞知其所离，遁词知其所穷。生于其心，害于其政；发于其政，害于其事。圣人复起，必从吾言矣。"

"宰我、子贡善为说辞，冉牛、闵子、颜渊善言德行。孔子兼之，曰：'我于辞命，则不能也。'然则夫子既圣矣乎？"

曰："恶！是何言也？昔者子贡问于孔子曰：'夫子圣矣乎？'孔子曰：'圣则吾不能，我学不厌而教不倦也。'子贡曰：'学不厌，智也；教不倦，仁也。仁且智，夫子既圣矣。'夫圣，孔子不居。是何言也？"

"昔者窃闻之：子夏、子游、子张皆有圣人之一体，冉牛、闵子、颜渊则具体而微，敢问所安。"

曰："姑舍是。"

曰："伯夷、伊尹何如？"

曰："不同道。非其君不事，非其民不使；治则进，乱则退，伯夷也。何事非君，何使非民；治亦进，乱亦进，伊尹也。可以仕则仕，可以止则止；可以久则久，可以速则速，孔子也。皆古圣人也，吾未能有行焉；乃所愿，则学孔子也。"

"伯夷、伊尹于孔子，若是班⑩乎？"

曰："否。自有生民以来，未有孔子也。"

曰："然则有同与？"

曰："有。得百里之地而君之，皆能以朝诸侯，有天下。行一不义，杀一不辜，而得天下，皆不为也。是则同。”

曰：“敢问其所以异。”

曰：“宰我、子贡、有若，智足以知圣人，污不至阿其所好。宰我曰：‘以予观于夫子，贤于尧舜远矣。’子贡曰：“见其礼而知其政，闻其乐而知其德，由百世之后，等⑪百世之王，莫之能违也。自生民以来，未有夫子也。’有若曰：‘岂惟民哉？麒麟之于走兽，凤凰之于飞鸟，太山之于丘垤⑫，河海之于行潦⑬，类也。圣人之于民，亦类也。出乎其类，拔乎其萃，自生民以来，未有盛于孔子也。

【注释】

①动心：心有恐惧，害怕。

②豪：同“毫”。

③褐宽博：地位低贱的人。古文中常以人的穿衣、住房或其他标志来代指某一类人。

④严：畏严。

⑤缩：直，正。

⑥慊（qiè）：满意。

⑦正：一说为征、的；另一说为止。

⑧揠（yà）：拔。

⑨诐（bì）：偏颇，邪僻。

⑩班：同样，相当。

⑪等：区分等级。

⑫垤：（dié）：小土堆。

⑬潦（lǎo）：路上的积水和流水。

【译文】

公孙丑问："先生若是担任齐国的执政大臣，得以按您的方式来治理国家，因此而可以称霸于天下，并没有什么让人惊奇的。如果真能这样的话，您是否会恐惧不安呢？"

孟子回答："不会。我四十岁后便不知害怕了。"

公孙丑："这样，您就远远超过孟贲了。"

孟子说："这并不难，告子不知恐惧比我还早。"

公孙丑："不存惧怕也有一定的方式吗？"

孟子回答："有。北宫黝培养自己的勇气，棍子打到身上不动，戳到眼前不躲，倘若遭受一丝一毫挫折，就好比是在大庭广众之下受到鞭挞棍打一般；不容许低贱的人侵犯，也不忍受拥有万辆战车之国君主的侮辱；刺杀大国君主如同伤害平民百姓一样简单；更不惧怕诸侯，一旦有人恶言恶语，便马上反唇回击。孟施舍也有自己培养勇气的方式，说：'对待无法战胜的敌人，就像对待能够战胜的人一样。若是先算计对手的力量，感到能胜才去交战，那么面对三军将士就不免畏惧了。我怎能一定会胜呢？只是能不害怕对方罢了。'孟施舍的方式像曾子，北宫黝的方式像子夏。这两个人的勇力，我不知谁更高明，但是孟施舍的方式似乎更合乎规范而较容易保持。过去曾子跟子襄说：'你喜欢勇吗？我从孔夫子那里知道了大勇的真谛：'扪心自问，若是不对，尽管对方是一低微卑贱的人，我也不威胁他；若是正确，哪怕对方有千人万人，我要勇往直前！'可见孟施舍保持自己的一股勇气，就不如曾子的保持信念更让人尊敬。"

公孙丑问："请问先生的不知恐惧，与告子相比，又怎样呢？请讲给我听。"

孟子："告子说：'嘴上说不清楚，不必非要去想；心里想不通，不必勉强表现出勇气来。'这两句话，后一句我是同意的，前一句则不对。因为信念，是勇气的灵魂；勇气，是体力的基础。信念是最重要的，勇气则差一些。所以说：'坚持自己的信念，控制自己的意气。'"

公孙丑："既说'信念第一、勇气第二，'又说'保持信念、控制勇气的表现'，到底是什么意思呢？"

孟子说："信念坚定专一，勇气自然会随之发动；勇气充沛无法控制，就会引得信念也随之变化。就像现今人的前进与后退，就是勇气的表现，反过来又影响人的信念。"

公孙丑："请问先生有哪些长处？"

孟子答："我能辨析别人的语言；还能培养我的浩然之气。"

公孙丑："请问浩然之气是什么？"

孟子答："这不好说。这种气宏大而刚强，妥为保养不使它受到伤害，就可以充斥布满于天地之间。这种气，要有信义和道德相辅助，如果缺了，它就变弱。这是由信义积累而形成的，绝不是干一两件好事就能得到的。要是行为不符合内心的正义，它也会衰弱。所以我说，告子不知道信义是什么，因此就把信义放在一边。对于浩然之气，要耐心培养不能停止，更不能忘记，当然也不能急功近利地加速其成长。不能像那个宋国人一样。从前有一个宋国人，感叹他的禾苗生长太慢，就逐一拔高，一番劳累后回到家里，说：'我累了！我帮着庄稼长高了。'他儿子到地里一看，禾苗都枯萎了。天下这种拔苗助长的人为数不少。至于那些觉着帮助禾苗没有用处的人，是不去锄草松土的懒汉。而盲目帮助禾苗生长，则不但没有好处，反而会有害处。"

公孙丑问："怎么样叫辨析语言？"

孟子回答："对于别人的错话我知道错在哪里，过分的大话我明白哪些是虚构的，歪话我知道与正话有哪些偏差，客套话我明白他为何不愿吐露真情。这几种话要是发自说话人的内心，那么必然使这人的工作偏离正确的方向；要是工作中常说这几种话，那么他做的事情就不会有好结果。即使圣人来了，也会同意我的观点。"

公孙丑："宰我、子贡，都有辩论才能；冉牛、闵子、颜渊擅长宣传道德品行。孔子二者俱全，却谦逊地说：'我对于语言辩论，不太精通。'但依您刚才所述，您不是达到圣人地步了吗？"

孟子说："去去去！这是什么话！从前子贡问孔子：'先生算是个圣人了吧？'孔子说：'圣人我是达不到。我只不过是教导别人不知厌倦、勤奋学习不知满足罢了！'子贡说：'勤奋学习，是智慧；耐心教诲，是仁爱。既有智慧又有仁爱之心，先生就是个圣人啊！'连孔夫子都不敢自称为圣人，你怎么还敢这样问我呢？"

公孙丑："我过去听人说，子夏、子游、子张都学到了孔夫子的一个方面，冉牛、闵子、颜渊等人则是各方面都有孔子风范，只是比孔子稍差一些罢了。请问您的成就在哪些方面与孔子相似？"

孟子说："这个问题暂且不谈！"

公孙丑："伯夷、伊尹与孔子比又怎样？"

孟子答："不是一种人。不是贤明的君主不去辅佐，不是善良的百姓不去管理；社会安定就出来做官，社会动荡就隐退逍遥，这是伯夷。什么样的君主都去辅佐，什么样的百姓都去管理；社会安宁出来做官，社会混乱也出来做官，这是伊尹。该当官时就当官，该停止时就停下；能长就长久，该走就快走，这是孔夫子。这三人都是过去的圣贤，我是比不上的，唯一的心愿就是学习孔子啊！"

公孙丑："伯夷、伊尹，跟孔子差不多吧？"

孟子答："不。从人类出现以来，没有比得上孔夫子的。"

公孙丑："那么他们三人有相同之处吗？"

孟子："有的。如果给他们方圆百里的土地当君主，都能以此为基础而统一天下，让各国诸侯前来朝拜。做一件有违信义的事，杀一个没有罪过的人，并由此拥有天下，他们都不会去干，这就是三人的共同点。"

公孙丑："请问他们的差别？"

孟子："宰我、子贡、有若三人，智慧完全可以理解孔夫子，品德差的话也不会专拣好听的话颂扬他们的老师。你听一下他们对孔夫子的评价。宰我说：'以我看我的老师，贤明远远超过尧帝和舜帝。'子贡说：'见他们的礼仪就能了解他们的政治，听他们的音乐就能了解他们的品德。即使百代之后来比较评说各代的君主，仍然离不开这个标准。自人类出现以来，没有一个像孔夫子这样的人。'有若说：'何止是人哪！麒麟跟行走在地上的野兽，凤凰跟飞在空中的百鸟，泰山跟小土堆，长江大河跟路边的积水，都是同类啊。孔夫子与百姓，也是同类啊！但是远远超出同类中的其他一切，集中了同类中的所有精华，从人类降生以来，没有一个比孔子更伟大。'"

三

【原文】

孟子曰："以力假①仁者霸，霸必有大国。以德行仁者王，王不待大，汤以七十里，文王以百里。以力服人者，非心服也，力不赡也；以德服人者，中心悦而诚服也，如七十子②之服孔子也。《诗》云：'自西自东，自南自北，无思不服。'此之谓也。"

【注释】

①假：借用。
②七十子：指孔子的七十二贤徒。

【译文】

孟子说："以雄厚的实力并借用仁爱的名声可以称霸，称霸必须拥有大国为基础。以高尚的品德施行仁政可以称王，称王就不需要人多地广，商汤拥有方圆七十里国土，周文王也只有百里见方的面积，他们都能由此而统一天下。凭力量使别人屈服，别人心中并不服气，只是力量不够罢了；以仁德品行使人服从，却是心中高兴真诚地拥护，就像七十二贤徒的佩服孔子一般。《诗经·大雅·文王有声》中记着：'从东从西，从南从北，四方百姓没有不衷心服从文王的。'这就是以德服人的例子。"

四

【原文】

孟子曰："仁则荣，不仁则辱，今恶辱而居不仁，是犹恶湿而居下也。如恶之，莫如贵德而尊士，贤者在位，能者在职，国家闲暇，及是时，明其政刑。虽大国，必畏之矣。《诗》云：'迨天之未阴雨，彻彼桑土，绸缪牖户。今此下民，或敢侮予?'孔子曰:'为此诗者,其知道乎!能治其国家,谁敢侮之?'今国家闲暇,乃是时,般乐怠敖①,是自求祸也。福祸无不自己求之者。《诗》云:'永言配命,自求多福。'《太甲》曰:'天作孽,犹可违;自作孽,不可活②。'此之谓也。"

【注释】

①般(pán)乐怠敖:般乐,快乐;怠,懒惰;敖,同"遨",出游。
②活:同"逭",逃脱。

【译文】

孟子说:"施行仁义就能昌盛,不行仁义就遭受侮辱,现在深感受辱却仍然不施仁义,就好像厌烦潮湿反而仍住在低洼的地方一样。如果真的痛恨受辱的话,就应提高品德修养,尊重贤明的人士,让有品德的人担当领导,让有专门技术的人从事其擅长的事务,国家安宁时尽快把规章制度政治措施重新修订并向百姓公布。这样做了,即使是大国,也不敢轻易进犯你。《诗经·豳风·鸱鸮》里说:'趁着还没阴天下雨,准备下树皮土坯,把窗户门框绑紧埋牢。现在的一般人们,谁敢欺辱我?'孔子说:'作这首诗的人,已经理解了社会运转的基本法则了。能使国家安定百姓幸福的人,谁敢欺辱他呢?'现在国家没有什么内政或外交上的大事,在这种时候,若是不务正业只知游乐,就是自己寻找灾祸了。是福是祸都是自己寻来的,《诗经·大雅·文王》篇中说:'永远按上天意愿办事,自己追求更多的幸福。'《尚书·太甲》篇中又说:'老天降灾,还有可能躲开;自己坏事做尽,随之引来的灾祸是无法逃避的。'这就是享福还是受罪的道理。"

五

【原文】

孟子曰:"尊贤使能,俊杰在位,则天下之士皆悦,而愿立于其朝矣。市，廛①而不征，法而不廛，则天下之商皆悦，而愿藏于其市矣。关，讥而不征，则天下之旅皆悦，而愿出于其路矣。耕者，助②而不税，则天下之农皆悦，而愿耕于其野矣。廛，无夫里之布③，则天下之民皆悦，而愿为之氓④矣。信能行此五者，则邻国国之民仰之若父母矣。率其子弟攻其父母，自有生民以来未有能济者也。如此，则无敌于天下。无敌于天下者，天吏也；然而不王者，未之有也。"

【注释】

①廛（chán）：居住。市廛，集市。

②助：帮助国家耕种公田。

③夫里之布：夫，人口，劳动力；布，货币。这里指人口税和土地税。

④氓：外地迁来的人叫氓。

【译文】

孟子说："尊重有品德的人，任用有才能的人，凡是杰出人物都给他一个合适的职位，那么天下贤明的人就高兴，都想来这个国家干事业图发展。集市上允许居住、存货，不征收税，只是依法管理不让货物滞销，那么天下的商人就高兴，都想把货物存放在这个国家的集市上，边境关卡，只检查不收税，那么天下旅游的人就高兴，都想走在这个国家的大路上。种地的农民，除了用少量精力帮着耕种国家公田外，没有另外税收，那么天下的农民就高兴，都想在这个国家的土地上劳动。定居的人，没有人头税和土地使用税，那么天下的百姓都高兴，盼望着迁到这个国家来。如果这五方面真能做到，那么邻国的百姓就像敬父母一样看待这个国君，要是邻国派兵来攻，就好比是带领子女攻打父母，这种事从人类出世以来就从来没有成功过。这样，就是无敌于天下，而无敌于天下的人，就是上天选择的管理天下人民的官吏。这样了，还不能称王，是绝不可能的。"

六

【原文】

孟子曰:"人皆有不忍人之心。先王有不忍人之心,斯有不忍人之政矣。以不忍人之心,行不忍人之政,治天下可运于掌上。所以谓人皆有不忍人之心者,今人乍见孺子将入于井,皆有怵惕①恻隐之心;非所以内②交于孺子之父母也,非所以要③誉于乡党朋友也,非恶其声而然也。由是观之,无恻隐之心,非人也;无羞恶之心,非人也;无辞让之心,非人也;无是非之心,非人也。恻隐之心,仁之端也;羞恶之心,义之端也;辞让之心,礼之端也;是非之心,智之端也。人之有是四端也,犹其有四体也。有是四端而自谓不能者,自贼者也;谓其君不能者,贼其君也。有四端于我者,知皆扩而充之矣,若火之始然④,泉之始达,苟能充之,足以保四海;苟不充之,不足以事父母。"

【注释】

①怵惕:惊恐。
②内(nà):即"纳"。
③要:同"邀"。
④然:同"燃"。

【译文】

孟子说:"人都有同情别人所遭不幸的心情。过去的贤明君主,因为有了同情心,所以才施行体贴百姓的仁政。以同情心去施行仁爱宽松的政策,那么天下就像手中的玩具一样轻巧。为什么说人都有同情心呢?例如突然见到一个小孩将要落到井里,谁都会惊恐万分,心里难受:有这种感觉并不是想结交小孩的父母,也不是想在乡亲们中博得好名声,更不是厌恶孩子的叫声。这样看来,没有恻隐心的人不算是人;不知廉耻的人也不算是人;不存在谦逊辞让观念的人不算是人;没有是非观念的人也不算是人。恻隐心,是仁的开端;廉耻心是义的开端；谦让心是礼的开端，是非心是智的开端。人有这四种开端就像是有了四肢一样。要是一个人具备了这四种开端但不能进一步发展，就是自己坑害自己了；要是认为他的君主不能有所发展，就是贬低践踏他的君主。我具备了这四种开端，就知道要把它们发扬光大。这四种开端就像火刚点着、泉刚流淌，如果发展壮大，能使你拥有天下；如放任不管，便连侍奉父母都不能。"

七

【原文】

孟子曰："矢人岂不仁于函①人哉？矢人唯恐不伤人，函人唯恐伤人。巫匠②亦然。故术不可不慎也。孔子曰：'里仁为美。择不处仁，焉得智？'夫仁，天之尊爵也，人之安宅也。莫之御而不仁，是不智也。不仁、不智、无礼、无义，人役③也。人役而耻为役，由弓人而耻为弓，矢人而耻为矢也。如耻之，莫如为仁。仁者如射，射者正己而后发；发而不中，不怨胜己者，反求诸己而已矣。"

【注释】

①函：铠甲。

②巫匠：巫师和木匠。过去巫是通过迷信方式来治病的。

③人役：被人役使的人。

【译文】

孟子说："造箭的人恐怕不如造铠甲的人更仁慈，因为前者就怕杀不了人，而后者只担心人被杀害。行医的巫师和造棺材的木匠也是这样。所以一个人选择什么职业是应该慎之又慎的。孔子说：'与仁爱的人做邻居是件美事。不选择与仁慈的人相邻，还算是聪明人吗？'仁爱，是天底下最尊贵的东西，是人心灵最合适的住所。没有什么事牵制而不去施行仁爱，是极不明智的。不仁慈、不明智、没有礼节、不讲道义，是注定要被人驱使的人。被人驱使而深感耻辱，就好比是做弓的人以做弓为耻辱，做箭的人以做箭为耻辱一样。如果感到耻辱的话，为什么不去施仁呢？仁爱就像射箭，射手必须先端正自己的身体然后才发射；若是射不中，不埋怨别人比自己强，要返回头来在自己身上找差距。"

八

【原文】

孟子曰："子路，人告之以有过，则喜；禹闻善言，则拜。大舜有大①焉：善与人同，舍己从人，乐取于人以为善。自耕稼、陶、渔以至为帝，无非取于人者。取诸人以为善，是与人为善也。故君子莫大乎与人为善。"

【注释】

①大：更加伟大。

【译文】

孟子说："子路听到别人指出他的缺点，就非常高兴；大禹听到别人正确的建议就马上拜谢；大舜比他俩更伟大；善于跟别人交流意见，经常抛弃自己的错误观点而服从别人的正确观点，高兴地吸取别人的优点来发展自己的善行。从耕田、种地、制造陶器、捕鱼打猎，直到当上了天下君主，总是在吸取别人的长处。吸取别人的优点来加强自己的道德品质，就是与别人一起干善事啊！一个贤明的人最大的优点就是与别人一起行善。"

九

【原文】

孟子曰："伯夷，非其君不事，非其友不友。不立于恶人朝，不与恶人言。立于恶人朝，与恶人言，如以朝衣朝冠坐于涂炭。推恶恶①之心，思与乡人立，其冠不正，望望然②去之，若将浼③焉。是故诸侯虽有善其辞命而至者，不受也。不受也者，是亦不屑就已。柳下惠不羞污君④，不卑小官。进不隐贤，必以其道；遗佚而不怨，厄穷而不悯。故曰：'尔为尔，我为我，虽袒裼⑤裸裎于我侧，尔焉能浼我哉？'故由由然⑥与之偕而不自失焉，援而止之而止。援而止之而止者，是亦不屑去已。"

孟子曰："伯夷隘，柳下惠不恭。隘与不恭，君子不由也。"

【注释】

①恶恶（wù è）：厌恶丑恶。

②望望然：失望的样子。

③浼（měi）：玷污。

④污（wū）君：品德低下的君主。

⑤袒裼（xī）：没有衣服，肉体暴露。

⑥由由然：悠悠然。

【译文】

孟子说："伯夷这个人，不是圣明君主他不听从，不是真正朋友他不交往，不站在恶人当路的朝廷里，不同奸诈小人说话。认为站在恶人的朝廷里，同恶人说话，就像是穿礼服、戴礼帽而坐在污泥炭灰之中。怀着这种讨厌奸恶的心情，想要是跟乡里人站在一起，那个人帽子歪邪，就会很失望地离去，否则就像会遭玷污一般，所以有的诸侯国君因为他的才能来请他前往任职，他不接受，原因在于不屑以与那些奸恶之人为伍。柳下惠这个人，不嫌弃君主的品德低下，不在乎官职太小。任职时毫不保留自己的才能，始终按正确的方式处理问题；罢官后也不怨恨，处境艰难时也不自叹自弃。并且说：'我是我，他是他，即使他赤身裸体站在我身旁，又怎能玷污得了我呢！'所以悠然自得地与人相伴不愿独自离开，别人拉他便留下。拉拢就能留住他，是他不屑于独自离开罢了。"

孟子总结说："伯夷吗，太心胸狭窄；柳下惠呢，又太不检点了。心胸狭窄和太不检点，都不是贤明君主应该有的品行。"

公孙丑章句　下

一

【原文】

孟子曰："天时①不如地利②，地利不如人和。三里之城，七里之郭，环而攻之而不胜。夫环而攻之，必有得天时也；然而不胜者，是天时不如地利也。城非不高也，池非不深也，兵革非不坚利也，米粟非不多也；委而去之，是地利不如人和也。故曰：域民③不以封疆之界，固国不以山谿之险，威天下不以兵革之利。得道者多助，失道者寡助。寡助之至，亲戚畔④之；多助之至，天下顺之。以天下之所顺，攻亲戚之所畔，故君子有不战，战必胜矣。"

【注释】

①天时：本指迷信中的天干地支与时间方位的配合。后常指天气形势，如晴雨冷热及月亮圆缺等自然变化。

②地利：地形地势的有利条件。

③域民：控制人民。

④畔：同"叛"。

【译文】

孟子说："天气形势比不上地理的有利因素，地形的有利比不上人民的同心协力。内城三里、外城七里的小城，有包围攻击而不能获胜的情况。包围起来实施攻击，肯定也会遇到天气形势有利的时候，但仍不能取胜，这就是天时不如地利了。城墙足够高，壕沟足够深，又有坚韧的盾牌与锋利的兵刃，加上充足的粮食储备；然而一交战，兵士们恐惧得献出兵刃城池而逃跑了，这就是地利不如人和了。所以说：控制百姓不能仅靠边境守卫，巩固国家也不能单凭高山险关，扬威于天下不仅凭借武器的精良。遵循道义的人会有很多协助者，违背道义的人没有谁去追随。拥护的人少到极点，连亲戚朋友都会叛离；协助的人多到极点，天下的人都愿顺从。用天下都愿归顺的身份去攻伐众叛亲离的人，贤明君主也许不选择战争方式，但只要是开战，则必胜无疑。"

二

【原文】

孟子将朝王，王使人来，曰："寡人如就见者也，有寒疾，不可以风。朝将视朝，不识①可使寡人得见乎？"

对曰："不幸而有疾，不能造②朝。"明日，出吊于东郭氏。

公孙丑曰："昔者辞以病，今日吊，或者不可乎？"

曰："昔者疾，今日愈，如之何不吊？"

王使人问疾，医来，孟仲子对曰："昔者③有王命，有采薪之忧④，不能造朝。今病小愈，趋造于朝，我不识能至否乎？"使数人要⑤于路，曰："请必无归而造于朝！"

不得已而之景丑氏宿焉。景子曰："内则父母，外则君臣，人之大伦也。父子主恩，君臣主敬。丑见王之敬子也，未见所以敬王也。"

曰："恶！是何言也！齐人无以仁义与王言者，岂以仁义为不美也？其心曰：是何足与言仁义也云尔，则不敬莫大乎是。我非尧舜之道不敢以陈于王前，故齐人莫如我敬王也。"

景子曰："否，非此之谓也。礼曰：'父召，无诺；君命召，不俟驾。'固将朝也，闻王命而遂不果，宜与夫礼若不相似然。"

曰："岂谓是与？曾子曰：'晋、楚之富，不可及也。彼以其富，我以吾仁；彼以其爵，我以吾义，吾何慊⑥乎哉！'夫岂不义而曾子言之？是或一道也。天下有达尊三：爵一，齿一，德一。朝廷莫如爵，乡党莫如齿，辅世长民莫如德。恶得有其一，以慢其二哉？"

"故将有大为之君，必有所不召之臣，欲有谋焉，则就之。其尊德乐道，不如是，不足与有为也。故汤之于伊尹，学焉而后臣之，故不劳而王；桓公之于管仲，学焉而后臣之，故不劳而霸。今天下地丑德齐⑦，莫能相尚。无他，好臣之所教，而不好臣其所受教。汤之于伊尹，桓公之于管仲，则不敢召；管仲且犹不可召，而况不为管仲者乎！"

【注释】

①识：知。

②造：到达。

③昔者：昨天。

④采薪之忧：患病。过去患病服药需用柴草熬药，故用"有采伐柴草的忧虑之事"来指患病。

⑤要：同"腰"，指半路上拦截。

⑥慊（qiàn）：不快。

⑦地丑德齐：土地差不多一样大，品行同等水平。丑，同"类"。

【译文】

孟子准备拜会齐王，齐王派人来说："寡人本来应该先去拜见您的，只是受了寒风，不能再出门让风吹。早上我在朝廷上召见群臣，不知您能否前来一见？"

孟子说："很不巧，我也病了，不能前往王宫。"第二天，孟子出门吊唁东郭先生去了。

公孙丑问："昨天您推辞有病，今天又出门吊唁，这种做法对吗？"

孟子说："昨天病了，今天好了，为什么不能出门吊唁呢？"

　　齐王又派医生前来问讯病情，孟子的堂兄孟仲子说："昨天大王派人传话，可巧孟子病了不能赴王宫相见。今天稍好一些，已经去朝廷了，但能否到达王宫我就不知道了。"说完后马上派人在半路上等候，告诉孟子："不要回家先去王宫吧！"

　　孟子不得已才躲到景丑氏家里借宿。景子说："在家孝父母，在外敬君王，这是一个人最重要的道德标准。父子之间是一份恩情，君臣之间是一份敬意。我现在看到齐王对您够尊敬的了，却不见您有什么表现出对齐王的尊敬。"

　　孟子说："咄！这是什么话！齐国没有一个人跟大王谈论仁义道德，难道是仁义道德不好吗？其实他的心里想：大王有什么资格可谈仁义道德呢？这才是最大的不敬。不是尧、舜的大仁大义我不跟大王说，所以齐国人谁也没有我更尊敬大王的了。"

　　景子说："不是，我指的并不是这个。礼仪制度上说：'父亲召唤，不及答应一声就要起身；君王召唤，不能等到车马备齐才出发。'您本来要去拜会齐王，但听到齐王召请后反而百般推辞始终不去，这样做符合礼仪制度吗？"

　　孟子说："怎能这么说呢？曾子说：'晋国和楚国的富裕，没有哪一个赶得上。他们有他们的富裕，我自有我的仁爱；他们有他们的高贵地位，我自有我的信义，我又有什么不痛快呢！'难道曾子说得不对吗？其实这是一个道理。天下值得人尊敬的有三种：地位一种，年龄一种，品德一种。在朝廷上地位最重要，在家乡邻里间年龄最重要，辅佐君主治理百姓则是品德最重要。齐王怎能仅仅以他有高贵的地位这一种，就能慢怠我有年龄和品德这二种呢？"

　　孟子进一步说："所以说，那些有大作为的君王，肯定会有一些不敢召唤的臣子，若是有事商量，只能屈尊前往。尊重品德、安守道义要是达不到这种程度，就不能算是有大作为的君主。所以商汤对于伊尹，是先去学习请教，然后才拜请出来辅佐自己，因此没费多大精力便统一了天下；齐桓公对于管仲，也是先学习然后才请出来当大臣的，同样也没费劲，就称霸于诸侯之中。现今天下各国，土地面积差不了多少，君主的品行也是同样水平，没有一个能值得人尊敬。这没有别的原因，只是这些君主们只喜欢臣子听他教诲，而不喜欢听取贤明大臣的指教。商汤对伊尹，桓公对管仲，就不敢随便召请。连管仲这类人都不受召唤，更何况我这个根本看不起管仲的老臣呢？”

三

【原文】

陈臻问曰："前日于齐，王馈兼金^①一百而不受；于宋馈七十镒^②而受；于薛馈五十镒而受。前日之不受是，则今日之受非也；今日之受是，则前日之不受非也。夫子必居一于此矣。"

孟子曰："皆是也。当在宋也，予将有远行，行者必以赆^③，辞曰'馈赆'，予何为不受？当在薛也，予有戒心，辞曰'闻戒，故为兵馈之'，予何为不受？若于齐，则未有处也。无处而馈之，是货^④之也，焉有君子而可以货取乎？"

【注释】

①兼金：价值倍增的金子，指纯金。

②镒：重量单位，相当二十两。主要是齐国及其周围地区的常用单位。

③赆（jìn）：旅资，即俗言路费。

④货：收买。

【译文】

陈臻问："前次在齐国，齐王赠送黄金百镒，您没有接受，在宋国却接受了七十镒的馈赠，在薛地也接受了五十镒的馈赠。如果前次不收正确的话，那么这次收下就是错误，反过来也是这样。先生肯定有一次是错了。"

孟子说："两次都对。在宋国时，我准备出门远行，而旅行肯定要有路费，人家说'送点路费'，我为什么不收？在薛地时，社会治安不好，我总是提心吊胆的，地方官说：'听说您需要自卫，我给您送点钱买武器'，我为何不收下。至于在齐国时，则没有什么用处。不需要钱的时候送我钱，就是想收买笼络我，哪有贤明君子可以用钱买到呢？"

四

【原文】

孟子之平陆，谓其大夫曰："子之持戟之士，一日而三失伍①，则去之否乎？"

曰："不待三。"

"然则子之失伍也亦多矣。凶年饥岁，子之民，老羸转于沟壑，壮者散而至四方者，几千人矣。

曰："此非距心之所得为也。"

曰："今有受人之牛羊而为之牧之者，则必为之求牧与刍矣。求牧与刍而不得，则反诸其人乎？抑亦立而视其死与？"

曰："此则距心之罪也。"

他日见于王，曰："王之为都②者，臣知五人焉。知其罪者，惟孔距心。"为王诵之。

王曰："此则寡人之罪也。"

【注释】

①失伍：掉队。

②为都：管理都邑，地方管理。

【译文】

孟子到平陆，跟地方官孔距心说："你手下的士兵，要是一天三次掉队，您是否要开除他呢？"

孔距心回答："等不到第三次掉队。"

孟子说："那么你掉队次数也不少了啊！遇到灾荒年境，你的百姓中，老弱病残者的尸体埋填在沟壑里，强壮点的流落四方，这样的人有几千了吧？"

孔距心说："这不是我能解决的问题，只有国王才能彻底解决这类问题。"

孟子说："有这么一个替人放牛放羊的人，他必须寻找草场准备草料。如果找不到牧地和草料，他是该把牛羊还给人家呢，还是该眼睁睁地看着牛羊饿死？"

孔距心说："我知道自己的过错了。"

过几天，孟子见到齐王时说："大王属下的地方官吏，我共认识五个，但能明白自己的过错的，仅有孔距心一人而已。"随即复述了一遍与孔距心的对话。

齐王说："这都是寡人的过错啊！"

五

【原文】

孟子谓蚔蛙曰："子之辞灵丘而请士师，似也，为其可以言也。今既数月矣，未可以言与？"

蚔蛙谏于王而不用，致为臣①而去。

齐人曰："所以为蚔蛙，则善矣；所以自为，则吾不知也。"公都子以告。

曰："吾闻之也：有官守者，不得其职则去；有言责者，不得其言则去。我无官守，我无言责也，则吾进退，岂不绰绰然有余裕哉？"

【注释】

①致为臣：辞去大臣职务。

【译文】

孟子问蚔蛙："你辞去灵丘地方官职务，而自请担任朝廷的司法官，是因为可以向齐王随时提出自己的见解吧。现在好几个月过去了，不知你是否向齐王提出过什么？"

蚳蛙向齐王提出建议，未被齐王接受，随即辞职离去了。

齐国有些人就说："孟子给蚳蛙出主意，倒是满口仁义道德；不知他自己在这个位子上的话，会怎样做呢？"

公都子把这些闲语转告给了孟子。

孟子说："我听说过：当官的人要是不能尽职尽责，就该辞职远去；有向国王提建议义务的人，要是不能提出好的建议或者建议不被采纳，也该辞职不干了。我没有当官，也没有提出建议的义务，那我干什么或不干什么，不是随便由我选择了吗？"

六

【原文】

孟子为卿于齐，出吊于滕。王使蓋大夫王驩为辅行。王驩朝暮见，反齐滕之路，未尝与之言行事也。

公孙丑曰："齐卿之位，不为小矣；乔滕之路，不为近矣，反之而未尝与言行事，何也？"

曰："夫既或治之，予何言哉？"

【译文】

孟子在齐国担任卿（重要大臣）的时候，曾奉文王之命作为大使去滕国吊丧。齐王又增派蓋地长官王驩作为副使一起前往。孟、王二人每天都见面，往返的路上也在一块，可孟子一次都没有提起过出访滕国执行任务的事情。

公孙丑问："齐国的卿是很高的职务了，去滕国的路也够长的了，返回时却连一句有关公务的事都没有说，这是怎么回事？"

孟子回答："既然有人（指齐王）把这一切都安排好了，我还说它干吗？"

七

【原文】

孟子自齐葬于鲁，反于齐，止于嬴。

充虞请曰："前日不知虞之不肖，使虞敦匠事。严，虞不敢请。今愿窃有请也，木若以美然。"

曰："古者棺椁无度，中古①棺七寸，椁称之。自天子达于庶人，非直为观美也，然后尽于人心。不得，不可以为悦；无财，不可以为悦。得之为有财，古之人皆用之，吾何为独不然？且比化者②无使土亲肤，于人心独无恔③乎？吾闻之也，君子不以天下俭其亲。"

【注释】

①中古：西周以后。

②化者：死者。

③恔（xiào）：快。

【译文】

孟子离开齐国去鲁国安葬母亲，返回后暂时停在嬴地。

充虞前来询问："前几天，承蒙先生看得起我，让我负责管理工匠制作棺材。当时太忙，心里有想法也不敢说出来。现在我愿私下里说给您听：棺材的质量是不是太豪华了些？"

孟子回答："最初棺椁没有什么规定，周初之后按周公制定的制度，棺木厚度为七寸，再配上大小合适的木椁。从天子到普通百姓，使用棺椁并不是为了好看大方，而是这样做了，才体现了对死者的孝心。地位不允许，心里当然不高兴；没有充足的财产，心里当然也不高兴。在财力和地位允许的情况下，古代的人都会选择豪华的棺木，为什么我就不可以用呢？况且仅仅是为了使死者不直接挨在泥土上，对于孝子来说，这样做心里就痛快了吗？我听人说：贤明的人不会为了别人而去在自己的父母身上节省钱财。"

八

【原文】

沈同以其私问曰：燕可伐与?"

孟子曰："可。子哙不得与人燕，子之不得受燕于子哙。有仕于此，而子悦之，不告于王而私与之吾子之禄爵；夫士也，亦无王命而私受之于子，则可乎? 何以异于是?"

齐人伐燕。

或问曰："劝齐伐燕，有诸?"

曰："未也。沈同问'燕可伐与'，吾应之曰'可'，彼然而伐之也。彼如曰'孰可以伐之'，则将应之曰：'为天吏，则可以伐之'。今有杀人者，或问之曰'人可杀与'，则应之曰'可'：彼如曰'孰可以杀之'，则将应之曰：'为士师，则可以杀之。'今以燕伐燕，何为劝之哉?"

【译文】

齐国大臣沈同以私人身份问孟子："燕国可以讨伐吗?"

孟子回答："可以。燕王子哙不应该把整个国家交给别人，宰相子之呢，也不应该接受子哙交给的国家。例如有一个人，你很喜欢他，就不禀告齐王便把你的爵位和职务让给他；而这个人呢，也不报告齐王就接受了你给的这一切，这种事情对吗? 燕国的事跟这个例子有什么两样。"

齐国派兵讨伐燕国。

有人问孟子："你劝齐王攻伐燕国，有这事吗?"

孟子回答："没有。沈同问我'燕国该被讨伐吗'，我回答'应该'，他们因此就出兵讨伐了。当时他要是问'谁可以去讨伐燕国呢'，我会说'符合上天意愿的人，可以前往征讨。'就好比现在有一个杀人犯，若是问我'这个人该杀吗'，我就回答说'该杀'，但若问'谁该去杀死这个罪犯'，我自然会回答：'当司法官的人，应该去处死这个杀人犯。'现在是一个与燕国没有什么区别的齐国去征伐燕国，我又怎么会劝说呢？"

九

【原文】

燕人畔^①。王曰："吾甚惭于孟子。"

陈贾曰："王无患焉。王自以为与周公孰仁且智？"

王曰："恶！是何言也？"

曰："周公使管叔监殷，管叔以殷畔。知而使之，是不仁也；不知而使之，是不智也；仁智，周公未之尽也，而况于王乎？贾请见而解之。"

见孟子，问曰："周公何人也？"

曰："古圣人也。"

曰："使管叔监殷，管叔以殷畔也，有诸？"

曰："然。"

曰："周公知其将畔而使之与？"

曰："不知也。"

"然则圣人且有过与？"

曰："周公，弟也；管叔，兄也；周公之过不亦宜乎？况古之君子，过则改之；今之君子，过则顺之。古之君子，其过也，如日月之食，民皆见之；及其更也，民皆仰之。今之君子，岂徒顺之，又从为之辞。"

【注释】

①畔：通"叛"。

【译文】

燕国发生叛乱。齐王说："没有听从孟子的一再劝说，现在果然出现了严重的后果，我感到很惭愧。"

大臣陈贾劝解说："大王不要太自责了。您以为自己在仁义和智慧上比周公如何？"

齐王说："大胆！你怎能这么说话！"

陈贾说："周公让管叔监视、控制殷商的民众，管叔却率领殷商遗民发动叛乱。如果周公知道管叔要造反的话，派他去监管殷民就是不仁慈，因为这等于是给管叔创造叛乱条件；要是不知管叔要造反，那就是不聪明。仁慈和聪慧这两方面，连周公都不能具备，何况大王您呢？我请求去跟孟子解释一下。"

见了孟子，陈贾问"周公是什么样的人？"

孟子说："是一位过去的圣人。"

陈贾问："他派管叔监护殷民，管叔却率殷民叛乱，有这回事吧？"

孟子答："有。"

陈贾问："周公是知道管叔要造反还故意派他执行重任的吗？"

孟子说："周公并不知道。"

陈贾说："那么圣人也有犯错误的时候了？"

孟子说："周公是弟弟，管叔是兄长，弟弟不猜测兄长并派以重任，由此而犯的错误不是也很正常吗！况且过去的贤明君子，犯了错误就改正，现在所谓的君子，有错误时还要将错就错：古代的君子，他犯的错误就像日食和月食，天下人都能见到从不隐瞒；等到他改正错误，天下人都仰望他、尊敬他。今天所谓的君子们，犯了错误不单是将错就错，并且还找借口加以辩护，千方百计地推卸责任。"

十

【原文】

孟子致为臣而归。王就见孟子，曰："前日愿见而不可得，得侍同朝甚喜。今又弃寡人而归，不知可以继此而得见乎？"

对曰："不敢请耳，固所愿也。"

他日，王谓时子曰："我欲中国①而授孟子室，养弟子以万钟^②，使诸大夫国人皆有所矜式^③，子盍为我言之！"

时子因陈子而以告孟子，陈子以时子之言告孟子。

孟子曰："然，夫时子恶知其不可也！如使予欲富，辞十万而受万，是为欲富乎？季孙曰：'异哉子叔疑！使已为政，不用，则亦已矣；又使其子弟为卿。人亦孰不欲富贵，而独于富贵之中，有私龙断^④焉。'古之为市也，以其所有，易其所无者，有司者治之耳。有贱丈夫^⑤焉，必求龙断而登之，以左右望而罔^⑥市利。人皆以为贱，故从而征之；征商，自此贱丈夫始矣。"

【注释】

①中国：国中，指都城里。
②钟：齐国衡量单位，据考古发现推算，1 钟=205000毫升。
③矜式：尊崇的样式，即榜样。
④龙断：即垄断。
⑤丈夫：古时男子的通称。
⑥罔：同"网"。

【译文】

孟子辞掉大臣职务回到家中，齐王又来见孟子，并说："以前总想见您可惜见不到，后来能在朝廷上作为君主与大臣一起共事，我很高兴。现在您抛下寡人回家了，不知以后还能像现在这样经常见面吗？"

孟子答："我当然愿意见您，只是不敢请求罢了。"

过了几天，齐王跟时子说："我想在城里赠给孟子一套房子，每年给地方万钟粮食养活他那些弟子，目的是想给百姓及官吏们留个学习的榜样。你可以去把我想的转告孟子。"

时子请孟子的徒弟陈子转达，陈子便把时子的话复述一遍给孟子。

孟子说："唉！难道时子也不知这事不成吗？若是想让我富裕，

我辞掉年收入十万钟的职务反而接受一万钟的恩惠，是想富裕吗？季孙说：'子叔疑这人真奇怪啊！只想着自己当官，干不成了，又让弟弟、儿子去当官。哪个人不想富贵呢？难道这富贵的事情，让你一家承包了不成。'就像古代的集市，本来是用自己有的东西去换自己没有的物品，有关部门也只是维持秩序而已。偏偏有这么一个卑贱的小人，只想着自己发财，找个高地方爬上去左右观察，一心包揽所有的便宜。人们觉得这人太卑鄙了，就征收他的税利。向商人征税，就是从这种卑鄙小人开始的。"

十一

【原文】

孟子去齐，宿于昼。有欲为王留行者，坐而言。不应，隐几而卧。

客不悦曰："弟子齐宿①而后敢言，夫子卧而不听，请勿复敢见矣。"

曰："坐！我明语子。昔者鲁缪公无人乎子思之侧，则不能安子思；泄柳、申详无人乎缪公之侧，则不能安其身。子为长者虑，而不及子思；子绝长者乎？长者绝子乎？"

【注释】

①齐宿：齐同"斋"，先一日斋戒，便叫"斋宿"。

【译文】

孟子离开齐国都城，在昼这地方住宿。有一个想替齐王挽留孟子的人，坐下来劝孟子，孟子没有答话，靠着桌案躺下睡觉。

客人很不高兴地说："我在外准备会见您的先一天便净洁身心，今天同您说话，您只顾睡觉不听我说什么，这个态度我还敢再来拜见您吗？"

孟子说："坐下，我明明白白地告诉你。过去鲁缪公待子思时，要是无人相陪就觉得没有安顿好子思；泄柳、申详待鲁缪公，要是无人在缪公身边，就不敢自己脱身干别的。你为我这个老头着想，连子思怎样被鲁缪公对待都想不到；这是你同我这个老头决绝呢，还是我这个老头与你决绝呢？"

十二

【原文】

孟子去齐。尹士语人曰："不识王之不可以为汤武，则是不明也；识其不可，然而至，则是干泽^①也。千里而见王，不遇故去，三宿而后出昼，是何濡滞^②也！士则兹^③不悦。"

高子以告。

曰："夫尹士，恶知予哉？千里而见王，是予所欲也；不遇故去，岂予所欲哉？予不得已也。予三宿而出昼，于予心犹以为速，王庶几^④改之！王如改诸则必反予。夫出昼而王不予追也，予然后浩然有归志。余虽然，岂舍王哉？王由足用为善。王如用予，则岂徒齐民安，天下民举安。王庶几改之，予日望之！予岂若是小丈夫然哉，谏于其君而不受则怒，悻悻然见于其面，去则穷日之力而后宿哉？"

尹士闻之，曰："士诚小人也。"

【注释】

①干泽：追求实惠。干，求取。泽，恩泽，好处。
②濡滞：停顿，迟缓。
③兹：比。
④庶几：若是。

【译文】

孟子离开了齐国。尹上跟别人说："孟子不明白齐王不是商汤王周武王那样的贤明君主，就是不聪明；知道齐王不可能有大作为的话，还去拜见，实际上是为自己谋取功名富贵啊。走了那么老远的路，没被赏识才离去，但在昼地又住了三晚上，也太磨磨蹭蹭了！我不喜欢这样的人。"

高子把这些话转告孟子。

孟子说："尹士这个人，根本不了解我啊！走了千里路程前去拜会齐王，是我的心愿；但不被接纳才离去，又怎是我的心愿呢？实在是迫不得已啊！我在昼地住了三宿，心里还是觉着太快了，大王若是改变主意了呢！齐王如果真能改主意，我肯定会马上返回。直到我离开昼地，齐王还是没来追赶，我这才下定决心要走了。虽然这样，又怎算是抛弃齐王呢？齐王毕竟还是一个可以引导着施行仁义的国王啊！齐王要是任用我，又何止是齐国百姓可得安宁，普天之下的人民也都能由此得到安宁。齐王什么时候改主意，我正天天盼着呢！我又怎能像那种小人一样，向国王提建议不受重视就生气，小里小气地跟人见面，一旦要走就直到天黑累坏了时才停下住宿。"

尹士听到孟子的话后，无限感慨地说："我真是个小人啊！"

十三

【原文】

孟子去齐，充虞路问曰："夫子若有不豫①色然。前日虞闻诸夫子曰：'君子不怨天，不尤②人。'"

曰："彼一时，此一时也。五百年必有王者兴，其间必有名世③者。由周而来，七百有余岁矣。以其数，则过矣；以其时考之，则可矣。夫天未欲平治天下也，如欲平治天下，当今之世，舍我其谁也？吾何为不豫哉？"

【注释】

①豫：欢乐。
②尤：过错。

③名世：命世，统治天下。

【译文】

孟子离开齐国，充虞在路上问："先生看起来好像很不高兴。但前几天我听您说：'有德才的人不怨恨上天，不归罪于别人。'"

孟子说："那时有那时的情况，现在又是现在的形势。从以往历史看，五百年中必然会有一位圣明君主出现，并且也会有命世之才从其中产生。由西周建国至今，七百多年过去了，从时间上看，太长了点；从今日形势看，应该是有贤王出现的了。大概是上天还不想让天下得到太平吧！如果想要一统天下，在当今世上，除了我还会有谁？我为什么会不高兴呢？"

十四

【原文】

孟子去齐，居休。公孙丑问曰："仕而不受禄，古之道乎？"

曰："非也。于崇，吾得见王，退而有去志，不欲变，故不受也。继而有师命①，不可以请。久于齐，非我志也。"

【注释】

①师命：军事命令。

【译文】

孟子离开齐国，在休地居住下来。公孙丑问道："担当职务却不接受俸禄，是古代圣贤遵循的规范吗？"

孟子说："不是。当初在崇地，我得以与齐王交谈，回来后就有了离开的打算，因为不想改变离职的念头，所以不接收齐王的俸禄。随后齐国有军事行动，在非常时期不能提请辞职。当时在齐国又呆了好长时间，并不是我内心所希望的。"

◇ 卷 三 ◇

滕文公章句　上

一

【原文】

滕文公为世子①，将之楚，过宋而见孟子。孟子道性善，言必称尧舜。

世子自楚反，复见孟子。孟子曰："世子疑我言乎？夫道一而已矣。成𬯎谓齐景公曰：'彼丈夫也；我，丈夫也；吾何畏彼哉？'颜渊曰：'舜，何人也；予，何人也？有为者亦若是。'公明仪曰：'文王，我师也；周公岂欺我哉？'今滕，绝长补短，将五十里也，犹可以为善国。《书》曰：'若药不瞑眩，厥疾不瘳②'。"

【注释】

①世子：继承人，一般指诸侯王的继承人。

②瘳（chōu）：痊愈。

【译文】

滕文公当世子时，在出访楚国的路上顺便去宋国拜访了孟子。孟子大谈人本善良的道理，开口闭口全是尧舜等先代贤君的英明盛事。

世子从楚返回时，又去拜访孟子。孟子说："世子对我上次的言论有什么怀疑吗？其实道理本来就是一样的啊！成睭曾跟齐景公说：'他，是个男人；我，也是个男人；我为什么会怕他呢？'颜渊也曾说过：'舜，是什么样的人；我，又是什么样的人；有作为的人应该都像舜一样啊！'公明仪说：'文王，是我所尊敬的古代师长；周公又怎会欺骗我呢？我们只要虔诚学习就是了。'现在滕国虽不大，可是长短相抵，大概也有方圆五十里了，还是可以认真治理而成为一个良好的国家的。《尚书》上说：'如果服药后不感到头晕目眩，那么疾病也就不会痊愈。'"

二

【原文】

滕定公薨，世子谓然友曰："昔者孟子尝与我言于宋，于心终不忘。今也不幸至于大故，吾欲使子问于孟子，然后行事。"

然友之邹问于孟子。

孟子曰："不亦善乎？亲丧，固所自尽①也。曾子曰：'生，事之以礼；死，葬之以礼，祭之以礼，可谓孝矣。'诸侯之礼，吾未之学也。虽然，吾尝闻之矣：三年之丧②，齐疏之服③，饘粥④之食，自天子达于庶人，三代共之。"

然友反命，定为三年之丧。父兄百官皆不欲，曰："吾宗国⑤鲁先君莫之行，吾先君亦莫之行也，至于子之身而反之，不可！且《志》曰：'丧祭从先祖'。曰：'吾有所受之也。'"

谓然友曰："吾他日未尝学问，好驰马试剑。今也父兄百官不我足也，恐其不能尽于大事，子为我问孟子！"

然友复之邹问孟子。

孟子曰："然，不可以他求者也。孔子曰：'君薨，听于冢宰⑥，歠⑦粥，面深墨，即位而哭，百官有司莫敢不哀，先之也。'上有好者，下必有甚焉者矣。君子之德，风也；小人之德，草也。草尚之风，必偃。是在世子。"

然友反命。

世子曰："然，是诚在我。"

五月居庐⑧，未有命戒。百官族人可，谓曰知。及至葬，四方来观之，颜色之戚，哭泣之哀，吊者大悦。

【注释】

①自尽：尽自己的力量。

②三年之丧：为死者守孝三年。

③齐疏之服：不缝边的衣服。齐，衣服的边。

④饘粥：稀粥。饘，读zhān。

⑤宗国：即宗主国。同宗各国的领导国。

⑥冢宰：大丧期间的事务总管。

⑦歠（chuò）：吸，喝。

⑧庐：草屋。丧事期间住草屋以表孝心，即不敢追求个人享受，所以要在简陋的房里住。

【译文】

滕定公去世了，世子跟他的师傅然友说：从前孟子在宋国跟我说过的话，至今仍未忘记。现在国家碰上这等大事，我想让你去请教一下孟子，然后决定办理丧事的方式。"

然友去邹国孟子的家中请教。

孟子说："遇到大丧来问礼节，是件好事。亲人去世，本来就该尽自己的全力来办丧事。曾子说过，'活着时，要按礼节来侍奉；去世了，要按礼节去埋葬，并按礼节祭奠，这就是孝子'。有关诸侯的丧葬礼节，我没有专门研究。即使如此，我还是听说过一些的：守丧三年，穿粗制衣服，吃简单的饭食，从天子到普通百姓，夏、商、周三代都是共同遵守的礼仪。"

然友回来之后，世子确定了守丧三年的计划。但是朝中百官及同族尊长都不同意，纷纷说："我们宗主国鲁国的前辈君主没这样办，已去世了的前代君主也没这样办，到了你这一辈却要行三年大丧礼节，这不应该。况且《志》书上说：'丧祭从先祖'，让'我们遵循祖宗们的办事方式'。"

世子对然友说："以前我没有认真学习礼仪制度，只知道整日里骑马练剑。现在亲友和百官都对我不满意，恐怕他们也不会按我的要求尽力办理丧事。请你再去问一下孟子。"

然友第二次去邹国拜问孟子。

孟子说："是这样，这是不能够求于别人的。孔子说过：'君主去世，一切事务交给丧事期间的总管去办，孝子不能吃山珍海味，只是喝点稀粥，灰尘扑面脸色漆黑也不要梳洗，只是在孝子位置上哭泣，那么百官谁敢不悲哀，关键是您要做出个榜样来'。地位高的人喜欢什么，下面的人就会更加喜欢这种东西。贤明之人的品德是风，普通小民的品德是草。风从草上吹过，草就随风而倒。所以这件事做好做坏全在于世子个人的表现了。"

然友回国转达了孟子的回话。

世子说："果然是这样，这件事确实决定于我本身了。"

世子在简陋的丧屋里住了五个月，期间没有发布过一件有关国事的命令和制度。族中尊长和朝廷百官都认为这件事做得好，说世子是遵守礼制的。到了埋葬的时候，四方前来吊唁的宾客，都看到世子的悲哀脸色和沉痛哭泣，对这次丧事极为满意。

三

【原文】

滕文公问为国。

孟子曰："民事不可缓也。《诗》云：'昼尔于茅，宵尔索绹①；亟其乘②屋，其始播百谷。'民之为道也，有恒产者有恒心，无恒产者无恒心。苟无恒心，放辟邪侈，无不为已。及陷乎罪，然后从而刑之，是罔民也。焉有仁人在位罔民而可为也？是故贤君必恭俭礼下，取于民有制。阳虎曰：'为富不仁矣，为仁不富矣。'

"夏后氏五十而贡，殷人七十而助，周人百亩而彻，其实皆什一也。彻者，彻也；助者，藉也。龙子曰：'治地莫善于助，莫不善于贡。'贡者，挍③数岁之中以为常。乐岁，粒米狼戾④，多取之而不为虐，则寡取之；凶年，粪其田而不足，则必取盈焉。为民父母，使民盻盻然⑤，将终岁勤勤，不得以养其父母，又称⑥货而益之，使老稚转乎沟壑，恶在其为民父母也？夫世禄，滕固行之矣。《诗》云：'雨我公田，遂及我私'。惟助为有公田，由此观之，虽周亦助也。

"设为庠序学校以教之。庠者，养也；校者，教也；序者，射也。夏曰校，殷曰序，周曰庠；学则三代共之，皆所以明人伦也。人伦明于上，小民亲于下。有王者起，必来取法，是为王者师也。

"《诗》云：'周虽旧邦，其命惟新。'文王之谓也。子力行之，亦以新子之国。"

使毕战问井地。

孟子曰："子之君将行仁政，选择而使子，子必勉之！夫仁政，必自经界始。经界不正，井地不钧⑦，谷禄不平，是故暴君污吏必慢其经界。经界既正，分田制禄可坐而定也。

"夫滕，壤地褊小，将为君子焉，将为野人焉。无君子，莫治野人；无野人，莫养君子。请野九一而助，国中什一使自赋。卿以下必有圭田⑧，圭田五十亩，余夫二十五亩。死徙无出乡，乡田同井，出入相友，守望相助，疾病相扶持，则百姓亲睦。方里而井，井九百亩，其中为公田。八家皆私百亩，同养公田；公事毕，然后敢治私事，所以别野人也。此其大略也，若夫润泽之，则在君与子矣。"

【注释】

①绚：绳索。

②乘：修整。

③挍：即"较"，比较。

④狼戾：意同"狼藉"，杂乱无章。

⑤盱盱（xì）然：怒目而视的样子。

⑥称：举。

⑦钧：同"均"。

⑧圭田：生产祭祀所用粮食的土地。

【译文】

滕文公询问治理国家的策略。

孟子说："百姓的事情不能拖延。《诗经·豳风·七月》里说：'白天去割茅草，晚上搓成绳索；及时修整房屋，播种不敢耽误。'百姓的普遍状况是：没有固定资产就没有坚定的个人信念，有了个人财产才会遵循一定的道德规范。如果百姓没有坚定的道德观念约束自己，就会极端放纵自己的私欲和恶性，一切以自己为中心。等到他们犯了罪，然后才处罚他们，就像是先布好了网等着百姓去钻一样。哪有仁慈的统治者会这样陷害属下的百姓呢？所以说贤明的君主必须恭逊节俭、礼贤下士，收取百姓税赋要有节制。阳虎说过：'想富就别行仁义，施行仁义就富不起来。'

"夏代实行五十亩收税的贡法，殷商实行七十亩纳税的助法，周代实行一百亩纳税的彻法。彻就是通的意思，助就是借用人力帮助的意思。龙子说：'收取土地税，最好的是助法，最恶劣的是贡法。'所谓贡法，就是比较一下几年中产量的平均数制定出一个固定数目。年境好的时候，粮食堆放杂乱，多收一些也不算做暴虐，可这时并不多收；遇到歉收年岁，产量还不够第二年肥田的费用，但收取赋税仍要满足那一固定数量。作为百姓父母的统治者，逼得百姓怒目以视，眼看着辛苦一年的收入，不单养活不了父母，还得借贷来交纳赋税，使得老人小孩只好饿死被填在沟渠山谷里，这又怎么能算是百姓的父母呢。官僚贵族世代享受俸禄，滕国是一直执行的。《诗经·小雅·大田》里说：'好雨先降落到公田里，随即也下在我的私田里。'而只有助法才有公田。由此看来，周代也是实施助法的。

"开设庠序学校教育百姓。庠，就是培养；校，就是教导；序，就是排列长幼先后次序。夏代称校，殷商称序，周代称庠，所学的东西三代都是一样的，即通过学习而明白人与人之间应该有的关系准则。遵循了这种人与人之间的关系准则，人民之间就会相亲相爱。要是圣明君王出现，就一定会来学习效法，这就成了圣王的老师了。

"《诗经·大雅·文王》篇里说：'周虽然是一个殷商统治下的古老小国，但命运却是欣欣向荣焕然一新的。'这是指周文王时的周国。您要是也能尽力实行这些措施，也将使您的滕国面貌一新的。"

滕文公派毕战请教有关"井田制"的事情。

孟子说："你的君主准备施行仁政，经过挑选给你一重任，你一定要努力啊！仁政中的井田制度，首先是确定边界。边界若是不正，井田中各部分的划区就不平均了，作为俸禄的粮食也就不公平合理了，所以暴虐君主和腐败官吏往往在边界划分上不那么严格以便从中得到更多的收入。边界如果划分正确了，哪块田分给谁以及俸禄的确定就很容易解决了。

"滕国，虽是面积较小，但也有官僚贵族和平民百姓。没有官僚，就没法管理百姓；没有百姓，就无从养活官僚。我建议在郊外施行九分之一收税的助法，在城里施行十分之一纳赋的方式。卿及以下的官吏，都要分给一块生产祭祀用粮的圭田，卿这一级的官吏圭田五十亩，其余官吏二十五亩。死亡及迁徙之类的事情一般不离本乡，乡里同一井的人们，出入之间要友好对待，看守、观望互相帮助，谁家有人病重均要互相扶持，这样百姓之间就建立了良好的亲密关系。每一平方里为一井，共九百亩耕地，最中间的一块是公田，其余八块由八家分配，每家一百亩，八家要一起耕种中间的公田；公田里的事干完了才可以干自己家的私事，（公田是官吏们取得俸禄的土地），这就是区别官吏与平民的方法了。我说的这些，只是个大的框架，至于具体细节该怎样，就是你和滕文公的事了。"

四

【原文】

有为神农之言者许行，自楚之滕，踵①门而告文公曰："远方之人闻君行仁政，愿受一廛而为氓。"文公与之处。其徒数十人，皆衣褐，捆屦②织席以为食。

陈良之徒陈相，与其弟辛，负耒耜而自宋之滕，曰："闻君行圣人之政，是亦圣人也，愿为圣人氓。"

陈相见许行而大悦，尽弃其学而学焉。陈相见孟子，道许行之言曰："滕君，则诚贤君也；虽然，未闻道也。贤者与民并耕而食，饔飧③而治；今也，滕有仓廪府库，则是厉④民而以自养也，恶得贤！"

孟子曰："许子必种粟而后食乎？"

曰："然。"

"许子必织布然后衣乎？"

曰："否，许子衣褐⑤。"

"许子冠乎？"

曰："冠。"

曰："奚冠？"

曰："冠素。"

曰："自织之与？"

曰："否，以粟易之。"

曰："许子奚为不自织？"

曰："害于耕。"

曰："许子以釜甑爨⑥，以铁耕乎？"

曰："然。"

"自为之与？"

曰："否，以粟易之。"

"以粟易器械者，不为厉陶冶⑦；陶冶亦以其器械易粟者，岂为厉农夫哉？且许子何不为陶冶，舍皆取诸其宫⑧中而用之？

何为纷纷然与百工交易？何许子之不惮烦？"

曰："百工之事，固不可耕且可为也。"

"然则治天下，独可耕且为与？有大人之事，有小人之事。且一人之身而百工之所为备，如必自为而后用之，是率天下而路⑨也。故曰：或劳心，或劳力。劳心者治人，劳力者治于人；治于人者食人，治人者食于人：天下之通义也。

"当尧之时，天下犹未平，洪水横流，泛滥于天下；草木畅茂，禽兽繁殖，五谷不登，禽兽偪⑩人，兽蹄鸟迹之道，交于中国。尧独忧之，举舜而敷⑪治焉。舜使益掌火，益烈山泽而焚之，禽兽逃匿。禹疏九河，瀹⑫济漯，而注之海；决汝汉、排淮泗，而注之江；然后中国可得而食也。当是时也，禹八年于外，三过其门而不入，虽欲耕，得乎？

"后稷教民稼穑，树艺五谷，五谷熟而民人育。人之有道也，饱食暖衣，逸居而无教，则近于禽兽。圣人有忧之，使契为司徒，教以人伦：父子有亲，君臣有义，夫妇有别，长幼有叙，朋友有信。放勋曰：'劳之来之，臣之直之，辅之翼之，使自得之，又从而振德之。'圣人之忧民如此，而暇耕乎？

"尧以不得舜为己忧，舜以不得禹、皋陶为己忧。夫以百亩之不易⑬为己忧者，农夫也。分人以财谓之惠，教人以善谓之忠，为天下得人者谓之仁。是故以天下与人易，为天下得人难。孔子曰：'大哉尧之为君！惟天为大，惟尧则之，荡荡乎，民无能名焉！君哉舜也，巍巍乎，有天下而不与焉！'尧、舜之治天下，岂无所用其心哉？亦不用于耕耳。

"吾闻用夏变夷者，未闻变于夷者也。陈良，楚产也，悦周公、仲尼之道，北学于中国；北方之学者，未能或之先也，彼所谓豪杰之士也。子之兄弟，事之数十年，师死而遂倍⑭之。昔者，孔子没，三年之外，门人治任将归，入揖于子贡，相向而哭，皆失声，然后归。子贡反，筑室于场，独居三年，然后归。他日，子夏、子张、子游，以有若似圣人，欲以所事孔子事之，强曾子。曾子曰：'不可。江汉以濯之，

秋阳以暴之，皜皜乎不可尚已！'今也，南蛮鴃舌⑮之人，非
先王之道；子倍子之师而学之，亦异于曾子矣。吾闻出于幽
谷迁于乔木者，未闻下乔木而入于幽谷者。《鲁颂》曰：'戎、
狄是膺⑯，荆、舒是惩。'周公方且膺之，子是学之，亦为不
善变矣。"

　　"从许子之道，则市贾⑰不贰，国中无伪；虽使五尺之童⑱
适市，莫之或欺。布帛长短同，则贾相若；麻缕、丝絮轻重
同，则贾相若；五谷多寡同，则贾相若；屦大小同，则贾
相若。"

　　曰："夫物之不齐，物之情也：或相倍蓰⑲，或相什佰，或
相千万。子比而同之，是乱天下也。巨屦小屦同贾，人岂为之
哉？从许子之道，相率而为伪者也，恶能治国家？！"

【注释】

①踵（zhǒng）：走到。

②屦（jù）：草鞋。

③饔飧（yōng sūn）：早饭和晚饭。

④厉：害，残酷。

⑤褐：粗麻织成的衣服。

⑥爨（cuàn）：烧火煮饭。

⑦陶冶：做陶器和炼铁。指制陶和炼铁之人。

⑧宫：家，房屋。

⑨路：同"露"，败坏。

⑩偪：即"逼"。

⑪敷：全部。

⑫瀹（yuè）：疏通。

⑬易：容易。

⑭倍：同"背"，背叛。

⑮鴃（jué）舌：像鸟一样说话。鴃，伯劳鸟。

⑯膺：伐：打击。

⑰贾：同"价"。

⑱五尺之童：即儿童。战国时一尺约相当今日之 23 厘米左右，故五尺（1.15 米）高仍是小孩正常身高，不能以今之五尺（1.65 米）来看。

⑲蓰（xǐ）：五倍。倍蓰，指数倍。

【译文】

有一个叫许行的人，致力于神农氏理论（即战国时诸子百家中的农家一派），从楚国步行到达滕国，对滕文公说："我作为一个远方楚国的人，听说您施行政治清明治国措施，所以想来定居下来，做一个您的臣民。"滕文公便赏给他一住处。他的几十个徒弟，都穿着粗麻衣服，靠打草鞋、织竹席维持生活。

陈良的徒弟陈相，和弟弟陈章，扛着犁、锄等农用工具，从宋国来到滕国，说："听说您按古代圣人的方式治理国家，那么您也就是圣人了，我们愿意做圣人的臣民。"也住了下来。

陈相见到许行后极为高兴，完全抛开原先的学问而认真跟随许行学习。陈相拜见孟子，转述许行的话说："滕文公，倒真是一位好君主，虽然如此，仍是没有理解仁政的根本道理。贤德君主应该是与百姓一起劳动来获取食物，抽出早晚吃饭的时间来管理国家。现在，滕文公仍有自己的粮食府库，这就是剥削百姓而养活自己了，怎能算是贤德！"

孟子问："许行是自己种粮食养活自己吗？"

陈相："是的。"

孟子："许行自己织布来做衣服穿吗？"

陈相："不是，他穿粗麻衣服。"

孟子："许行戴帽子吗？"

陈相："戴帽子。"

孟子："什么帽子？"

陈相："白布帽子。"

孟子："自己织布做的帽子吗？"

陈相："不是，拿粮食换的。"

孟子："许行为何不自己织布做帽子？"

陈相："他忙着种地，顾不上自己做帽子。"

孟子："许行用陶器做饭、用铁工具种地吗？"

陈相："是的。"

孟子："这些陶器和铁器是自己做的吗？"

陈相："不是，用粮食换的。"

孟子："用粮食换做饭陶器和种地铁器，不算是剥削陶工和铁匠；铁匠、陶工以他们的东西换粮食，又怎能算是剥削农民？况且许行为什么不制陶、炼铁，准备这许多东西放在家里用呢？又为什么一次次与工匠们交易产品？许行怎么这么不嫌麻烦？"

陈相："这许多种手工产品，自然不能一边种地一边制造。"

孟子："那么治理天下，就可以一边种地一边完成吗？官员有官员的事，百姓有百姓的事。如果一个人能生产各种产品，什么东西都要自己制造才能使用，那么普天之下各自忙于杂事，不就一片混乱了吗？所以说：有的人从事体力劳动，有的人从事脑力劳动。脑力劳动者是统治者，体力劳动者是被统治者；被统治者供养别人，统治者被人供养：这是天下通行的共同准则啊！

"在尧统治天下的时候，世上还不太平，洪水不循河道，到处泛滥成灾；野草杂树却异常旺盛侵占田地，飞禽走兽大肆繁衍，百姓赖以生存的粮食却年年歉收，鸟兽侵害人民，其活动范围以至于到了人类聚居的中心地带。尧帝独自为这一切担忧，选派舜出来负责治理工作。舜命令伯益负责有关火的事务，伯益便把山间杂草及沼泽野草全部烧毁，使得为害人民的鸟兽无处藏身而远去。舜又命令大禹治水，禹疏通济河、漯河，把水引到海里，掘开疏塞的汝水、汉水，排通淮水、泗水，都引到长江里去。从此国中人民才有了饭吃。在那个时候，大禹八年在外面忙碌，三次路过家门却不进去，紧张到了这种地步，想自己种地获取粮食吃，可能吗？

"周人的祖先后稷，教导百姓耕种土地，栽培各种谷物，庄稼丰收了百姓才可以生存繁衍。人要遵守一定的道德规范，因为人们要是有饭吃、有衣穿、有房子住，但没有教养，就跟飞禽走兽也差不多了。圣人担忧百姓的道德问题，就让殷商的祖先契当司徒，负责教导有关人与人之间的行为准则：父与子之间要有亲情，君与臣要有礼义，夫妇恩爱而有尊卑差别，老少之间要有先后次序，朋友之间要有信义。尧曾说过：'要督促人们认真工作，要教导、要纠正、要帮助、要扶植，使每个人都充分认识到自己的责任、义务，充分提高人们的品德觉悟。'可见圣人为百姓着想到了这一地步，又哪有时间去自己耕种呢？

"尧因为得不到舜而忧愁，舜因为找不到皋陶和大禹而烦恼。而那些仅仅因为一百亩土地的不容易耕种才担心的人，是普通农民罢了。把财物分给别人叫惠，教育别人干好事叫忠，为天下百姓寻求合适的管理人才叫仁。所以把天下大事交付给别人是件容易事，但找一个贤明君子来接受就不是件容易事了。孔子说：'尧当君主真是伟大啊！天是最伟大的，而尧正是遵循天意办事的。他那坦荡无私的品德，人民都找不出合适的语言来赞颂！舜真是位好君主啊！他那高尚无比的觉悟，以至于拥有整个天下但从不只想着自己！'尧舜治理天下，难道没有付出极大的心血吗？他们也没有亲自参加耕种。

"我只听说过用中央大国的道德标准去改善边远落后的民族，未曾听过改成边远落后地区行为准则的。陈良，本是楚国人，但他向往周公、孔子尊崇的道德规范，才来北方学习；由于他的认真勤奋，在北方也很少有人比他更精通周公、孔子的学说，真是一位令人尊敬的豪杰啊！你们兄弟二人，跟随陈良学了几十年，老师一死，你们马上就背叛师门。想想当年，孔子去世后，直过了三年弟子们才准备回家，在拜别子贡时都是禁不住放声大哭，之后才回去了。子耳又多守了三年丧，然后才走。没过几天，弟子们因怀念老师心切，子夏、子张、子游几个人，因为有若最像孔子，就想按侍奉孔子的礼节来尊敬有若，并逼着曾子赞同。曾子说：'不可以。曾经在长江、汉水中洗濯过，曾经在秋天的骄阳下曝晒过，洁白无瑕谁能比得上呢！'现在，一个像鸟一样叽里咕噜连话都说不清的南蛮子，诋毁古代圣贤君主的仁义之道，你们兄弟背叛师门去学习，与曾子相比，差得也太远了点。我听过鸟儿从黑暗的山谷里飞迁到高大树木上安家，没听过有从光明的树梢上反迁去黑暗的山谷里的事。《鲁颂》里说：'攻伐戎狄，惩处荆舒。'周公这样的大圣人都要前往讨伐的国家，你却要向其中的一个许行学习，真是不学好啊！"

陈相说："要是依许行的方式，那么市场上物价就不会有两样，城里也没有了虚造伪劣之事了。即使让一个小孩去买东西，也没有谁会欺骗他。棉布丝绸长短一样，价格也没差别；麻线丝棉重量一样，价格也一样；粮食多少一样，价格仍是一样；鞋子大小一样，价格还是一样。这多好啊！"

孟子说："天下的东西各有不同，这就是事物的本来规律啊！价格有的相差数倍，有的差十倍百倍，有的差千倍万倍。若是硬性规定它们的价格完全一样，不是故意扰乱天下吗？大鞋子与小鞋子价格一样，谁还去做大鞋子？真按许行的办法实施的话，大家就会争先恐后地制造伪劣物品，这样怎能把一个国家治理好呢？"

五

【原文】

墨者夷之因徐辟而求见孟子。孟子曰："吾固愿见，今吾尚病，病愈，我且往之，夷子不来！"

他日，又求见孟子。孟子曰："吾今则可以见矣。不直[①]，则道不见，我且直之。吾闻夷子墨者。墨者治丧也，以薄为其道也；夷子思以易天下，岂以为非是而不贵也；然而夷子葬其亲厚，则是以所贱事亲也。"

徐子以告夷子。

夷子曰："儒者之道，古之人保若赤子[②]，此言何谓也？之则以为爱无差等，施由亲始。"

徐子以告孟子。

孟子曰："夫夷子信以为人之亲其兄之子为若亲其邻之赤子乎？彼有取尔也。赤子匍匐将入井，非赤子之罪也。夫天之生物也，使之一本，而夷子二本故也。盖上世尝有不葬其亲者，其亲死，则举而委之于壑。他日过之，狐狸食之，蝇蚋③姑嘬之。其颡④有泚⑤，睨而不视。夫泚也，非为人泚，中心达于面目，盖归反藁梩而掩之。掩之诚是也，则孝子仁人之掩其亲，亦必有道矣。"

徐子以告夷子。

夷子怃然为闲⑥曰："命之矣。"

【注释】

①直：直接，明确。

②赤子：婴儿。

③蚋（ruì）：蚊子一类的昆虫，即俗称的"小咬"。

④颡（sǎng）：额。

⑤泚（cǐ）：汗水。

⑥怃然为闲：茫茫然地停了一会儿。

【译文】

墨家学派弟子夷之通过徐辟的关系求见孟子。孟子说："我本来是想接见他的，今天我有病，病好之后我自动去看他。夷子就不必过来了。"

过了几天，又是托徐子来转达求见之事。孟子说："现在我可以见他了。见面后若是不说明白些的话，真理就体现不出来，因此我想直截了当地说。我听说夷子是信奉墨家学说的。墨家学说认为，办理丧事应该节俭才好；夷子就想把这一观念推广到天下各地，这就是认为如果不节俭就不合理；但是夷子埋葬他的父母时却是大肆铺张，这不就是用自己鄙视的方式来对待父母吗！"

徐子把这话传给夷子。

夷子说："儒家学说中，古代贤明君主爱护百姓就像是照顾婴儿一般，这说的是什么意思？我理解这是指博爱是没有差别的，对每一个人都要有仁爱之心，具体施行起来由父母开始。"

徐子又把夷子的话转告孟子。

孟子说："难道夷子真的相信，人们会像爱自己亲侄子一样去爱别人家的婴儿吗？他只是看到了一种现象，如婴儿要爬到井里去时，婴儿是没有过错的，每个人都会给予帮助把他拉回来，由此他就认为博爱是没有差别的。其实天下所有的生物，只有一个根本来源，像人就只有一个父亲、母亲，人才会爱戴自己的父母；夷子认为爱无区别，就是生物有多个来源，人有多个父母了。古代曾经有不埋葬父母的，父母去世后，就一起扔到沟里。过了几天去看，发现尸体已被狐狸吃得所剩无几了，并且苍蝇小咬等仍在上面吸吮。这个人额头冒汗，斜过眼去不忍心看。这时额上出汗，并不是为别人流的，而是内心情感的表露，因此回家取来筐子铲子，填土把尸体埋了。用土掩埋是对的，那么一切有仁爱之心的孝子贤人，掩埋其父母，也必然是有道理的。"

徐子再次复述了孟子的见解。

夷子听后，一时间茫茫然不知所想，然后慢慢地说："这是在教育我啊！"

滕文公章句　下

一

【原文】

陈代曰："不见诸侯，宜若小然；今一见之，大则以王，小则以霸。且《志》曰：'枉尺而直寻'。①宜若可为也。"

孟子曰："昔齐景公田，招虞人以旌，不至，将杀之。志士不忘在沟壑，勇士不忘丧其元②。孔子奚取焉？取其非招不往也。如不待其招而往，何哉？且夫枉尺而直寻者，以利言也。如以利，则枉寻直尺而利，亦可为与？昔者赵简子使王良与嬖奚乘，终日而不获一禽。嬖奚反命曰：'天下之贱工也。'或以告王良。良曰：'请复之。'强而后可，一朝而获十禽。嬖奚反命曰：'天下之良工也。'简子曰：'我使掌与女乘。'谓王良。良不可，曰：'吾为之范我驰驱，终日不获一；为之诡遇③，一朝而获十。《诗》云：'不失其驰，舍矢如破。我不贯与小人乘，请辞。'御者且羞与射者比④，比而得禽兽，虽若丘陵，弗为也。如枉道而从彼，何也？且子过矣：枉己者，未有能直人者也。"

【注释】

①寻：古代长度单位，八尺为寻。

②元：本。

③诡遇：不循正道地行驶。

④比：并。此处意合作。

【译文】

陈代说："以前不去拜见诸侯，只是坚守自己的气节，似乎是太小气点；今日与诸侯一见，发现这是自我实现的一种方式，从小处讲可以辅佐诸侯称霸，从大处讲可以辅佐诸侯称王。《志》书上说：'缩着只有一尺，伸开便有八尺长了。'看来与诸侯合作还是可行的。"

孟子说："从前齐景公打猎的时候，有一次用旗子召唤猎场侍从人员，但这个人并未应召前来，齐景公就准备杀他。有志气的人不因横尸沟壑就忘记信念，有勇气的人不怕牺牲决不抛弃正义。孔子肯定这个小官的哪一点呢？就在于他不听从那种不正确的召唤方式。要是没受召请便主动前往，又算是什么行为？况且缩着一尺伸开一寻的说法，是从利益上考虑的。但若仅仅考虑个人利益的话，缩着一寻伸开一尺也是可以干的了？（虽然利益不大，可毕竟还是有利啊！）过去晋国的掌权大臣赵鞅，命令很善于驾车的王良给他宠爱的小臣奚驾车，一整天也没射到一只鸟。奚回去跟赵鞅说：'王良是天下最差的驭手。'有人告诉了王良，王良便跟嬖说：'再去一次。'奚经王良一再要求才同意，这次一个早晨便射下了十只鸟。回来后奚又与赵鞅说：'王良是天下最好的驭手。'赵鞅说：'那我派王良专门给你驾车。'通知王良后，王良不干，说：'第一次我按驾车的规范执行，结果一只鸟也射不到。第二次我驾着车胡乱奔跑，反而一早上就射到十只鸟，这是不正常的。《诗经、大雅、车攻》篇里说：'驾驶车子正确奔驰，射出的箭就一定命中目标。再说我也不习惯与小人同在一车上。现在我请求辞职。'驾车的人都不愿与下贱的射手合作，感到那是耻辱，即使能够猎获堆积如山的禽兽，也坚决不干。你若是委屈自己的理想信念去依从别人又算是怎么回事？并且你最大的错误在于：个人信念扭曲的人，决不可能纠正得了别人。"

二

【原文】

景春曰："公孙衍、张仪岂不诚大丈夫哉？一怒而诸侯惧，安居而天下熄①。"

孟子曰："是焉得为大丈夫乎？子未学礼乎？丈夫之冠②也，父命之；女子之嫁也，母命之，往送之门，戒之曰：'往之女③家，必敬必戒，无违夫子！'以顺为正者，妾妇之道也。

"居天下之广居，立天下之正位，行天下之大道；得志与民由之，不得志独行其道；富贵不能淫，贫贱不能移，威武不能屈：此之谓大丈夫。"

【注释】

①熄：同"息"，安宁。

②冠：加冠，即戴帽子。古代男子二十岁时举行加冠礼仪，作为成为一个大人的标志。

③女：同"汝"。

【译文】

景春说："公孙衍、张仪难道不是真正的大丈夫吗？他们一发怒各国君主都恐惧不安，他们安安稳稳地呆在家里，整个天下都静悄悄地没一点生气。"

孟子说："这怎么算是大丈夫呢！你忘了学过的礼仪制度吗？在男子举行成人礼的时候，父亲要教导他一些成人之后遵守的道德规范；女儿出嫁的时候，母亲要教导她一些当儿媳妇应该遵循的规则，送女儿出门时，告诫她说：'到了婆家，要恭敬谨慎，不要违抗丈夫的命令。'以顺从为正确的行为准则，就是妇女做人的道德规范。

"居住要在宽广的大屋子里，站立要在最正直的位置上，行走要在天下最光明的大道上；得志时与民众共同欢乐，不得志时要坚守自己正确的道德风尚；身在富贵之中要不迷乱本性，身在贫贱之中要不改变志向，威势武力之下也决不卑躬屈膝有违道义：这样才可算做大丈夫。"

三

【原文】

周霄问曰："古之君子仕乎？"

孟子曰："仕。《传》曰：'孔子三月无君，则皇皇①如也，出疆必载质②。'公明仪曰：'古人之三月无君，则吊。'"

"三月无君则吊，不以急乎？'

曰："士之失位也，犹诸侯之失国也。《礼》曰：'诸侯耕助，以供粢盛③；夫人蚕缫，以为衣服。牺牲④不成，粢盛不洁，衣服不备，不敢以祭。惟士无田，则亦不祭。'牲杀、器皿、衣服不备，不敢以祭，则不敢以宴，亦不足吊乎？"

"出疆载质，何也？"

曰："士之仕也，犹农夫之耕也；农夫岂为出疆舍其耒耜哉？"

曰："晋国亦仕国也，未尝闻仕如此其急。仕如此其急也，君子之难仕，何也？"

曰："丈夫生而愿为之有室，女子生而愿为之有家；父母之心，人皆有之。不待父母之命，媒妁⑤之言，钻穴隙相窥，逾墙相从，则父母国人皆贱之。古之人未尝不欲仕也，又恶不由其道。不由其道而往者，与钻穴隙之类也。"

【注释】

①皇皇：惶惶。

②质：同"贽"古时初次拜见别人时所带礼物。

③粢（zī）盛：盛在器物中的粮食，以做祭品。

④牺牲：古时祭祀时用作贡品的牛、猪、羊等。

⑤媒妁：即"谋，酌"之变体，偏旁用"女"，指婚、嫁之事。故"媒妁"即有关男婚女嫁的商量考虑，后引指为嫁、婚之事的牵线人。

【译文】

周霄问："古代德才兼备的人也当官吗？"

孟子说："当然要当官。《传》记中说：'孔子三个月没有君主的任用，就会内心焦虑惶惶不安，离开所居国家时，必须携带着给所去国家君主的见面礼。'公明仪说：'过去的贤人三个月得不到君主任用，其朋友就去安慰他。'"

周霄说："三个月不被任用，就该受到慰问安抚，不是太急了点吗？"

孟子说："有知识和品行的士人失去的职务就好比是诸侯国君主失去了自己的国家一样。《礼》书上说：'诸侯国君主亲自参加劳动，是为了生产出用于祭祀用的粮食；夫人亲自养蚕缫丝，是为了织出用于祭祀时穿戴的礼服。要是祭祀用的牺牲不充足，粮食及器具不干净，礼服不合适，就不敢进行祭祀。士人失去了土地，也不敢进行祭祀。士人没有了职务，那么供应祭祀的粮食、牲畜、器具、礼服等都难以准备充分，也就不能举行祭祀；不举行祭祀，就不能聚会、饮宴，一个士人到了这一地步还不该受到安慰吗？"

周霄问："出国时都要带上见面礼，是什么意思？"

孟子答："士人当官，就像是农民耕地一样，农民难道会为了出国就扔掉他的耕种家具吗？"

周霄说："晋国也是一个士人求取官职的国度，但没听说过为了当官就这么着急的。如此急不可待地想当官，但真正贤明的士人又是很难得到相应的职务，这是为什么呢？"

孟子说："男孩生下来做父母的总想给他娶个好媳妇，女儿生下来父母就想让她嫁个好人家。普天之下的父母都有同样的心愿。要是子女不等父母之安排，不经过媒妁的从中撮合，就钻墙洞扒门缝互相偷看，甚至爬墙前去相会，那么父母及所有人民都会鄙视他们。过去的贤明士人并不是不想当官，只是不喜欢违背谋取官职的正确方式。要是通过非正当手段谋取官职，就跟那些钻墙洞扒门缝的无耻男女一样了。"

四

【原文】

彭更问曰："后车①数十乘，从者数百人，以传食②于诸侯，不以泰③乎？"

孟子问："非其道，则一箪食不可受于人；如其道，则舜受尧之天下，不以为泰。子以为泰乎？"

曰："否。士无事而食，不可也。"

曰："子不通功④易事⑤，以羡补不足，则农有余粟，女有余布；子如通之，则梓、匠、轮、舆皆得食于子。于此有人焉，入则孝，出则悌，守先王之道，以待后之学者，而不得食于子。子何尊梓、匠、轮、舆，而轻为仁义者哉？"

曰："梓、匠、轮、舆，其志将以求食也；君子之为道也，其志亦将以求食与？"

曰："子何以其志为哉？其有功于子，可食⑥而食之矣。且子食志乎？食功乎？"

曰："食志。

曰："有人于此，毁瓦画墁⑦，其志将以求食也，则子食之乎？"

曰："否。"

曰："然则子非食志也，食功也。"

【注释】

①后车：后面跟随的车辆。

②传食：接受食品供应。

③泰：同"太"。

④功：同"工"，手工业。

⑤事：产品。

⑥食（sì）：供给饮食。

⑦墁（màn）：新粉刷的墙壁。

【译文】

彭更问："先生的从行车辆几十乘，追随人员几百人，住处豪华，有诸侯国君主提供精美的食品，这样是否有些过分？"

孟子说："不遵循正当途径，别人给予的一篮子干粮也不能接受；遵循天下事物的正确规律，像舜一般接受尧给予的整个天下都不过分。你认为我的作为过分了吗？"

彭更说："我没这样说。但是，读书之人并不从事具体的生产活动，就享受饮食居所，我觉着还是不应该。"

孟子说："你如果不与各行各业的手工业生产者交换产品，用此来弥补自己所缺少的东西，那么农民就会有剩余的粮食，女人就会有剩余的布匹；你如果与各种劳动者交换产品，那么伐木的、做家具的、制车轮的、造车箱的人都可以由此得到他们所需要的食物了。这里有个人，进门孝敬父母，出门善待另立门户的兄弟，严格遵守前代贤王流传下来的道德规范，并把这些优秀传统教导给后来的学子，这样的人却不能得到好的饮食供给。你为何独独尊重那一些木匠，并慢待施行仁义的读书人呢？"

彭更说："各行手工业者，其劳作的动机就是换碗饭吃；读书的贤明人士，其目的也是为了吃饭吗？"

孟子说："你为什么偏要以目的为标准呢？这些工匠为你办事，应该供饭也就供应了。那么你是因为他们的目的呢，还是因为他们为你干了工作？"

彭更说："因为目的。"

孟子说："这里假如有个人，揭了你房上的瓦、污了你新粉过的墙，他的目的也是为了得到饮食，你会给他们食物吗？"

彭更说："当然不给。"

孟子说："那么你就不是因为目的而提供食物，而是因为具体功效了。"

五

【原文】

万章问曰："宋，小国也，今将行王政；齐楚恶而伐之，则如之何？"

孟子曰："汤居亳，与葛为邻。葛伯放①而不祀。汤使人问之，曰：'何为不祀？'曰：'无以供牺牲也。'汤使遗②之牛羊。葛伯食之，又不以祀。汤又使人问之，曰：'何为不祀？'曰：'无以供粢盛也。'汤使亳众往为之耕，老弱馈食。葛伯率其民，要③其有酒食黍稻者夺之，不授者杀之。有童子以黍肉饷，杀而夺之。《书》曰：'葛伯仇饷'，此之谓也。为其杀是童子而征之，四海之内，皆曰：'非富天下也，为匹夫匹妇④复仇也。''汤始征，自葛载'⑤，十一征而无敌于天下；东面而征西夷怨，南面而征北狄怨。曰：'奚为后我？'民之望之，若大旱之望雨也；归市者弗止，芸⑥者不变。诛其君，吊其民，如时雨降，民大悦。《书》曰：'徯我后，后来其无罚！'

"'有攸⑦不惟臣，东征，绥厥士女；篚⑧厥玄黄⑨，绍我周王见休⑩，惟臣服于大邑周。'其君子实玄黄于篚，以迎其君子；其小人⑪箪食壶浆，以迎其小人。救民于水火之中，取其残⑫而

已矣。《太誓》曰：'我武惟扬，侵于之疆，则取于残，杀伐用张，于汤有光。'

"不行王政云尔，苟行王政，四海之内，皆举首而望之，欲以为君。齐楚虽大，何畏焉？"

【注释】

①放：放纵，不加检点约束。

②遗（wèi）：赠与。

③要：同"腰"，半路上。

④匹夫匹妇：普通男女。

⑤载：开始。

⑥芸：同"耘"，耕种土地的农民。

⑦攸：古国名。

⑧筐：盛东西的竹篮子。

⑨玄黄：黑色和黄色。这里指青黑色和黄色丝绸。

⑩休：美好。

⑪小人：指普通百姓。

⑫残：残暴的人。

【译文】

万章问："宋国是个比较弱小的国家，现在准备施行称王于天下的仁政；要是此举招致邻国齐、楚等的武力讨伐，该怎么办？"

孟子说："商汤王在亳地的时候，与葛国相邻。葛国君主葛伯是个行为放纵不守礼法的人，从来不祭祀其祖先和天地。汤派人去问：'有什么原因而不举行祭祀活动呢？'葛伯说'没有牛羊来作牺牲。'汤派人送去了牛羊，但葛伯将牛羊杀来吃了，又不做祭品举行祭祀。汤再次派人去问：'为什么仍不祭祀呢？'葛伯回答：'我没有祭祀用的粮食。'汤派属下百姓去帮葛伯耕种土地，老弱者负责往田边送饭。葛伯率领手下士兵在半路上截拦送饭的人，夺取所携饭菜，不交者杀死。有一小孩携带着黄米和肉，葛伯杀了小孩，夺了所带饭菜。《书》上说：'葛伯恨送饭的人'，就指这件事。商汤王因为小孩的被杀而起兵征讨，四海之内的人都说：'汤并不是想搜刮天下的财富，而是要为屈死的平民百姓报仇雪恨。''汤开始统一天下的大业，就是从征讨葛国展开的'，自此，经过十一次大的征伐，天下没有哪个国家可以抵挡。汤率兵向东攻伐，西边的民众就埋怨；汤率兵南征，北边的百姓就埋怨，纷纷说：'为什么不先来攻伐我们这里？'可见百姓的盼望心情，就像久旱之后盼望下雨一样。因为商汤攻占的地方，商人继续买卖，农民仍旧耕田种地，只是诛杀暴君，安抚百姓，就像及时雨的到来，百姓极为高兴。《书》上说：'等到商汤王来后，我们就不必遭受残酷的刑罚了。'

"'东方有个攸国不愿归顺周朝时，周王派兵征讨，去安抚他们国家的百姓，当地的人民用竹篮子盛着黑色、黄色丝绸，请人介绍求见周王，并以得见周王而深感荣幸，衷心归附伟大的周国。'在军队到达之处，贵族用放有黑、黄色丝绸的篮子迎接当官的，平民百姓携带着干粮美酒欢迎周王的士兵。因为周王的军队是救民逃脱水深火热的悲惨境地，只杀那些欺压百姓的残暴君主。《尚书·太誓》上说：'充分发挥我们的武力，占领他们的国土，抓住那些残暴的统治者加以杀戮，这是比商汤的征伐更光荣的事。'

"宋国是还没有施行称王于天下的仁政罢了；若是真施仁政，那么天下的百姓都伸长了脖子在盼着，想拜宋国君主为大王。齐、楚虽然是相邻大国，又有什么好怕的呢？"

六

【原文】

孟子谓戴不胜曰："子欲子之王之①善与？我明告子。有楚大夫于此，欲其子之齐语也，则使齐人傅②诸？使楚人傅诸？

曰："使齐人傅之。"

曰："一齐人傅之，众楚人咻③之，虽日挞而求其齐也，不可得矣；引而置之庄岳之间数年，虽日挞而求其楚，亦不可得矣。子谓薛居州，善士也，使之居于王所。在于王所者，长幼尊卑居州也，王谁与为不善？在王所者，长幼尊卑皆非薛居州者，王谁与为善？一薛居州，独如宋王何？"

【注释】

①之：同"至"。

②傅：即"为之傅"，教导。

③咻（xiū）：吵闹，乱说。

【译文】

孟子对宋国大臣戴不胜说："你想让你们大王达到多行善事的境地吗？我明明白白地回答你。假如有一位楚国的大臣在这里，他想让他的儿子懂得齐国方言，那么是请齐国人教育他呢？还是请楚国人教他？"

戴不胜说："当然是请一个齐国人当老师。"

孟子说："若是只有一个齐国人教他，却有好多楚国人纷纷嚷嚷地整天围在身边说着楚国方言，即使你天天用鞭子抽打着他说齐国话，也是办不到的。若是领他到一个齐国的山间村庄里安顿下来呆上几年，就是天天抽着让他讲楚国方言，也是同样办不到。你所说的薛居州，倒实在是一个诚实善良的人，因此安排他与宋王一起居住。若是跟宋王同住的老少上下全是薛居州一样的好人，王能跟谁干坏事呢？反过来，要是上下左右全是与薛居州完全不一样的人，宋王可以跟谁一起干好事呢？所以，单凭一个薛居州，又能对宋王有多大影响力？"

七

【原文】

公孙丑问曰："不见诸侯何义？"

孟子曰："古者不为臣不见。段干木逾垣而辟①也，泄柳闭门而不纳，是皆已甚；迫，斯可以见矣。阳货欲见孔子而恶无礼，大夫有赐于士，不得受于其家，则往拜其门。阳货瞰②孔子之亡③也，而馈孔子蒸豚；孔子亦瞰其亡也，而往拜之。当是时，阳货先，岂得不见？"

"曾子曰：'胁肩谄笑，病④于夏畦。'子路曰：'未同而言，观其色赧赧然⑤，非由⑥之所知也。'由是观之，则君子之所养可知已矣。"

【注释】

①辟：同"避"。
②瞰（kàn）：俯视，此处指暗中观察。
③亡：即"无"，不在家。
④病：痛苦，此处是"比……更痛苦。"
⑤赧（nǎn）赧然：羞涩而脸红的样子。
⑥由：孔子弟子子路的字。

【译文】

公孙丑问："不接见诸侯也有什么道理吗？"

孟子回答："古代不当臣子就不接见君主。段干木听说魏文侯来访，赶快爬墙逃跑来躲避；泄柳对待来访的鲁缪公，采取了闭门不见的方式。这两个人就有些太过分了。从道理上讲，若是诸侯国君坚决要求相见的话，接见一下还是无妨的。过去鲁国大臣阳货想见孔子又苦于没有合适的礼制，就想起了礼仪制度的一项规定：即大夫要是对士人有所赏赐，而士人当时没有在家亲自接受的话，过后应该到大夫家里拜谢。因此，阳货探听到孔子不在家的日子，赠送给孔子一只蒸熟的小猪；同样，孔子也挑了一个阳货不在家的日子前去拜谢。在那个时候，如果阳货虔诚地前去拜访孔子的话，孔子又怎会不接见呢？（可惜阳货先利用礼制玩了一个花招，孔子也只能用同样的花招对付他）。

"曾子说：'强迫自己缩着肩膀媚笑，比夏天在地里干活还难受。'子路说：'跟没有共同语言的人谈话，看着他们羞涩脸红的样子，我实在是不理解他们。'从这件事上看，一个贤德之人的修养达到什么程度就一目了然了。"

八

【原文】

戴盈之曰："什一，去关市之征，今兹未能；请轻之，以待来年，然后已①。何如？"

孟子曰："今有人日攘②其邻之鸡者，或告之曰：'是非君子之道。'曰：'请损之，月攘一鸡，以待来年，然后已。'如知其非义，斯速已矣，何待来年！"

【注释】

①已：停止。
②攘：捉。

【译文】

宋国大臣戴盈之说："征取十分之一的地税，免掉关卡和集市的税利，现在还难以做到。我们现在先逐渐减轻税收，等到明年再完全执行。怎么样？"

孟子说："现在有这么一个人，每天都要偷邻居家养的鸡，有人告诉他：'这不是好人干的事。'他听后说：'那我就少偷点，改成每个月偷一只鸡，等到明年，我再彻底不偷。'减轻税收之举与这个人的少偷鸡又有什么区别。对一件事情，如果知道了它是不合道义的，就应马上停下来，又为什么要等到明年呢？"

九

【原文】

公都子曰："外人皆称夫子好辩，敢问何也？"

孟子曰："予岂好辩哉？予不得已也。天下之生久矣，一治一乱。当尧之时，水逆行，泛滥于中国，蛇龙居之，民无所定；下者为巢，上者为营窟。《书》曰：'洚水警余。'洚水者，洪水也。使禹治之，禹掘地而注之海，驱龙蛇而放之菹①；水由地中行，江、淮、河、汉是也。险阻既远，鸟兽之害人者消、然后人得平土而居之。

"尧舜既没，圣人之道衰，暴君代②作，坏宫室③以为污池，民无所安息。弃田以为园囿，使民不得衣食。邪说暴行又作，园囿、污池、沛泽多而禽兽至。及纣之身，天下又大乱。周公相武王诛纣，伐奄三年讨其君，驱飞廉④于海隅而戮之，灭国者五十，驱虎、豹、犀、象而远之，天下大悦。《书》曰："丕⑤显哉，文王谟⑥！丕承哉，武王烈！佑启我后人，咸以正无缺。'

"世道衰微，邪说暴行有作，臣弑其君者有之，子弑其父者有之。孔子惧，作《春秋》。《春秋》，天子之事也；是故孔子曰：'知我者其惟《春秋》乎！罪我者其惟《春秋》乎！'

"圣王不作，诸侯放恣，处士横议，杨朱、墨翟之言盈天下。天下之言不归杨，则归墨。杨氏为我，是无君也；墨氏兼爱，是无父也。无君无父，是禽兽也。公明仪曰：'庖有肥肉，厩有肥马，民有饥色，野有饿莩：此率兽而食人也。'杨墨之道不息，孔子之道不著，是邪说诬民，充塞仁义也。仁义充塞，则率兽食人，人将相食。吾为此惧，闲⑦先圣之道，距⑧杨墨，放淫辞，邪说者不得作。作于其心，害于其事；作于其事，害于其政。圣人复起，不易吾言矣！

"昔者禹抑洪水而天下平，周公兼夷狄、驱猛兽而百姓宁，孔子成《春秋》而乱臣贼子惧。《诗》云：'戎狄是膺，荆舒是惩，则莫敢我承。'无父无君，是周公所膺也。我亦欲正人心，息邪说、距诐行、放淫辞，以承三圣者。岂好辩哉？予不得已也！能言距杨墨者，圣人之徒也。"

【注释】

①菹（jù）：水草。此处指长满水草的沼泽。

②代：更替。

③宫室：指民众房屋。

④飞廉：又作"蜚廉"，传说中一食人恶兽。其实恐怕是当时的部落。

⑤丕（pī）：大。

⑥谟（mó）：计谋。

⑦闲：同"衔"，遵从，捍卫。

⑧距：同"拒"。

【译文】

公都子说："别人都说先生喜欢辩论，请问是什么原因？"

孟子回答："我哪里是喜欢辩论哟！我是迫不得已啊。人类出现已经很长时间了，总是一段时间安宁，一段时间战乱。在尧帝统治时期，大水横冲直撞到处泛滥，鳄鱼、水蛇等爬虫依靠水势盘居，百姓没有了住处，平地上的人只好像鸟一样在树上安身、山坡上的人就挖窑洞为家。《书》上说：'洚水警告我们。'洚水就是洪水的意思。天子派大禹治水，禹挖掘河道把洪水引到海里，把盘居的爬虫赶到长满杂草的沼泽里；这时大水顺着河道在土地中间流过，就是今天的长江、淮河、黄河、汉水。恶劣的环境脱离了，为害人群的飞禽走兽消失了，人才又得以在平地上安居下来。

"尧、舜等圣贤君主去世之后，他们施行的良好道德也随之衰微，残暴君主一个接一个地出现，他们毁坏房舍开挖成池塘，百姓就没了住处；霸占耕地改建成园林猎场，百姓没有了赖以生产粮食的土地。这时邪恶的理论学说及残暴的行为再次兴盛，猎场、池塘、沼泽多了，飞禽走兽也随之聚集。到了纣王统治时，天下又混乱起来。周公辅佐武王诛灭纣王，讨伐奄国经三年苦战才取得胜利，驱赶飞廉到海边才将之杀死，再占领其他小国共五十个，把虎、豹、犀、象等野兽赶到边远地区，天下人民都极为高兴。《书》

上说：'伟大啊！文王的计谋；光荣啊！武王的功勋。教诲，保佑我们这些后人，都能正确而不犯错误。'

"周朝国力衰微之后，良好的风尚随之消亡，邪恶理论及残暴行为又一次盛行，有大臣犯上作乱弑其君主的，有儿子犯上杀其父亲的。面对这种情况，孔子很担忧，因此著《春秋》一书。编著《春秋》，本来是天子的事情，孔子不得已而做了，因此曾说：'理解我的人是因为我写了这部《春秋》，责难我的人也是因为这部《春秋》啊！'

"当今这种形势，圣明君主没有出现。各诸侯国君都是放纵不羁，没有职务的读书人也是胡说八道，杨朱、墨翟创建的理论占据各学说的主导地位。人们的思想不是倾向于杨朱学说，就是倾向于墨子学说。杨氏理论的根本是为我，人人都只想着为自己了，心中便没了君主概念；墨子学说的根本是兼爱，而不加区别地一概爱护，也就没有了父母这一概念。一个人要是没有君主、父母的观念，就成禽兽了。公明仪说：'厨房里有肥肉，马棚里有壮马，而百姓面黄肌瘦，城外有饿死者的尸体，这就是统治者带领野兽吃人啊！'要是杨朱、墨子的理论不消除，孔子创建的仁义理论不发扬光大，等于是邪恶理论蒙蔽百姓，仁义观念被堵塞难以发展。仁义道德发扬不了，结果自然就是放纵野兽吃人，甚至是人们也会自我残杀起来。我为目前这种状况担忧，所以坚决遵循古代圣人的道义，来抗拒杨朱、墨子等邪恶理论，批驳其错误言论，使邪说无法推广。否则，邪恶观念发自内心，就会危害人们的行为；指导人们行为的话，就会危害执行政务管理。即使圣人再次降临，也不会改变我的观点。

"过去大禹治服洪水，天下才有太平；周公兼并四方各族，驱除凶猛野兽，百姓才有了安宁；孔子著成《春秋》一书，那些犯上作乱、为害人民的坏人就感到恐惧。《诗经·鲁颂·泮水》上说：'攻打戎狄，惩处荆舒，就无人敢不遵从我的命令。'没有忠君、孝父思想的边远地区之人，是周公讨伐打击的人。我现在也想端正人们的思想观念，平息各种邪恶理论，抗拒错误的行为，批驳放纵的言论，就是想继承大禹、周公、孔子三位圣人的丰功伟业啊！我又那里是喜欢辩论，实在是迫不得已的啊！能通过辩论来抗拒杨朱、墨子学说的流行，是圣人弟子的应尽义务啊！"

十

【原文】

国章曰："陈仲子，岂不诚廉士哉！居於陵三日不食，耳无闻，目不见也；井上有李，螬①食实者过半矣，匍匐往将②食之；三咽，然后耳有闻，目有见。"

孟子曰："于齐国之士，吾必以仲子为巨擘③焉。虽然，仲子恶能廉！充仲子之操，则蚓而后可者也。夫蚓，上食槁壤，下饮黄泉。仲子所居之室，伯夷之所筑与？抑亦盗跖之所筑与？所食之粟，伯夷之所树与？抑亦盗跖之所树与？是未可知也。"

曰："是何伤哉？彼身织屦，妻辟纑，以易之也。"

曰："仲子，齐之世家也。兄戴，蓋④禄万钟。以兄之禄为不义禄而不食也，以兄之室为不义之室而不居也；辟⑤兄离母，处於於陵。他日归，则有馈其兄生鹅者，已频⑥蹙曰：'恶用是鶂鶂者为哉！'他日，其母杀是鹅也，与之食之。其兄自外至，曰：'是鶂鶂之肉也！'出而哇⑦之。以母则不食，以妻则食之；以兄之室则弗居，以於陵则居之。是尚为能其类也乎？若仲子，蚓而后充其操者也。

【注释】

①螬：即蛴螬。

②将：拿起。

③巨擘（bò）：大拇指。

④蓋：齐国一个地区，陈仲子之兄封地。

⑤辟：同"避"。

⑥频：同"颦"，皱眉头。

⑦哇：吐出东西的声音，此处指吐东西。

【译文】

匡章说："陈仲子，算得上是个真正的廉洁之人了吧！他住在於陵这个地方，有一次三天没有饭吃，耳朵听不到声音，眼睛也饿得看不清东西了；这时发现井边上有一个李子，还被蛴螬吃了一大半，陈仲子坚持着爬过去，拿起来就往嘴里吃；咽下了三口，耳朵才能听得见声，眼睛也开始看得见东西。"

孟子说："在齐国的士人里，我确是觉得陈仲子是独一无二的。尽管如此，他仍不能算是廉洁之人。以陈仲子的全部操行品德，至多可以排在蚯蚓的后面。你看蚯蚓，爬到上面吞吃一些泥土和烂草根，钻到底下喝点土里的积水，这才是真正的清廉呢！从来不依靠别人。倒是陈仲子，他住的房子，是伯夷那样的好人盖得呢，还是盗跖那样的坏人盖的呢？他吃的粮食，是伯夷那样的好人种出来的？还是盗跖那样的坏人种的呢？这些都不清楚啊！"

匡章说："这有什么关系？他自己编草鞋，妻子纺麻线，房子和粮食都是换来的呀！"

孟子说："陈仲子，也是齐国的世代贵族出身呀。他的哥哥陈戴，仅在盖地一年的收入就有万钟粮食。陈仲子认为哥哥的俸禄是不义之财就坚决不吃，认为哥哥的房子是不义之室就坚决不住，他避开哥哥，告别母亲，独自住在於陵那个地方。有一次他回家，见有人送给哥哥一只活鹅，就皱着眉头缩着鼻子说：'为什么送来这么一只嘎嘎叫的怪物呢！'过了几天，母亲杀了鹅，送了点肉给他吃。随后，哥哥从门外进来，说：'你刚吃的就是嘎嘎叫的怪物肉呀！'陈仲子马上跑出去哇哇地吐了。他母亲做的饭就不吃，妻子做的就吃；哥哥的房子就不住，於陵的屋子就住下，这样的人还能算是个人吗？像陈仲子一样不近人情的蠢货，还是排到蚯蚓后面去修炼其操守吧！"

◇ 卷 四 ◇

离娄章句 上

一

【原文】

孟子曰:"离娄之明,公输子之巧,不以规矩,不能成方员[①];师旷之聪,不以六律,不能正五音;尧舜之道,不以仁政,不能平治天下。今有仁心仁闻[②],而民不被其泽,不可法于后世者,不行先王之道也。故曰:徒善,不足以为政;徒法,不能以自行。《诗》云:'不愆[③]不忘,率由旧章。'遵先王之法而过者,未之有也。圣人既竭目力焉,继之以规矩准绳,以为方员平直,不可胜用也;既竭耳力焉,继之以六律正五音,不可胜用也;既竭心思焉,继之以不忍人之政,而仁覆天下矣。故曰:为高必因丘陵,为下必因川泽;为政不因先王之道,可谓智乎?

"是以惟仁者宜在高位,不仁而在高位,是播其恶于众也。上无道揆[④]也,下无法守也;朝不信道,工不信度;君子犯义,小人犯刑;国之所存者,幸也。故曰:城郭不完,兵甲不多,非国之灾也;田野不辟,货财不聚,非国之害也;上无礼,下无学,贼民兴,丧无日矣。

"《诗》曰:'天之方蹶,无然泄泄!'——泄泄,犹沓沓也。事君无义,进退无礼,言则非先王之道者,犹沓沓也。故曰:责难于君,谓之恭;陈善闭邪,谓之敬;吾君不能,谓之贼。"

【注释】

①员：同"圆"。

②闻：传闻，名声。

③愆（qiān）罪过，错误。

④揆（kuí）：准则。

【译文】

孟子说："纵有离娄那样超凡的视力，有公输子（鲁班）那样高明的技巧，如果不用圆规和直尺，也不能画出正确的方形和圆形；纵有师旷那样灵敏的听力，如果不用六律，也不能校正五音；纵有尧舜那样仁慈的道德水准，如果不对百姓施行仁政，也不能使天下太平。现在只有仁爱的思想及仁慈的传闻，但百姓并没有得到恩惠，也没能做出后代人值得效法学习功绩，原因就在于并没有真正行施古代贤明君主的治国良策。所以说：单凭善良的心地，并不能处理好政事，单凭有合适的方法，并不能自然而然地执行起来。《诗经·大雅·假乐》中说：'不要违背，不要忘却，一定要遵守过去的正确法规。'遵守古代贤明君主的正确法规而出差错，是不可能的事。圣人既然已经竭尽眼力，才得以创造了圆规、直尺、准绳，我们用这些东西来画圆形、方形，是足够用了；圣人既然已经竭尽听力，才得以利用六律校正五音，这也足够后代使用了；圣人既然已经竭尽心力，才得以创立了仁慈的政治措施，我们只要将之具体实施，那么天下就可以充满了仁爱之心了。所以说：修筑高的楼台，一定要选择在地势高的丘陵上；开挖池塘水渠，一定要选择地势低的河道沼泽；管理百姓要是不遵循古代圣明君王的良好法规典章，能算是聪明吗？

"所以只有仁慈的人才适宜处于统治地位，要是没有仁慈之心的人当了统治者，他就必定会广泛地传播他的邪恶。领导者没有道德标准，被领导者就会不守法规；朝廷中的人不讲道德，工匠们也就没有了法度；贵族们违犯道义，平民们就会违犯刑律：在这种情况下，一个国家还能生存，实在是件幸运的事。所以说：城墙不完整，兵士武器不充分，算不上是国家的灾难；荒地没有开辟出来，财力物力没有积存起来，也算不上是国家的灾难；上层人员不讲礼义，下层人员不培养个人品德，乱民暴徒出现并逐渐增多，这个国家离灭亡也就不远了。

"《诗经·大雅·板》中说：'天下正要兴盛的时候，不要轻易使之懈怠下来！'——懈怠，就像是疲惫拖沓呀。不按礼仪信义侍奉君主，当官或退隐不遵守礼制，开口便非议古代贤明君王行之有效的管理方式，这些就是国家疲惫衰落的迹象呀。所以说：指出君主的错误，就是恭；多说善事堵塞邪论，就是敬；妄言君主不能行施仁政，就是贼。"

二

【原文】

孟子曰："规矩，方员之圣①也；圣人，人伦之至也。欲为君，尽君道；欲为臣，尽臣道；二者皆法尧舜而已矣。不以舜之所以②事尧事君，不敬其君者也；不以尧之所以治国治民，贼其民者也。

"孔子曰：'道二，仁与不仁而已矣。'暴其民，甚则身弑国亡，不甚则身危国削，名之曰幽、厉③，虽孝子慈孙，百世不能改也。《诗》云：'殷鉴④不远，在夏后之世。'此之谓也。"

【注释】

①至：极端，顶点。

②所以：用来。所以本应为"所……以"，如"所以事尧事君"实为"所事尧以事君"。

③幽、厉：壅塞为幽，滥杀为厉。本文指的是周幽王和周厉王，这是导致西周灭亡的国王，是扰乱天下和滥杀无辜的典型。

④殷鉴：殷商的例子。鉴，借鉴。

【译文】

孟子说："圆规和角尺，是圆形和方形的典范；圣人，是正确处理人与人关系的楷模。要当君主，就应按君主应有的道义管理天下；要当臣子，就应按臣子应有的礼制来辅佐君主，这两方面都是应以尧和舜为学习对象的。不用舜侍奉尧的态度对待君主，就是对君主的不敬；不用尧管理百姓的方式治理国家，就是坑害老百姓。

"孔子说：'治国之路有两条，即仁爱与不仁罢了。'残酷地压迫百姓，程度严重时会导致自身被杀、国家灭亡，程度轻时也会使得国力衰弱宝座不稳；这样的人死后的谥号就是幽或厉，如周幽王和周厉王，即使后代子孙非常有孝心，但幽、厉之类的丑名却永远不会改掉了。《诗经·大雅·荡》中说：'殷商兴盛与衰亡的例子并不久远，仅在夏代之后啊。'就是说的这个意思。"

<h2 style="text-align:center">三</h2>

【原文】

孟子曰："三代之得天下也，以仁；其失天下也，以不仁。国之所以废兴存亡者亦然。天子不仁，不保四海；诸侯不仁，不保社稷①；卿大夫不仁，不保宗庙②；士庶人不仁，不保四体。今恶死亡而乐不仁，就犹恶醉而强酒。"

【注释】

①社稷：社，祭祀土地神的场所；稷，祭祀五谷神的场所。因土地和粮食为国家的根本，故以社稷代指国家。

②宗庙：祖先祠堂。古时惟有有封地的贵族才立宗庙，故以宗庙代指拥有的土地。

【译文】

孟子说："夏、商、周三代夺取天下的原因，就在于行施仁政；他们后来失去天下的原因，却在于不行施仁政。一个国家的兴盛与衰退、存在与灭亡，也是在于是否行施仁政。天子不行仁道，就难以保全天下；诸侯不行仁道，就难以保全国家；中央及诸侯国的大臣不行仁道，就难以保持自己的身份地位，士人与平民不守仁义，就会自身难保了。现在的人不愿灭亡却又喜欢不讲仁义，就好比是怕喝醉了却又勉强喝酒一般。"

四

【原文】

孟子曰："爱人不亲，反其仁；治人不治，反其智；礼人不答，反其敬：行有不得者皆反求诸己，其身正而天下归之。《诗》云：'永言配命，自求多福。'"

【译文】

孟子说："爱护别人，别人却不亲近你，就该返回头来想想自己是否足够仁慈；统治别人，人们却不愿被统治，就应返回头来想想自己的方式是否合适；给别人行礼，人家却不理睬，就应返回头来想想自己对人是否足够尊敬；干任何一件事情，要是没达到预期效果，都需要返回头来在自己身上找原因，如果自己是正确无疑的话，天下的人都愿归顺你。《诗经·大雅·文王》篇里说：'永远遵从上天的意愿，就是自己求得更多的福泽。'"

五

【原文】

孟子曰："人有恒言，皆曰：'天下国家'，天下之本在国，国之本在家，家之本在身。"

【译文】

孟子说："人间有句口头语，都说：'天下国家'，天下的根本是国，国的根本是家庭，家庭的根本是每个人自身。"

六

【原文】

孟子曰："为政不难，不得罪于巨室。巨室之所慕，一国慕之；一国之所慕，天下慕之。故沛然德教溢乎四海。"

【译文】

孟子说："进行政事管理并不困难，只要不与那些有影响力的贵族世家相冲突就可以了。大贵族世家喜欢的东西，往往整个国家都去追求；一个国家所追求的东西，往往天下各国都向往。因此，（如果大家族崇尚仁义的话），道德风尚就会骤然兴盛并迅速普及于整个天下。"

七

【原文】

孟子曰："天下有道，小德役大德，小贤役大贤；天下无道，小役大，弱役强。斯二者，天也。顺天者存，逆天者亡。齐景公曰：'既不能令，又不受命，是绝物也，'涕①出而女②于吴。今也小国师大国而耻受命焉，是犹弟子而耻受命于先师也。如耻之，莫若师文王。师文王，大国五年，小国七年，必为政于天下矣。《诗》云：'商之孙子，其丽不亿③。上帝既命，侯④于周服。侯服于周，天命靡常。殷士肤⑤敏，裸⑥将⑦于京。'孔子曰：'仁不可为众也。夫国君好仁，天下无敌。'今也欲无敌于天下而不以仁，是犹执热而不以濯也。《诗》云：'谁能执热⑧，逝⑨不以濯？'"

【注释】

①涕：眼泪。

②女：嫁。

③其丽不亿：丽，数。亿，古之十万谓亿。意为其数何止十万。

④侯：发语词，无意义。

⑤肤：美也。

⑥祼：（guàn），古代祭祀时以酒浇地以降神。

⑦将：朱熹注云："助也。"

⑧执热：炎热。

⑨逝：发语词，无意义。

【译文】

孟子说："天下清平的时候，道德不高的人被道德高的人所役使，一般的贤人被非常贤能的人所役使；天下混乱的时候，实力弱小的被实力强大的所役使。这两种情形，是由上天决定的。齐景公说：'既然不能命令别人，又不能接受别人的命令，那就只有死路一条。'于是流着眼泪把女儿嫁到吴国。现在弱小的国家把强大的国家当作老师，却以接受它的命令为耻辱，这就好像学生把接受老师的命令当作耻辱一样。如果以接受强大国家的命令为耻辱，那就以周文王作为老师吧！以周文王作为老师，强大的国家过上五年，弱小的国家过上七年，一定会在天下得到权力。《诗经》中说：'殷商的子孙，数目何止十万。上帝既然授命于周文王，他们便都做了周的臣子。做了周的臣子，可见上天之意不定。殷商的臣子也都漂亮聪明，却执行祼礼助祭于周京。'孔子说：'仁的力量是不能拿人多人少来计算的。如果国君喜欢仁，那么天下就没有可以匹敌的了。'现在，国君想在天下没有可以匹敌的对手，却不喜欢仁，这就像经受炎热却不喜欢洗澡一样。《诗经》中说：'谁能不把炎热当作苦恼，而不去洗澡的呢？'"

八

【原文】

孟子曰："不仁者可与言哉？安其危而利其菑^①，乐其所以亡者。不仁而可与言，则何亡国败家之有？"

"有孺子歌曰：'沧浪之水清兮，可以濯我缨；沧浪之水浊兮，可以濯我足。'孔子曰：'小子听之！清斯濯缨，浊斯濯足矣，自取之也。'夫人必自侮，然后人侮之；家必自毁，而后人毁之；国必自伐，而后人伐之。《太甲》曰：'天作孽，犹可违；自作孽，不可活。'此之谓也。"

【注释】

①菑：同"灾"。

【译文】

孟子说："跟不仁的人还能有什么话可说？他们眼睁睁地看着别人处于危险之中而安然不动，趁着别人处于灾难之中而大发横财，专门喜欢干那些足以导致自己灭亡的勾当。要是自己不仁还能听得进去别人的劝告，又怎会有国家灭亡家庭败落的事发生呢？"

"有个儿童在歌唱：'沧浪河的水清新啊，可用来洗我头上的丝带；沧浪河里的水污浊啊，可用来洗我的脚丫子。'孔子听了后跟学生们说：'你们听清了没有？清水可以洗头巾，污水可以洗脚丫，用河水来洗什么东西全取决于自己啊！'可见，一个人自己不知珍重自己，才会招致别人的侮辱；一个家庭必定先自我毁灭，才会招致别家的摧残；一个国家必定是先有自我摧毁的现象，才会招来其他国家的征伐。《尚书·太甲》篇里说：'对于自然界的破坏，我们还可以躲过；但是自己不干好事而惹的祸端，是逃脱不了的。'说的就是这个道理。"

九

【原文】

孟子曰："桀纣之失天下也，失其民也；失其民者，失其心也。得天下有道：得其民，斯得天下矣。得其民有道：得其心，斯得其民矣。得其心有道：所欲，与之、聚之；所恶，勿施尔也。民之归仁也，犹水之就下，兽之走圹①也。故为渊驱鱼者，獭也；为丛驱爵②者，鹯③也；为汤、武驱民者，桀与纣也。今天下之君有好仁者，则诸侯皆为之驱也；虽欲无王，不可得已。今之欲王者，犹七年之病，求三年之艾④也；苟为不畜⑤，终身不得。苟不志于仁，终身忧辱，以陷于死亡。《诗》云：'其何能淑，载胥⑥及溺！'此之谓也。"

【注释】

①圹：宽阔的原野。

②爵：同"雀"。

③鹯：（zhān）：古书中一种猛禽，似鹞鹰。

④艾：艾草，中医灸法所用的药物。

⑤畜：同"蓄"，积蓄。

⑥胥：相互，一起。

【译文】

孟子说："夏桀王和殷纣王失掉天下的原因，在于失掉了天下的百姓；失掉百姓的原因，在于失掉了民心。夺取天下的有必然的途径：只要得到百姓的衷心拥护，就会得到天下；得到天下百姓也有必由之路：只要得到百姓的心，也就得到了百姓的人身；取得民心的必然途径是：百姓想要的，给他们，让他们有所积蓄，百姓不想要的，千万不能强行施加。老百姓归顺仁慈的君主，就像水向低处流，野兽往野地里走一样正常而不可阻挡。所以说，替水潭驱赶来鱼的，是水獭；替丛林驱赶来百鸟的，是鹰隼；替商汤王、周武王驱赶来百姓的，是暴君夏桀和殷纣呀。当今之世，要是哪个君主实施仁政，那么几乎所有的其他诸侯都在以自己的暴行替他驱赶百姓；这时即使你不愿称王于天下，恐怕也是不可能的。现在要想统一天下，好比是患了七年之久的长病，需要有三年时间的灸治；如果平时不收集艾草，那么一辈子也凑不齐所需的数目。如果现在不下决心施行仁政，就会一辈子蒙受忧患耻辱，直至最后死亡。《诗经·大雅·桑柔》篇里说：他们怎么能够变得好过些呢？终难逃一起淹死的恶运。'就是说的这些不行仁政的人啊。"

十

【原文】

孟子曰："自暴者，不可与有言也；自弃者，不可与有为也。言非礼义，谓之自暴也；吾身不能居仁由①义，谓之自弃也。仁，人之安宅也；义，人之正路也。旷②安宅而弗居，舍正路而不由，哀哉！"

【注释】

①由：顺从。
②旷：空旷。

【译文】

孟子说："自暴的人，没必要跟他谈什么；自弃的人，没有必要跟他一起干什么。开口就非议礼和义的人，就是所谓的自暴；自身不能坚守仁的信念遵循义的规范，就是所说的自弃。仁，是人们心灵的最佳归宿；义，是人们行为的正确道路。空着宽阔的房屋而不去住，放着正确的路而不走，真让人悲哀啊！"

十一

【原文】

孟子曰："道在迩①而求诸远，事在易而求诸难：人亲其亲，长②其长，而天下太平。"

【注释】

①迩：近。
②长：以……为长，尊敬。

【译文】

孟子说："道路明明在眼前而偏向远处寻找，事情明明很容易办却偏偏用最困难的方法：要是人们都能亲近自己的亲人，敬爱自己的上级和长辈，那么天下也就太平了。"

十二

【原文】

孟子曰："居下位而不获①于上，民不可得而治也。获于上有道，不信于友，弗获于上矣。信于友有道，事亲弗悦，弗信于友矣。悦亲有道，反身不诚，不悦于亲矣。诚身有道，不明乎善，不诚其身矣。是故诚者，天之道也；思诚者，人之道也。至诚而不动②者，未之有也；不诚，未有能动者也。"

【注释】

①获：赢得信任。
②动：感动。

【译文】

孟子说："身为低级官吏而不能赢得上级的支持，对属下的百姓就无法管理好。赢得上级支持的办法是对朋友守信，对朋友不讲信义，就无法取得上级的信任。取信于朋友也有方法，就是爱护自己的亲人，不能侍奉得父母高兴，也就不能取信于朋友。让父母高兴有办法，就是自己要诚恳，不是发自内心的虔诚，就不能让父母高兴。自身诚挚也有办法，就是要知善恶，如果不知道什么是善良美好，也就不能使自己内心诚恳。所以说，诚恳，是上天赋予人类的根本品质；追求内心的诚恳，是做一个好人的根本原则。在诚挚的态度面前不被感动的人是没有的，而没有诚心的人，是从来不会感动别人的。"

十三

【原文】

孟子曰："伯夷辟纣，居北海之滨，闻文王作，兴曰：'盍归乎来！吾闻西伯①善养老者。'太公辟纣，居东海之滨，闻文王作，兴曰：'盍归乎来！吾闻西伯善养老者。'二老者，天下之大老②也，而归之，是天下之父归之也。天下之父归之，其子焉往？诸侯有行文王之政者，七年之内，必为政于天下矣。"

【注释】

①西伯：即周文王。殷纣时封为西伯，为西方各小国之长。
②大老：最伟大的老人。

【译文】

孟子说："伯夷躲避殷纣王，居住在北海边上，闻听西方周文王兴起，满怀激情地说：'为何不去那里呢！我听说文王可是个尊重照顾老人的君主。'姜太公为了躲避殷纣王，居住在东海边上，听说西方周文王兴起，欣然说：'为什么不去那里呢！我听说文王可是个尊重老人的君主。'这两个老人，是当时全国最德高望重聪明智慧的前辈。他们二人归顺了周文王，就等于是天下所有的父母长辈全归顺了周文王。而既然以这两人为代表的所有老人全归顺了文王，他们的后代儿孙们又能到哪里去呢？现今的诸侯要是能够执行文王的治国方针政策，在七年之内，必然能够统一天下管理所有的百姓。"

十四

【原文】

孟子曰："求①也为季氏宰，无能改于其德，而赋粟倍他日。孔子曰：'求非我徒也，小子鸣鼓而攻之可也！'由此观之：君不行仁政而富之，皆弃于孔子者也，况于为之强战！争地以战，杀人盈野；争城以战，杀人盈城：此所谓率土地而食人肉，罪不容于死。故善战者服上刑，连②诸侯者次之，辟草莱③，任土地④者次之。"

【注释】

①求：冉求，字子有，孔子弟子。
②连：联合。
③辟草莱：开辟杂草横生的荒地。
④任土地：负责耕种。

【译文】

孟子说："孔子的学生冉求给鲁国大臣季氏当总管，没有能力改进提高季氏的仁德品行，而从封地上征收的赋税却成倍地增加了。孔子说：'冉求不再是我的徒弟，学生们鸣鼓攻击他都是应该的。'由此可见，不辅佐君主施行仁政，只会千方百计地帮君主收刮财富的人，都是为孔子所鄙弃的，更何况那些帮着君主四处征战的人！以战争取得耕地，杀死的人布满田野；以战争夺取城池，杀死的人充满街道；这就是放纵对土地的占有欲望而去吃食人肉，其罪恶之大连死亡都难以抵消。所以，善于打仗的人罪恶最重，鼓动诸侯联合征伐到处混战的人罪恶稍轻一些，替君主驱使百姓开荒种地以便从中掠夺财富的人，罪过再轻一等。"

十五

【原文】

孟子曰："存乎人者，莫良于眸①子。眸子不能掩其恶。胸中正，则眸子瞭焉；胸中不正，则眸子眊②焉。听其言也，观其眸子，人焉廋③哉？"

【注释】

①眸（móu）：眼中瞳孔，泛指眼睛。

②眊（mào）：眼睛看不清楚。

③廋（sōu）：隐藏。

【译文】

孟子说："看一个人，最好的办法是看他的眼睛。因为眼睛不能掩盖人心中的丑恶。要是内心正直胸怀坦荡，那么眼睛就清晰明亮；要是内存奸诈胸怀叵测，那么眼睛就混浊迷蒙。听他的说话，看他的眼睛，这个人的真实心术又怎能掩盖得了呢？"

十六

【原文】

孟子曰："恭者不侮人，俭者不夺人。侮夺人之君，惟恐不顺焉，恶得为恭俭？恭俭岂可以声音笑貌为哉？"

【译文】

孟子说："谦恭的人不欺侮别人，勤俭的人不掠夺别人。只知道欺侮别人、掠夺别人的君主，惟恐别人不依从自己，又怎么能够谦恭、节俭呢？难道谦恭待人、勤俭生活，是能凭着巧舌如簧的语言和虚伪的笑容做到的吗？"

十七

【原文】

淳于髡曰："男女授受不亲，礼与？"

孟子曰："礼也。"

曰："嫂溺，则援之以手乎？"

曰："嫂溺不援，是豺狼也。男女授受不亲，礼也；嫂溺援之以手，权也。"

曰："今天下溺矣，夫子之不援，何也？"

曰："天下溺，援之以道；嫂溺，援之以手——子欲手援天下乎？"

【译文】

淳于髡说："男女之间不直接给予和收下东西，这是礼仪制度的规定吗？"

孟子说："这是礼制的要求。"

淳于髡："要是嫂子落到水里，可以伸手去拉吗？"

孟子说："嫂子落水，要是不伸手援助，就是豺狼了。接送东西男女之间不直接进行，这是礼制；嫂子落水而伸手相拉，是一种特殊情况下的变通。"

淳于髡："现在天下百姓都像落在水里一般悲惨，（你们是坚持自己的个人信念并遵从礼制，不采取变通的方法出来担任职务），不加以援助，是什么道理？"

孟子说："天下都落到水里，我只能宣扬治理天下的'王者之道'来加以援助；嫂子落水则简单得多，伸手拉上来就行——难道你想用双手之力拯救普天之下的苦难百姓吗？"

十八

【原文】

公孙丑曰："君子之不教子，何也？"

孟子曰："势不行也。教者必以正，以正不行，继之以怒。继之以怒，则反夷①矣。'夫子教我以正，夫子未出于正也'，则是父子相夷也。父子相夷，则恶矣。古者易子而教之，父子之间不责善②。责善则离，离则不祥莫大焉。"

【注释】

①夷：伤害。

②责善：求全责备，要求十全十美。

【译文】

公孙丑问："贤明的人也不亲自教育培养自己的儿子，什么原因呢？"

孟子曰："具体情况是行不通的呀！教育别人必须要用正确的教导方式，要是正确的方法达不到应有的效果，就会对人发火。一旦对被教育者发火，就会产生相反的恶果，他会反过来说：'您整天教育我应遵循正确的规范行事，可您的发火，就不是正确的教育方式啊！'这就是父子之间互相伤害了。父子反目，就很不好了。古代的人交换孩子进行教育，父亲与儿子相互之间不求全责备。一旦要求对方十全十美，就会产生隔阂，内心的隔阂是很不吉祥的，可能会导致灾祸。"

十九

【原文】

孟子曰："事，孰为大？事亲为大。守，孰为大，守身为大。不失其身而能事其亲者，吾闻之矣；失其身而能事其亲者，吾未之闻也。孰不为事？事亲，事之本也；孰不为守？守身，守之本也。曾子养曾皙，必有酒肉；将彻①，必请所与；问有余，必曰'有'。曾皙死，曾元养曾子，必有酒肉；将彻，不请所与；问有余，曰'亡矣'——将以复进也。此所谓养口体者也。若曾子，则可谓养志②也。事亲若曾子者，可也。"

【注释】

①彻：同"撤"。

②志：精神。

【译文】

孟子说："干事情，什么是最重要？为父母干事最重要。守护，什么最重要？坚守自己的信念最重要。信念坚定的人能够奉养自己的父母、亲人，这我相信；心灵迷失信念不存的人却能善待自己的父母，我从没听说过。谁的一生不干点事情呢？赡养父母是所有事情中最根本的必须要干的事；谁的一生中不保存点东西呢？保持自己的信念是所有东西中最根本的最需珍视的东西。曾子赡养他的父亲曾皙，天天都供给酒和肉；撤下饭菜时总要请示一下剩下的给谁；要是曾皙问有无剩余，曾子肯定回答说'有'。曾皙死后，曾子的儿子曾元赡养曾子，也是天天有酒有肉；撤席时却不再问剩下的给谁；要是曾子问有无剩余，曾元就说'没了'——实际上是想把多余的留做下次供给。曾元的做法就是只满足父亲身体上的需求。而像曾子，却能兼顾父亲感情上的需要。侍奉父母能像曾子所做的，就完全可以了。"

二十

【原文】

孟子曰："人不足与适①也，政不足间②也，唯大人③为能格④君心之非。君仁，莫不仁；君义，莫不义；君正，莫不正。一正君而国定矣。"

【注释】

①适：通"谪"（zhé），指责。

②间：参与。

③大人：具有伟大人格的人。

④格：阻止，纠正。

【译文】

孟子说："没有必要指责别人的行为，没有必要干涉别人的政务管理，世上只有那些品格高尚的人才能阻止君主的错误想法付诸实施。君主仁爱，天下人们没有不仁慈的；君主遵义，天下人没有不遵循信义的；君主正直，天下人没有一人会不正直。只要君主一个品行端正，那么整个天下也就安定了。"

二十一

【原文】

孟子曰："有不虞①之誉，有求全之毁②。"

【注释】

①虞（yú）：预料。
②毁：诋毁。

【译文】

孟子说："人的一生中，往往会遇到意料之外的赞美，也会有苛求十全十美的诋毁。"

二十二

【原文】

孟子曰："人之易其言也，无责耳已。"

【译文】

孟子说："一个人要是什么话都轻易地说出口，也没有什么责备他的必要了。"

二十三

【原文】

孟子曰："人之患在好为人师。"

【译文】

孟子说："人们的共同缺点恐怕就在于只喜欢当别人的老师。"

二十四

【原文】

乐正子从於子敖之齐①。

乐正子见孟子。孟子曰："子亦来见我乎?"

曰："先生何为出此言也?"

曰："子来几日矣?"

曰："昔者②。"

曰："昔者,则我出此言也,不亦宜乎?"

曰："舍馆未定。"

曰："子之闻也,舍馆定,然后见于长者乎?"

曰："克③有罪。"

【注释】

①齐:指齐国都城。

②昔者:昨天。

③克:乐正子的名字。

【译文】

乐正子随从子敖来到齐国都城。

乐正子前来拜见老师孟子。孟子说："你还知道来见我吗?"

乐正子："老师为何这样说话?"

孟子："你到都城几天了？"

乐正子："昨天到的。"

孟子："你昨天到齐，（现在才来见我，）我这样说话，难道不合适吗？"

乐正子："（昨天到时，）还没找好住处，（所以没有及时前来。）"

孟子："你听说过，只有找到住处安定下来，然后才能拜见长辈吗？"

乐正子："我知道过错了！"

二十五

【原文】

孟子谓乐正子曰："子之从於子敖来，徒餔啜也。我不意子之学古之道而以餔啜也。"

【译文】

孟子对乐正子说："你随子敖到都城来，就只是吃喝罢了。我没想到，你整日里学习古人的品德规范，竟然只是为了吃喝而已。"

二十六

【原文】

孟子曰："不孝有三①，无后为大。舜不告而娶，为无后也，君子以为犹告也。"

【注释】

①不孝有三：有三种不孝敬父母的行为表现。古人认为：一味地迎合父母而不知劝告，导致父母不守信义，是一种不孝敬；家庭贫困父母年老，不去干点事以求取钱财，是第二种不孝；不娶妻生子，以致断了祖宗的香火，是第三种不孝敬。

【译文】

孟子说："在三种不孝敬父母的表现中，没有生下儿子是最严重的不孝敬。舜不禀告父母就娶妻子，是因为还没有儿子，为了生下儿子以接续祖宗的香火，贤明之人都觉着不禀告父母就像已经禀告了一样正确无误。"

二十七

【原文】

孟子曰："仁之实，事亲是也；义之实，从兄是也；智之实，知斯二者弗去是也；礼之实，节文①斯二者是也；乐之实，乐斯二者，乐则生矣；生则恶可已也，恶可已②，则不知足之蹈之手之舞之。"

【注释】

①节文：调节，修饰。
②已：停止。

【译文】

孟子说："仁的实质是孝敬父母；义的实质是遵从兄长；智的实质，是理解仁和义的根本含义并且不违背仁和义；礼的实质是调节并修饰仁和义并使之更易实施；乐的实质，是喜欢仁和义，并从中得到乐；只要喜欢仁和义，快乐就会产生，快乐一发生就不可停止，不停止的快乐会使人不知不觉中手舞足蹈。"

二十八

【原文】

孟子曰："天下大悦而将归己，视天下悦而归己犹草芥也，惟舜为然。不得乎亲，不可以为人；不顺乎亲，不可以为子。

舜尽事亲之道而瞽瞍厎豫①，瞽瞍厎豫而天下化②，瞽瞍厎豫而天下之为父子者定，此之谓大孝。"

【注释】

①厎豫：厎（zhí），致。豫，高兴。
②化：化育，变好。

【译文】

孟子说："天下百姓极为高兴地愿意归顺自己，轻视天下百姓的归附就如草芥的，只有舜一人能做到。得不到父母的支持，就难以做人；不依从父母，就难以做子女。舜尽了一个儿子应尽的义务去侍奉自己的父亲瞽瞍，终于使得瞽瞍高兴了；瞽瞍高兴了整个天下也就趋于好转，处理父亲与儿子关系的行为准则也就确定下来了。像舜的所作所为，就是最大的孝敬。"

离娄章句　下

一

【原文】

孟子曰："舜生于诸冯①，迁于负夏②，卒于鸣条③，东夷之人也；文王生于岐周④，卒于毕郢⑤，西夷之人也。地之相去⑥也，千有余里；世之相后⑦也，千有余岁。得志⑧行乎中国，若合符节⑨，先圣后圣，其揆⑩一也。

【注释】

①诸冯：古地名。传说故址在今山东菏泽县南五十里。
②负夏：古地名，无确指。
③鸣条：古地名。又名高侯原。故址在今山西运城安邑镇北。

④岐周：周为周代国名；岐，其地望以今陕西岐山、扶风周原一带为中心，是周文化的发祥地和周人灭商之前的聚居地。其范围北至今岐山，南临渭水，东到今武功，西到今凤翔、宝鸡一带，东西约 70 公里，南北约 20 公里。古公亶父因受戎狄的逼迫，自豳迁于这里，筑城郭居室，作邑以居四方来归之民。

⑤毕郢：古都邑名。故址在今陕西咸阳市东。

⑥去：距离。

⑦后：指时间较迟或较晚。此处为相差之意。

⑧得志：指舜与文王为王当政。

⑨符节：符和节的统称。符是古代朝廷传达命令或征调兵将所用的凭证，用金、银、铜、竹、木制成，双方各执一半，合之以验真假；节，乃古代使者所持，以作凭证。

⑩揆：尺度、准则。

【译文】

孟子说："舜出生在诸冯，迁徙于负夏，最后在鸣条去世，（从地理位置上讲）舜是东方人。周文王出生于岐周，去世于毕郢，（从地理位置上讲）周文王是西方人。东方和西方，两者相距一千多里；舜和周文王，两者前后相差一千多年。但他们二人为王当政之时，在国中所行的法令制度，却像符节一样，能够一致。这说明，无论是以前的圣人，还是后来的圣人，他们治理国家的准则是一致的。"

二

【原文】

子产①听②郑国之政，以其乘舆济③人于溱洧④。孟子曰："惠⑤而不知为政。岁十一月徒杠⑥成，十二月舆梁⑦成，民未病⑧涉也。君子平其政，行辟⑨人可也，焉得人人而济之？故为政者，每人而悦之，日亦不足矣。"

【注释】

①子产：郑国国卿公孙侨的字。

②听：判断，处理。

③济：渡。

④溱洧：水名。溱水源出于河南密县的圣水峪，东南流会洧水，为双洎河，东流入贾鲁河；洧水源出河南登封东阳城山，东流经密县与溱水会合。《诗·郑风·溱洧》："溱与洧，方涣涣兮。"

⑤惠：施以恩惠。

⑥徒杠：徒，步行；杠，段玉裁《说文》注"桥"字云："凡独木者曰杠，骈木者曰桥，大而为陂陀者曰桥。"

⑦舆梁：舆，行车；梁，段玉裁《说文》注"梁"字云："梁之字用木跨水，则今之桥也。"

⑧病：担忧，患苦。

⑨辟：同"阛"。古代的达官贵人出外时，前有执鞭者开道，就像后代的鸣锣开道。

【译文】

郑国国卿子产当政之时，用他所乘的车辆帮助别人渡溱水和洧水。孟子评论这件事说："子产有惠民之心，却不知道怎样当政。如果在一年的十一月修成步行的小桥，十二月修成行车的桥梁，老百姓还会有渡河之苦吗？君子只要治理好国家的政令，即使出门有执鞭者开道，那也是可以的，哪里能去帮别人一个一个地去渡河呢？所以，治理国家之人，如果去讨每个人的欢心，那么时间也不会够用了。"

三

【原文】

孟子告齐宣王曰："君之视臣如手足，则臣视君如腹心；君之视臣如犬马，则臣视君如国人；君之视臣如土芥，则臣视君如寇仇。"

王曰："礼，为旧君有服^①，何如斯可为服矣？"

曰："谏行言听，膏泽^②下于民；有故而去，则君使人导之出疆，又先^③于其所往；去^④三年不反^⑤，然后收其田里。此之谓三有礼焉。如此，则为之服矣。今也为臣，谏则不行，言则不听；膏泽不下于民；有故而去，则君搏执之，又极^⑥之于其所往；去之日，遂收其田里。此之谓寇仇。寇仇，何服之有？"

【注释】

①服：服丧服。
②膏泽：恩惠。
③先：使人先去布置之意。
④去：离开。
⑤反：通"返"。
⑥极：说坏话而使之受困。

【译文】

孟子对齐宣王说："如果国君将臣子当自己的手足一般看待，那么为臣子的自然将国君看做是自己的腹心；如果国君将臣子当狗马一般看待，那么为臣子的自然将国君看做一般人；如果国君将臣子当泥土草芥一般看待，那么为臣子的自然将国君看做敌寇仇人。"

齐宣王问："按礼制，臣子应当为去世的国君服一定时期的丧服，国君怎样对待臣子，臣子才会为他服丧服呢？"

孟子回答说："作为臣子，他的直言规劝能得到执行，他的建议能够被听从；恩泽加于百姓；臣子有其他原因要离开国境，国君就派人引导他出境，而且先派人到臣子要去的国家，说臣子的好话；臣子离开国家三年不返回，才没收其田地里居。这几件事如果能够做到，就叫做三有礼。臣子自然而然愿为国君服丧服。现如今，为臣子的，他的直言规劝不能得到执行，他的建议不能够被听从；恩泽不见加于百姓；臣子有其他原因要离开国境，国君就派人逮捕其族亲，而且还先派人到臣子要去的国家，说其坏话而使其受困；臣子离开国家之日，就立即没收其田地里居。这样的话，臣子便视国君如敌寇仇敌。对敌寇仇敌一样的国君，臣子哪里会为他服丧服呢？"

四

【原文】

孟子曰："无罪而杀士，则大夫可以去；无罪而戮民，则士可以徙。"

【译文】

孟子说："士人没有罪而被杀，大夫见了，必然另谋高就；老百姓没有罪而被杀，士人见了，必然另择其主。"

五

【原文】

孟子曰："君仁，莫不仁；君义，莫不义。"

【译文】

孟子说："国君如果以仁为政，那么举国上下没有不以仁行事的；国君如果以义为政，那么国人没有不以义行事的。"

六

【原文】

孟子曰："非礼之礼，非义之义，大人弗为。"

【译文】

孟子说："似礼而不是礼，似义而不是义，诸如此类，是当政者所不做的。"

七

【原文】

孟子曰："中也，养不中；才也，养不才①。故人乐有贤父兄也。如中也，弃不中；才也，弃不才。则贤不肖之相去，其间不能以寸。"

【注释】

①中也，养不中；才也，养不才：朱熹注云："无过不及之谓中，足有为之谓才；养，谓涵育熏陶，俟其自化也。"

【译文】

孟子说："道德品质良好的人，可以教育熏陶道德品质不好的人；有才能的人，可以教育熏陶没有才能的人。所以，人人都喜欢自己有贤能的父兄。如果道德品质良好的人，不去教育熏陶道德品质不好的；有才能的人，不去教育熏陶没有才能的人。那么，所谓好与不好，它们之间的距离也就相近得不能以寸来计算了。"

八

【原文】

孟子曰："人有不为也，而后可以有为。"

【译文】

孟子说："人只有不做不仁不义之事，然后才可以做仁义之事。"

九

【原文】

孟子曰："言人之不善，当如后患何？"

【译文】

孟子说："人有不好之处，却去到处宣扬，当他面对后患时，该怎么办呢？"

十

【原文】

孟子曰："仲尼不为已甚者。"

【译文】

孟子说："孔子是不做过火事情的人。"

十一

【原文】

孟子曰："大人者，言不必信，行不必果，惟义所在。"

【译文】

孟子说："有德行的人，他所说的话不一定要句句守信，他所做的事不一定要件件得到贯彻执行，只要与义同在，依义而行就可以了。"

十二

【原文】

孟子曰："大人者，不失其赤子之心者也。"

【译文】

孟子说："有德行的人，便是能保持其婴儿般天真纯朴的人。"

十三

【原文】

孟子曰："养生者不足以当大事，惟送死可以当大事。"

【译文】

孟子说："事亲致养不能看作什么大事，只有按礼给父母送终，才算得上是大事情。"

十四

【原文】

孟子曰："君子深造之以道，欲其自得之也。自得之，则居之安；居之安，则资之深；资之深，则取之左右逢其原。故君子欲其自得之也。"

【译文】

孟子说："君子按照正确的方法而得到高深的造诣，就是要他自觉之中有所得。自觉之中有所得，就可以牢牢掌握它而不动摇；牢牢掌握它而不动摇，就能积蓄得很深；积蓄得很深，便能取之不尽，左右逢源。所以，君子要在自觉之中有所得。"

十五

【原文】

孟子曰："博学而详说之，将以反说约也。"

【译文】

孟子说："广学道义，且详细地解说它，只有在融会贯通之后，才能达到简略述说大义的地步。"

十六

【原文】

孟子曰："以善服人者，未有能服人者也；以善养人，然后能服天下。天下不心服而王者，未之有也。"

【译文】

孟子说："用善来使人心服，没有能够使人心服的；用善来教育熏陶人，然后才能使天下人心服。天下之人不心服却能统治天下的，那是没有过的事情。"

十七

【原文】

孟子曰："言无实，不祥①。不祥之实，蔽贤者当之。"

【注释】

①不祥：赵岐注云："进贤受上赏，蔽贤蒙显戮，故谓之不祥。"

【译文】

孟子说："所说的话中无实际内容，就会遭受惩罚。这种惩罚，应当由妨碍贤者进用之人来承担。"

十八

【原文】

徐子①曰："仲尼亟②称于水，曰：'水哉，水哉！'何取于水也？"

孟子曰："原泉混混③，不舍昼夜，盈科④而后进，放乎四海。有本者如是，是之取尔。苟为无本，七八月之间雨集，沟浍⑤皆盈，其涸也，可立而待也。故声闻⑥过情，君子耻之。"

【注释】

①徐子：赵岐注云："徐子，徐辟也。"

②亟：屡次。

③混混：段玉裁《说文》注云："盛满之流也。《孟子》曰'原泉混混'，古音读如衮，俗字作滚。"

④科：赵岐注云："坎也。"

⑤浍：田间小沟。

⑥声闻：名誉。

【译文】

徐子说："孔子屡次对水称道不已，见了水总说：'水啊，水啊！'他从水中得到什么启示呢？"

孟子说："有本源的泉水，滚滚而流，且不分白天与黑夜，注满沟坎之处，又继续向前流去，最后归于大海之中。有本源的事也像这样，孔子所得到的启示正是这一点。如果没有本源，那就如七八月间的雨水，虽然大雨时行，使得大小沟渠都可注满，但是，它的干涸也是很快的。所以，如果名誉超过了实际，君子就将它当作羞耻之事。"

十九

【原文】

孟子曰："人之所以异于禽者几希①，庶民去之，君子存之。舜明于庶物，察于人伦，由仁义行，非行仁义也。"

【注释】

①几希：赵岐注云："无几"。

【译文】

孟子说："人与禽兽的不同之处，只有那么一点儿，（在于知义与不知义之间）。一般百姓不要义，君子却保存义。舜懂得得一般事物的道理，了解人的常情，于是依仁义行事，而不是把仁义当作什么手段来用。"

二十

【原文】

孟子曰："禹恶旨酒[1]而好善言。汤执中，立贤无方。文王视民如伤，望道而未之见。武王不泄迩，不望远[2]。周公思兼三王，以施四事；其有不合者，仰而思之，夜以继日；幸而得之，坐以待旦。

【注释】

①旨酒：美酒。

②不泄迩，不望远：赵岐注云："泄，狎；迩，近也。不泄狎近贤，不遗忘远善；近谓朝臣，远谓诸侯也。"

【译文】

孟子说："大禹不喜欢美酒，却喜欢好的言论。商汤持中正之道，任用贤能之人不依照一定的常规。周文王对待老百姓，犹如他们受到伤害一样加以抚慰，却不侵扰他们，追求自己心中的理想却如同没有看到一样。周武王不狎侮朝廷中的近臣，不遗忘朝廷之外的四方远臣。周公旦想要兼学夏、商、周三代的君王，来实施大禹、商汤、周文王、周武王所行之事；如果有与当时形势下符合的，就抬头向天进行思考，白天想不好的，夜里就接着思考；如果侥幸想通了，便坐着等待天亮之后，去马上实施。"

二十一

【原文】

孟子曰："王者之迹[1]熄[2]而《诗》亡[3]，《诗》亡然后《春秋》作。晋之《乘》，楚之《梼杌》，鲁之《春秋》，一也：其事则齐桓、晋文，其文则史。孔子曰：'其义则丘窃④取之矣。'"

【注释】

①迹：朱骏声《说文通训定声》云："《孟子》王者之迹熄而《诗》亡，'迹'即'近'之误。"《说文解字·辵部》云："近，古之遒人，以木铎记诗言。"意指采诗之事。

②熄：停止。

③亡：消失。

④窃：赵岐注云："孔子，人臣。不受君命私作之，故言窃，亦圣人之谦辞。"

【译文】

孟子说："圣王采诗的事情停止了，《诗》也就消失了。《诗》消失了，然后孔子便创作了《春秋》。晋国的史书叫做《乘》，楚国的史书叫做《梼杌》，鲁国的史书也叫做《春秋》，其实他们都是一样的：所记载的事情不超过齐桓公、晋文公之类，所用的笔法也不过是一般史书的笔法。（只有孔子所创作的《春秋》不然）正如孔子所说：'《诗》三百中所赋予的微言大义，我在《春秋》中已借用过了。'"

二十二

【原文】

孟子曰："君子之泽①五世②而斩③，小人之泽④五世而斩。予⑤未得为孔子徒也，予私淑⑥诸⑦人也。"

【注释】

①④泽：朱熹注云："犹言流风余韵也。"

②世：代。

③斩：断绝，消失。

⑤予：我。

⑥私淑：淑借为叔，《说文》云："叔，取也。"引申为学习。私淑即私下里学习。

⑦诸：之于。

【译文】

孟子说："君子的流风余韵五代以后就消失了，小人的流风余韵五代以后也消失了。我没有能够成为孔子的门徒，我是私下里从别人那里学得孔子的学问的。"

二十三

【原文】

孟子曰："可以取，可以无取，取伤廉；可以与，可以无与，与伤惠；可以死，可以无死，死伤勇。"

【译文】

孟子说："可以获取，也可以不获取，获取了就会损害廉洁；可以施给，也可以不施给，施给了就会损害恩惠；可以死，也可以不死，死了就会损害勇敢。"

二十四

【原文】

逢蒙①学射于羿②，尽羿之道，思③天下惟④羿为愈⑤己，于是杀羿。孟子曰："是亦羿有罪焉。"

公明仪曰："宜若无罪焉。"

曰："薄乎云尔，恶得无罪？郑人使子濯孺子侵卫，卫使庾公之斯追之。子濯孺子曰：'今日我疾作，不可以执弓，吾死矣夫！'问其仆曰：'追我者谁也？'其仆曰：'庾公之斯也。'曰：'吾生矣。'其仆曰：'庾公之斯，卫之善射者也。夫子曰吾生，何谓也？'曰：'庚公之斯学射于尹公之他，尹公之他学射于我。夫尹公之他，端人也，取其友必端矣。'庚公之斯至，曰：'夫子何为不执弓？'曰：'今日我疾作，不可以执弓。'曰：'小人学射于尹公之他，尹公之他学射于夫子。我不忍以夫子之道反害夫子。虽然，今日之事，君事也，我不敢废。'抽矢，扣轮，去其金⑥，发乘⑦矢而后反。"

【注释】

①逢蒙：人名。他既是羿的家众，又是羿的徒弟，后来叛变，帮助寒浞杀羿。其事《史记》、《吕氏春秋》等史籍均有记载。

②羿：夏代诸侯有穷国的国君。

③思：思量。

④惟：只有。

⑤愈：超过。

⑥金：指箭头。

⑦乘：古时物数以四计之称谓。

【译文】

逢蒙跟随羿学习射箭，完全学到了羿的射箭技巧之后，他思量天下超过自己射箭本领的人，只有羿了，便乘机杀死了羿。孟子评论此事说："这也有羿的罪过。"

公孙仪说："羿好像没有什么罪过。"

孟子说："罪过不大罢了，怎能说没有罪过呢？郑国曾经派子濯孺子侵略卫国，卫国便派庚公之斯去追击他。子濯孺子说：'今天我的疾病发作了，不能拿弓，我要被杀死了！'说罢，问驾车的人：'追击我的人是谁？'驾车的人回答说：'是庚公之斯。'子濯孺子听罢，便说：'我又可以活命了。'驾车的人问道：'庚公之斯是卫国最善于射箭之人，你却说可以活命了，这话怎么讲呢？'子濯孺子说：'庚公之斯的箭法是从尹公之他那里学来的，而尹公之他又跟从我学习射箭。尹公之他是个正派人，他所选择的学生也一定是正派人。'庾公之斯追上子濯孺子，问道：'先生为什么不拿弓？'子濯孺子说：'今天我的疾病发作，不能拿弓。'庾公之斯说：'学生跟从尹公之他学习射箭，尹公之他又跟从先生您学习射箭。我不忍心用先生您的射箭技巧反过来伤害您。虽然如此，今天的事情是国家的公事，我不敢有所废弃。'于是抽出箭来，向车轮敲了几下，取掉箭头，射了四箭之后便返回去了。"

二十五

【原文】

孟子曰："西子①蒙不洁，则人皆掩鼻而过之。虽有恶②人，斋戒沐浴，则可以祀上帝。"

【注释】

①西子：即西施，春秋时越国美女。
②恶：丑。

【译文】

孟子说："即使像西施这样的美女，如果身上沾染了肮脏，别人从她身边走过，也会捂着鼻子的。纵然一个面貌丑陋的人，如果她斋戒沐浴的话，那也是可以祭祀上帝的。"

二十六

【原文】

孟子曰："天下之言性也，则故而已矣。故者以利①为本。所恶②于智者，为其凿③也。如智者若禹之行水也，则无恶于智矣。禹之行水也，行其所无事也。如智者亦行其所无事者，则智亦大矣。天之高也，星辰之远也，苟求其故，千岁之日至④，可坐而致也。"

【注释】

①利：朱熹注云："利，犹顺也。"

②恶：厌恶。

③凿：穿凿附会之意。

④日至：即夏至。

【译文】

孟子说："天下的人讨论人性，只要弄清人性所以这样便行了。弄清人性所以这样，其基础在于顺其自然。我之所以厌恶聪明，因为聪明容易导致穿凿附会。如果聪明人像禹疏导水使之顺畅远行一样，就不必厌恶聪明了。禹疏导水使之顺畅运行，就是顺其自然，因势利导而已。如果聪明人也能顺其自然，那聪明也就不小了。天是那么的高，星辰是那么的遥远，如果能弄清它们所以这样，那么千年以后的夏至，就可以坐着推求出来了。"

二十七

【原文】

公行子①有子之丧，右师②往吊。入门，有进而与右师言者，有就右师之位而与右师言者。孟子不与右师言，右师不悦，曰："诸君子皆与驩言，孟子独不与驩言，是简③驩也。"

孟子闻之，曰："礼，朝廷不历④位而相与言，不逾⑤阶而相揖也。我欲行礼，子敖以我为简，不亦异乎？"

【注释】

①公行子：赵岐注云："齐大夫也。"

②右师：官名。本章所言右师即王驩，字子敖。

③简：怠慢。

④历：跨越。

⑤逾：跨越。

【译文】

公行子死了儿子，右师王驩前去吊唁。他一进门，便有人上前同他说话；（坐定之后），又有人走近他的席位同他说话。孟子没有同他说话，右师王驩便不高兴了，说："各位君子都同我王驩说话，只有孟子一人不同我说话，这是对我王驩的怠慢。"

孟子听了，便说："按照礼仪，在朝廷中，不跨越位次来互相交谈，不跨越阶石来互相作揖。我要按礼仪行事，子敖却以为我怠慢了他，不也很奇怪吗？"

二十八

【原文】

孟子曰："君子所以异于人者，以其存心也。君子以仁存心，以礼存心。仁者爱人，有礼者敬人。爱人者，人恒爱之；敬人者，人恒敬之。有人于此，其待我以横逆①，则君子必自反也：我必不仁也，必无礼也，此物奚②宜至哉？其自反而仁矣，自反而有礼矣，其横逆由是也，君子必自反也，我必不忠。自反而忠矣，其横逆由是也，君子曰：'此亦妄人也已矣。如此，则与禽兽奚择③哉？于禽兽又何难④焉？'是故君子有终身之忧，无一朝之患也。乃若所忧则有之：舜，人也；我，亦人也。舜为法于天下，可传于后世，我由未免为乡人也，是则可忧也。忧之如何？如舜而已矣。若夫君子所患则亡矣。非仁无为也，非礼无行也。如有一朝之患，则君子不患矣。"

【注释】

①横逆，朱熹注云："横逆，谓强暴不顺理也。"
②奚：何，胡。
③择：朱熹注云："奚择，何异也。"择，有区别之意。
④难：责难。

【译文】

孟子说:"君子与常人不同之处,在于居心不同。君子在心中居仁,在心中居礼。有仁心的人爱别人,有礼的人尊敬别人。爱别人的人,别人常常爱他;尊敬别人的人,别人常常尊敬他。如果现在有一个人在这里,他对我强暴无理,那么君子一定会自我反省:我肯定不仁,肯定无礼,不然的话,那人怎么会以强暴无理的态度对待我呢?如果自我反省以后,自己确实仁,确实有礼,而那人强暴无理的态度却依旧不改,君子一定又会自我反省:我肯定不忠。如果自我反省以后,自己确实忠心耿耿,而那人强暴无理的态度却依旧不改,那么,君子一定会说:'这个人不过是个狂人罢了。如果这样的话,那同禽兽有什么区别呢?对于禽兽又有什么可责难的呢?'所以,君子有终生的忧虑,却没有突然降临的祸患,像这样的忧虑是存在的:舜是人,我也是人。舜作为天下人的楷模,可以名传后代,我却仍然不免是个普通之人,这正是一件值得忧虑的事情。忧虑之后,又该怎么办呢?应该尽心尽力学舜的样子就是了。至于君子别的忧患也就自然不存在了。不做不仁之事,不做不合礼仪之事。即使碰到突然降临的祸患,君子也就不会感到痛苦了。"

二十九

【原文】

禹、稷当①平世②,三过其门而不入,孔子贤③之。颜子当乱世,居于陋④巷,一箪⑤食,一瓢饮;人不堪⑥其忧,颜子不改其乐,孔子贤之。孟子曰:"禹、稷、颜回同道。禹思天下有溺者,由⑦己溺之也;稷思天下有饥者,由己饥之也,是以如是其急也。禹、稷、颜子易⑧地⑨则皆然。今有同室之人斗者,救⑩之,虽被发缨冠⑪而救之,可也;乡邻有斗者,被发缨冠而往救之,则惑也,虽闭户可也。"

【注释】

①当：处在某个地方或某个时候。

②平世：平，安定、太平。平世即太平之世。

③贤：意动用法，以……为贤。

④陋：狭小。

⑤箪：古代盛饭的圆形竹器。

⑥堪：能够。

⑦由：通"犹"。如同，好像。

⑧易：换。

⑨地：处所，地点。此处引申为处境。

⑩被发缨冠：朱熹注云："不暇束发，而结缨往救，言急也，以喻禹、稷。"被，通"披"。

⑪救：制止。

【译文】

禹、稷处于太平之世，三次经过自己的家门也没有回家，孔子认为他们是有道德有才能之人。颜回处于纷乱的时代，住在狭窄的巷子里，一箪饭，一瓢水，过着别的人不能忍受的艰苦生活，但颜子却自得其乐，孔子认为他是有道德有才能之人。孟子说："禹、稷、颜回，这三个人处世的本质是一致的。禹认为天下被水淹没的人，好像是自己使他们遭水淹没的；稷认为天下受饥饿的人，好像是自己使他们遭受饥饿的，所以他们才会急迫地拯救百姓。禹、稷、颜子，这三个人如果交换一下各自的地位，那么颜子也会三过家门而不回家，禹、稷也会过自得其乐的艰苦生活。现在，如果有同屋的人互相斗殴，要去制止他们的话，即使来不及束起头发，来不及结住帽带，披着头发顶着帽去制止他们，那也是可以的。如果乡邻之间有斗殴的，也披着头发顶着帽子，急急忙忙去制止他们，那就太糊涂了，（面对这样的事情），即使关着门也是可以的。"

三十

【原文】

公都子曰："匡章，通①国皆称不孝焉，夫子与之游②，又从而礼貌③之，敢④问何也？"

孟子曰："世俗所谓不孝者五：惰其四支⑤，不顾⑥父母之养，一不孝也；博弈⑦好饮酒，不顾父母之养，二不孝也；好货财，私⑧妻子，不顾父母之养，三不孝也；从⑨耳目之欲，以为父母戮⑩，四不孝也；好勇斗很⑪，以危父母，五不孝也。章子有一于是乎？夫章子，子父责善而不相遇也。责善，朋友之道也；父子责善，贼⑫恩之大者。夫章子，出妻屏⑬子，终身不养也。其设心以为不若此，是则罪之大者，是则章子已矣。"

【注释】

①通：全部、整个。

②游：交际，交往。

③礼貌：此处用如动词。

④敢：谦词，有冒昧之意。

⑤支：同"肢"。

⑥顾：关心。

⑦博弈：博，古代一种赌输赢的游戏；弈，下棋。

⑧私：偏私，不公道。此处引申为偏爱。

⑨从：同"纵"。

⑩戮：羞辱，耻辱。

⑪很：同"狠"。

⑫贼：伤害。

⑬屏：放去。

【译文】

公都子说："匡章，举国上下都说他不孝，先生您却和他交往，而且相当敬重他，我冒昧地问先生，这是为什么呢？"

孟子说:"世俗之人一般所说的不孝,有五种情况:四肢懒惰,不关心养活父母,这是不孝之一;喜欢游戏下棋,爱好喝酒,不关心养活父母,这是不孝之二;贪财爱钱,偏爱妻子儿女,不关心养活父母,这是不孝之三;纵情于声色,使父母因此受到羞辱,这是不孝之四;喜爱逞勇斗狠,危及父母,这是不孝之五。章子在这五种不孝之中,占了哪一项呢?章子不过是父子之间以善相责,把关系弄僵了罢了。以善相责,这是朋友相处之道;父子之间如果以善相害,那是最伤害感情的事了。章子难道不想夫妻,母子团聚吗?就是因为得罪了父亲,才不能和他亲近,章子因此也把自己的妻子儿女赶得远远的,终身不让他们奉养自己。他心想,如果不这样做,那罪过就更大了,这就是章子的为人处世呀。"

三十一

【原文】

曾子居武城①,有越寇②。或③曰:"寇至,盍④去⑤诸⑥?"曰:"无寓人于我室,毁伤其薪木。寇退,则曰:"修我墙屋,我将反⑦。"寇退,曾子反。左右曰:"待先生如此其忠且敬也,寇至,则先去以为民望;寇退,则反,殆⑧于不可。"沈犹行曰:"是非汝所知也。昔沈犹有负刍之祸⑨,从先生者七十人,未有与⑩焉。"

子思⑪居于卫,有齐寇。或曰:"寇至,盍去诸?"子思曰:"如伋去,君谁与守?"

孟子曰:"曾子、子思同道。曾子,师也,父兄也;子思,臣也,微⑫也。曾子、子思易地则皆然。"

【注释】

①武城:古地名。故址在今山东费县西南九十里。
②越寇:越,春秋时越国;寇,侵犯。
③或:有人。
④盍:何不。

⑤去：离开。

⑥诸：之乎。

⑦反：通"返"。

⑧殆：近于。

⑨负刍之祸：赵岐注云："时有作乱者曰负刍，来攻沈犹氏。"

⑩与：参与。

⑪子思：孔子之孙，名伋，字子思。

⑫微：指地位低下。

【译文】

曾子在武城居住时，越国的军队来犯。有人便对曾子说："敌寇就要来了，为什么不离开去躲避一下呢？"曾子说："好吧！但不要让别人寄居在我的家里，弄坏那些树木。"敌寇退走了，曾子又说："修理好我的墙垣和房屋，我要回去居住。"敌寇退走之后，曾子回到武城。他身边的人说："武城的人们对待先生您可谓忠诚恭敬，敌寇来了，先生您却早早地离去，给老百姓做了个坏样子；敌寇退了，先生您便回到武城，这恐怕不可以吧。"沈犹行说："这不是你们能晓得的。从前先生住在我那里，有个负刍的人作乱，跟从先生的七十个人，却没有一个参与的。"

子思在卫国居住之时，齐国军队来犯。有人便对子思说："敌寇来了，为什么不离开去躲避一下呢？"子思说："如果我也离开了，国君和谁一起守城呢？"

孟子说："曾子、子思两个人行事的本质是相一致的。曾子当时是老师，是前辈；子思当时是臣子，地位较低。如果把曾子、子思二人的地位交换一下，曾子也会留下，子思也会离开。"

三十二

【原文】

储子曰："王使人瞷①夫子，果②有以异于人乎？"

孟子曰："何以异于人哉？尧舜与人同耳。"

【注释】

①瞯：（jiàn），偷窥之意。

②果：能。

【译文】

储子说："国王派人窥探先生您，先生果真有不同于常人之处吗？"

孟子说："有什么不同于常人之处呢？尧舜也和常人一样啊。"

三十三

【原文】

齐人有一妻一妾而处室者，其良人①出，则必餍②酒肉而后反③。其妻问所与饮食者，则尽富贵也。其妻告其妾曰："良人出，则必餍酒肉而后反。问其与饮食者，尽富贵也，而未尝有显者来，吾将瞯④良人之所⑤也。"蚤⑥起，施⑦从良人之所之，遍国⑧中无与立谈者，卒⑨之⑩东郭⑪墦⑫间。之⑬祭者，乞其余；不足，又顾⑭之⑮他。此其为餍足之道也。其妻归，告其妾，曰："良人者，所仰望而终身也，今若此。"与其妾讪⑯其良人，而相⑰泣于中庭，而良人未之知也，施施⑱从外来，骄其妻妾。

由君子观之，则人之所以求富贵利达者，其妻妾不羞也，而不相泣者，几希矣。

【注释】

①良人：妇人称夫曰良，良人即丈夫。

②餍：饱。

③反：通"返"。

④瞯：（jiàn），偷窥之意。

⑤之：动词，到达。

⑥蚤：通"早"。

⑦施：（yí），斜，引申为在一旁。

⑧国：城。

⑨卒：最后。

⑩之：到达。

⑪郭：城郭。

⑫墦：坟墓。

⑬之：走到。

⑭顾：东张西望。

⑮之：走到。

⑯讪：咒骂。

⑰相：共同。

⑱施施：（yí yí），喜悦之貌。

【译文】

齐国有个大丈夫，他家里养着一妻一妾。那个大丈夫每次外出，都吃得酒足饭饱，方才归来。他的妻子就问与他一道吃饭的都是些什么人，他总是说都是一些有钱有势的人物。他的妻子就犯了疑心，对他的妾说："我们的丈夫每次外出，都是酒足饭饱方才归来。我问与他一道吃喝的都是些什么人，他回答都是些有钱有势的人物，却不见有达官显贵到我们家里来，我准备偷偷地看看我们的丈夫到底去什么地方。"

第二天清早起来，妻子便尾随在丈夫的后面，走到这儿走到那儿。走遍了全城，竟没有一个人站住与她丈夫说话。最后，她丈夫来到了城东的坟地，走到祭扫坟墓的人那里，乞讨些残羹剩饭；不够之时，又东张西望地到别的祭扫者那里去乞讨。这就是她丈夫吃饱喝足的办法。

他妻子回到家里，将自己所见的情景告诉了他的妾，并说："丈夫是我们仰望和终身依靠的人，现在他竟然是这样的。"说罢，妻妾二人便在庭院中一起咒骂她们的丈夫，接着又一同哭泣起来。她们的丈夫并不知道发生了什么事情，还像往日一样得意洋洋地从外面回到家里，而且向他的妻妾摆自己的威风。

在君子看来，有的人使用的乞求升官发财的方法，而能不使他的妻妾以为羞耻且共同哭泣的，那简直太少见了。

◇ 卷 五 ◇

万章章句 上

一

【原文】

万章①问曰：“舜往于田，号泣于旻②天，何为其号泣也？”

孟子曰：“怨慕③也。”

万章曰：“‘父母爱之，喜而不忘；父母恶之，劳而不怨。’然则舜怨乎？”

孟子曰：“长息问于公明高④曰：‘舜往于田，则吾既得闻命⑤矣；号泣于旻天，于父母，则吾不知也。’公明高曰：‘是非尔所知也。’夫公明高以孝子之心，为不若是恝⑥，我竭力耕田，共⑦为子职而已矣，父母之不我爱，于我何哉？帝使其子九男二女，百官牛羊仓廪备，以事⑧舜于畎亩⑨之中，天下之士多就⑩之者，帝将胥⑪天下而迁⑫焉。为不顺⑬于父母，如穷⑭人无所归。天下之士悦之，人之所欲也，而不足以解忧；好色，人之所欲，妻⑮帝之二女，而不足以解忧；富，人之所欲，富有天下，而不足以解忧；贵，人之所欲，贵为天子，而不足以解忧。人悦之、好色、富贵，无足以解忧者，惟顺于父母可以解忧。人少，则慕父母；知好色，则慕少艾⑯；有妻子，则慕妻子；仕，则慕君，不得⑰于君，则热中⑱。大孝终身慕父母。五十而慕者，予于大舜见之矣。”

【注释】

①万章：孟子的弟子。

②旻：（mín），天，天空。

③慕：想念。

④长息、公明高：赵岐注云："长息，公明高弟子；公明高，曾子弟子。"

⑤命：教诲。

⑥恝：（jiá），忽视，不在意。

⑦共：通"恭"，恭敬。

⑧事：为⋯⋯服务，奉事。

⑨畎亩：田地，田间。畎，音quǎn。

⑩就：接近，靠近，趋向。

⑪胥：都，全。

⑫迁：变动，变更，引申为禅让。

⑬顺：讨得欢心。

⑭穷：走投无路。

⑮妻：用如动词，娶⋯⋯为妻。

⑯少艾：艾，美好。与少、幼等字合用，指年轻貌美之人。如屈原《九歌·少司命》："竦长剑兮拥幼艾。"

⑰得：获得，得到。

⑱热中：中，内心。热中意即内心焦虑。

【译文】

万章问道："舜到田地里去的时候，总是一边向天诉苦，一边哭泣，舜为什么要这样呢？"

孟子答道："对父母既怨恨，又想念的原故。"

万章又问道："（曾子说）：'父母喜欢他，即使很高兴，也不会因此而懈怠；父母厌恶他，即使很忧愁，也不会因此而怨恨。'那么，舜会怨恨他的父母吗？"

孟子答道："长息曾问公明高：'舜到田地里去，我已懂得了；但他向天诉苦哭泣，这样对他的父母，我却不知道是为什么。'公明高说：'这不是你能懂得的。'公明高认为孝子的心理是不能像这样满不在乎的：我尽力耕种田地，恭恭敬敬地尽我作儿子的职责，至于父母不喜欢我，叫我有什么办法呢？帝尧派遣他的子女——九男二女，跟百官一起带着牛羊、粮食等物，到田间为舜服务。天下的士人也有很多人跑到舜那里，帝尧便把天下禅让给舜。舜却因为得不到父母的欢心，就像走投无路之人找不着归宿一般，变得非常忧愁。天下的士人喜欢他，是人人都希望的事情，却不足以使他消除忧愁；美色，是人人都想得到的，他娶了帝尧的两个女儿，却不足以使他消除忧愁；财富，是人人都想获得的，他已经拥有天下的财富，却不足以使他消除忧愁；尊贵，是人人都希望得到的，他已经拥有君主的尊贵，却不足以使他消除忧愁。人人都喜欢他、美色、财富和尊贵，这一切都不能使他消除忧愁，只有讨得父母的欢心便可以消除他的忧愁了。人在年幼之时，就依恋父母；懂得美色之时，便想念年轻貌美的人；有了妻子儿女，便迷恋妻子儿女；做了官，便去讨好君主，如果得不到君主的欢心，便内心焦虑不安。只有最孝顺的人，才会终生想念父母。到了五十还想念自己父母的人，我从伟大的舜身上看到了。"

二

【原文】

万章问曰："《诗》云：'娶妻如之何？必告父母。'信①斯言也，宜莫如舜。舜之不告而娶，何也？"

孟子曰："告则不得娶。男女居室，人之大伦也。如告，则废②人之大伦，以怼③父母，是以不告也。"

万章曰："舜之不告而娶，则吾既得闻命矣；帝之妻舜而不告，何也？"

曰："帝亦知告焉，则不得妻也。"

曰："父母使舜完廪④，捐阶⑤，瞽瞍⑥焚廪。使浚井⑦，出⑧，从而揜⑨之。象⑩曰：'谟盖都君咸我绩⑪，牛羊父母，仓廪父母，干戈朕⑫，琴朕，弤⑬朕，二嫂使治朕栖⑭。'象往入舜宫，舜在床琴⑮。象曰：'郁陶⑯思君尔。'忸怩⑰。舜曰：'惟兹臣庶，汝其于予治。'不识舜不知象之将杀己与？"

曰："奚而⑱不知也？象忧亦忧，象喜亦喜。"

曰："然则舜伪喜者与？"

曰："否。昔昔有馈生鱼于郑子产，子产使校人⑲畜之池。校人烹之，反命曰：'始舍之，圉圉⑳焉；少则洋洋㉑焉；攸然㉒而逝。'子产曰：'得其所哉！得其所哉！'校人出，曰：'孰谓子产智？予既烹而食之，曰，得其所哉，得其所哉。'故君子可欺以其方，难罔以非其道。彼以爱兄之道来，故诚信而喜之，奚伪焉？"

【注释】

①信：相信。

②废：废弃。

③怼：duì，怨恨。

④完廪：完，修缮；廪，仓库。

⑤捐阶：捐，除去；阶，梯。

⑥瞽瞍：舜之父。

⑦浚井：浚，音jùn，疏通。引申为淘井。

⑧出：赵岐注云："使舜浚井，舜入而即出，瞽瞍不知其已出，从而盖其井。"

⑨揜：填，掩盖。

⑩象：舜之异母弟。

⑪谟盖都君咸我绩：谟，谋；盖，"害"字的假借字；都君，舜；咸，皆，都；绩，功劳。

⑫朕：我。

⑬弤：赵岐注云："弤，雕弓也。天子曰雕弓。"

⑭栖：赵岐注云："栖，床也。"

⑮琴：用如动词，弹琴。

⑯郁陶：思念之貌。

⑰忸怩：羞惭貌。

⑱奚而：奚为。

⑲校人：赵岐注云："主池沼小吏也。"

⑳圉圉：赵岐注云："鱼在水羸劣之貌。"

㉑洋洋：赵岐注云："舒缓摇尾之貌。"

㉒攸然：赵岐注云："迅走趋水深处也。"

【译文】

万章问道："《诗经》上说：'娶妻应该怎么办？一定要告诉父母。'相信这句话的人，应当没有超过舜的了。但舜却事先没有告诉父母而娶了妻子，这是为什么呢？"

孟子答道："如果舜告诉了父母，那就娶不成妻子了。男女结婚，是人与人之间重要的道德关系。如果舜事先告诉了父母，那么这种关系便在舜身上被废弃了，其结果便会怨恨自己的父母，所以舜没有告诉父母。"

万章说："舜不事先告诉父母而娶妻子，这我已经懂得了；不过，帝尧将自己的女儿嫁给舜，却也事先不告诉舜的父母，这是为什么呢？"

孟子说："帝尧也知道如果告诉了舜的父母，那么他就嫁不成女儿了。"

万章说："舜的父母让他去修缮仓库，等舜上到仓库顶部以后，他们却撤走了梯子，他父亲瞽瞍还放火焚烧了仓库。后来，又派舜去淘井，（瞽瞍不知道）舜入而即出，便用土填塞井眼。舜的弟弟象说：'谋害舜都是我的功劳，牛羊归父母，仓库归父母，盾和戟归我，琴归我，雕弓归我，两位嫂子她们要给我铺床叠被。'象便向舜的居室走去，舜却坐在床边弹琴。象便说：'我很思念你呀。'但神情却非常不好意思。舜说：'我想念着那些臣下和百姓，你就替我管理他们吧。'我不清楚舜知道象要杀他吗？"

孟子答道："怎么会不知道呢？象忧愁，他也忧愁；象喜悦，他也喜悦。"

万章说："那么，舜的喜悦是假装的了？"

孟子说："不是的。从前，有一个人给郑国的子产送了一条活鱼，子产便让主管池沼的人将它蓄养起来。但那个人却将鱼煮着吃了，并回报子产说：'刚放进池塘之时，鱼还半死不活；过了一会，便摇摆起尾巴活动开了；突然间又游得不知去向。'子产说：'它到了好地方呀，它到了好地方呀！'那人出来之后，便说：'谁说子产聪明，我已经把鱼煮着吃了，他还说，它去了好地方呀，它去了好地方呀！'所以，对于君子，可以使用合乎人情的方法欺骗他，而不能以违反常理的诡计欺骗他。象既然假装以敬爱兄长的态度而来，舜因此便真诚地相信他，并且非常高兴，为什么说是假装的呢？"

三

【原文】

万章问曰："象日以杀舜为事，立为天子则放之，何也？"

孟子曰："封之也。或曰，放焉。"

万章曰："舜流共工于幽州①，放驩兜于崇山②，杀三苗于三危③，殛④鲧于羽山⑤，四罪而天下咸服，诛不仁也。象至不仁，封之有庳⑥。有庳之人奚罪焉？仁人固如是乎：在他人则诛之，在弟则封之？"

曰："仁人之于弟也，不藏怒焉，不宿怨焉，亲爱之而已矣。亲之，欲其贵也；爱之，欲其富也。封之有庳，富贵之也。身为天子，弟为匹夫，可谓亲爱之乎？"

"敢问或曰放者，何谓也？"

曰："象不得有为于其国，天子使吏治其国而纳其贡税焉，故谓之放。岂得暴⑦彼民哉？虽然，欲常常而见之，故源源而来，'不及贡，以政接于有庳⑧。'此之谓也。"

【注释】

①共工：本水官名，此处系人名，其人名氏未闻，其先祖居此

官，故以官为氏。幽州：即今北京密云县东北。

②骓兜：尧舜时的大臣。崇山：据孙星衍《尚书今古文注疏》云："崇山在澄阳县南七十五里。"

③三苗：国名。三危：西裔之地。

④殛：音 jí，诛杀。

⑤鲧：禹之父。羽山：据《汉书·地理志》云，当在今江苏赣榆县界；《太平寰宇记》云，在今山东蓬莱县东南三十里。

⑥有庳（bì）：象之封国。据《水经注》引王隐之的说法："应阳县本泉陵之北部，东五里有鼻墟，象所封也。山下有象庙……"据此推断有庳当在今湖南省道县北。也有人持怀疑态度。

⑦暴：侵扰。

⑧不及贡，以政接于有庳：系《尚书》逸文。

【译文】

万章问道："象每天都把谋杀舜作为自己必做的事情，舜成为天子以后，却只流放了他，这是为什么呢？"

孟子答道："实际上是舜把象封为诸侯，不过也有人说是流放了象。"

万章说："舜把共工流放到了幽州，把骓兜流放到崇山，在三危杀了三苗国的国君，在羽山诛杀了鲧，惩处了这四个罪犯，天下都归服了，就因为这是讨伐不仁之人的缘故。象是天下最不仁的人了，舜却将有庳国分封给象。有庳国的老百姓有什么罪过呢？仁人难道是这样的吗？——对别的不仁之人，就加以惩处；对自己的弟弟，就封以国土。"

孟子说："仁人对于自己的弟弟，不将忿怒藏在心中，不将怨恨留在胸中，那是因为亲近喜爱弟弟罢了。亲近自己的弟弟，便要使他尊贵；喜爱自己的弟弟，便要使他富有。舜封象于有庳国，那是要他变得富有、富贵。自己身为天子，而弟弟却是一个老百姓，这可以说是亲近并喜爱自己的弟弟吗？"

万章说："我冒昧地问先生，有人说那是流放，这怎么讲呢？"

孟子说:"象不能施教于他的封国,天子便派遣了官吏帮他治理国家,缴纳贡税,所以有人说那是流放。(象虽然不是什么贤君),他难道能侵扰他的国民吗?(象自然不能)。即使这样,舜还是常常想见到象,象也不断地来和舜相见。(《尚书》中说):'不一定要等到规定的上朝纳贡之时,(才去相见),平常也可以假借朝政上的事来接待象。'说的就是这个意思。"

四

【原文】

咸丘蒙^①问曰:"语云:'盛德之士,君不得而臣,父不得而子。'舜南面而立,尧帅诸侯北面而朝之,瞽瞍亦北面而朝之。舜见瞽瞍,其容有蹙^②。孔子曰:'于斯时也,天下殆^③哉,岌岌乎!'不识此语诚然乎哉?"

孟子曰:"否。此非君子之言,齐东野^④人之语也。尧老而舜摄也。《尧典》曰:'二十有八载^⑤,放勋^⑥乃徂落^⑦,百姓如丧考妣^⑧,三年,四海遏密八音^⑨。'孔子曰:'天无二日,民无二王。'舜既为天子矣,又帅天下诸侯以为尧三年丧,是二天子矣。"

咸丘蒙曰:"舜之不臣尧,则吾既得闻命矣。《诗》云:'普天之下,莫非王土;率土之滨,莫非王臣。'而舜既为天子矣,敢问瞽瞍之非臣,如何?"

曰:"是诗也,非是之谓也;劳于王事而不得养父母也。曰:'此莫非王事,我独贤劳也。'故说诗者,不以文^⑩害辞^⑪,不以辞害志。以意逆^⑫志,是为得之。如以辞而已矣,《云汉》之诗曰:'周余黎民,靡有孑遗^⑬。'信斯言也,是周无遗民也。孝子之至,莫大乎尊亲;尊亲之至,莫大乎以天下养。为天子父,尊之至也;以天下养,养之至也。《诗》曰:'永言孝思,孝思维则。'此之谓也。《书》曰:'祗载见瞽瞍,夔夔齐栗,瞽瞍亦允若。'是为父不得而子也?"

【注释】

①咸丘蒙：赵岐注云："咸丘蒙，孟子弟子。"

②蹙：音cù，不安貌。

③殆：危险。

④东野：泛指田野。

⑤有：又。载：年。

⑥放勋：尧的称号。

⑦徂落：死亡。

⑧考妣：父母。

⑨四海：指民间；遏：止。密：无声。八音：指用八种材料（金、石、丝、竹、匏、土、革、木）所作的乐器。

⑩文：朱熹注云："文，字也。"

⑪辞：朱熹注云："辞，语也。"

⑫逆：推测。

⑬孑遗：孑，音jié，余；遗，留。

【译文】

咸丘蒙问道："俗语云：'道德高尚的人，君王不能将他作为臣子，父亲不能将他当作儿子。'舜面南称王，尧便率诸侯面北向他朝拜，舜的父亲瞽瞍也面北向他朝拜。舜看见瞽瞍，面容显得极为不安。孔子说：'在这个时候，天下就很危险了！'不知道这话说得对吗？"

孟子答道："不对。这话不是君子所说的，是齐国田野之人所言。尧在年老的时候，舜便摄政。《尧典》上说：'舜摄政二十八年后，尧才去世，天下之人就像死了自己的父母，服丧三年，老百姓也停止了各种音乐活动。'孔子说：'天上不会有两个太阳，人间也没有两个天子。'假若舜真在尧死以前便做了天子，同时又率天下诸侯为尧服丧三年，这便真是有两个天子了。"

咸丘蒙说："舜不以尧为臣，我已领受了你的教诲了。《诗经》又说：'天底下的土地，没有一块不是天子的；四海之内的人，没有一个不是天子的臣民。'舜既然做了天子，请问瞽瞍却不是臣民，这怎样讲呢？"

孟子说："这首《北山》诗，不是你说的那个意思，而是说（作者）勤于国事以至于不能奉养父母。他说：'这些事没有一件不是天子的事情，却只让我一人劳苦。'所以解说诗歌的人，不要拘于文字而误解言辞，也不要拘于言辞而误解作者的本意。用自己的切身体会去推测作者的本意，这就对了。如果拘于言辞，那首《云汉》诗中说：'周朝剩余的百姓，没有一个存留下来。'如果相信了这句话，那就是说周朝没有存留一个人，（这可能吗？）孝子的最高境界，没有超过尊敬自己双亲的事了；尊敬双亲的最高境界，没有超过以天下来养活自己双亲的事了。作为天子的父亲，那是尊贵到了极点；以天下养活双亲，那是奉养双亲的极点。《诗经》中说：'永远地讲究孝道，孝道便是天下的法则。'说的正是这个意思。《尚书》中说：'舜恭敬小心地来见瞽瞍，态度谨慎恐惧，瞽瞍也因之真正顺理而行了。'这难道是所谓的'父亲不能够以道德高尚的人当作儿子'吗？"

五

【原文】

万章曰："尧以天下与舜，有诸？"

孟子曰："否。天子不能以天下与人。"

"然则舜有天下也，孰与之？"

曰："天与之。"

"天与之者，谆谆①然命之乎？"

曰："否。天不言，以行与事示之而已矣。"

曰："以行与事示之者，如之何？"

曰："天子能荐人于天，不能使天与之天下；诸侯能荐人于天子，不能使天子与之诸侯；大夫能荐人于诸侯，不能使诸侯与之大夫。昔者，尧荐舜于天，而天受之；暴②之于民，而民受

161

之；故曰：天不言，以行与事示之而已矣。"

曰："敢问荐之于天，而天受之；暴之于民，而民受之，如何？"

曰："使之主祭，而百神享③之，是天受之；使之主事，而事治④，百姓安之，是民受之也。天与之，人与之，故曰：天子不能以天下与人。舜相⑤尧二十有八载，非人之所能为也，天也。尧崩，三年之丧毕，舜避尧之子于南河之南，天下诸侯朝觐者，不之尧之子而之舜；讼狱⑥者，不之尧之子而之舜；讴歌者，不讴歌尧之子而讴歌舜。故曰：天也。夫然后之中国⑦，践⑧天子位焉。而⑨居尧之宫，逼尧之子，是篡也，非天与也。《太誓》曰：'天视自我民视，天听自我民听。'此之谓也。"

【注释】

①谆谆：教诲不倦，反复叮咛。

②暴：朱熹注云："显也。"

③享：指百神享用祭品。

④治：治理得好，太平。

⑤相：辅佐。

⑥讼狱：打官司。

⑦中国：据《史记·尧纪》正义引刘熙云："帝王所都为中，故曰中国。"

⑧践：帝王即位。

⑨而：同"如"。

【译文】

万章问道："尧把天下授予了舜，有这样的事吗？"

孟子答道："没有。天子不能把天下授予别人。"

万章问道："那么舜拥有的天下，是谁授予给他的呢？"

孟子答道："是上天授予给舜的。"

万章问道："上天授予舜天下，是反复叮咛告诫他的吗？"

孟子答道："不。上天不会言语，只以他行为的善恶和所做的事情，来向天下人显示罢了。"

万章问道："以行为的善恶和所做的事情向天下人显示，是怎样的呢？"

孟子答道："天子能向上天推荐人才，但不能使上天授予他天下；诸侯能向天子推荐人才，但不能使天子把诸侯的位置授予他；大夫能向诸侯推荐人才，但不能使诸侯把大夫的位置授予他。从前，尧将舜推荐给上天，上天接受了；又把舜公开介绍给百姓，百姓也接受了；所以说：上天不会说话，只以行为的善恶和所做的事情来向天下人显示罢了。"

万章问道："推荐给上天，上天接受了；公开介绍给百姓，百姓也接受了，这是怎样的呢？"

孟子答道："让他主持祭祀之事，百姓都享用了祭品，这就是上天接受了；让他主持朝政，朝政治理得很好，百姓都很满意，这就是百姓接受了。上天授予他天下，百姓授予他天下，所以说：天子不能把天下授予给别人。舜辅佐尧治理天下二十八年，这不是一般人所能做到的，而是天意。尧去世后，三年服丧期一满，舜便逃到南河的南边去了，（目的是为了让尧的儿子能够继承天下）。但是，天下的诸侯朝见天子时，都不到尧的儿子那里，却去了舜那里；打官司的人，都不到尧的儿子那里，却去了舜那里；歌功颂德的人，都不歌颂尧的儿子，却歌颂舜，所以说：这是天意。这样的情况下，舜又回到都城，登上天子之位。如果舜居住在尧的宫室，逼迫尧的儿子让位，这是篡位，而不是上天授予的了。《太誓》篇中说：'百姓的眼睛就是上天的眼睛，百姓的耳朵就是上天的耳朵。'说的正是这个意思。"

六

【原文】

万章问曰："人有言：'至于禹而德衰^①，不传于贤，而传于子。'有诸？"

孟子曰："否，不然也。天与贤，则与贤；天与子，则与子。昔者，舜荐禹于天，十有七年，舜崩，三年之丧毕，禹避舜之子于阳城^②，天下之民从之，若尧崩之后不从尧之子而从舜也。禹荐益^③于天，七年，禹崩，三年之丧毕，益避禹之子于箕山之阴^④。朝觐讼狱者不之益而之启^⑤，曰：'吾君之子也。'讴歌者不讴歌益而讴歌启，曰：'吾君之子也。'丹朱^⑥之不肖，舜之子亦不肖。舜之相尧、禹之相舜也，历年多，施泽于民久。启贤，能敬承继禹之道。益之相禹也，历年少，施泽于民未久。舜、禹、益相去久远，其子之贤不肖，皆天也，非人之所能为也。莫之为而为者，天也；莫之致而至者，命也。匹夫而有天下者，德必若舜禹，而又有天子荐之者，故仲尼不有天下。继世以有天下，天之所废，必若桀纣者也，故益、伊尹、周公不有天下。伊尹相汤以王于天下，汤崩，太丁未立，外丙二年，仲壬四年，太甲颠覆汤之典刑，伊尹放之于桐^⑦，三年，太甲悔过，自怨自艾，于桐处仁迁义，三年，以听伊尹之训己也，复归于亳^⑧。周公之不有天下，犹益之于夏、伊尹之于殷也。孔子曰：'唐虞禅，夏后殷周继，其义一也。'"

【注释】

①衰：衰微。

②阳城：山名，在今河南登封县北三十八里。另一说为邑名，故址在今河南登封县东南三十五里。

③益：禹时大臣。

④箕山之阴：箕山，在今河南登封县东南。阴，山之北水之南谓阴。

⑤启：禹的儿子，夏朝的建立者。

⑥丹朱：尧的儿子。本名朱，后封于丹，故称丹朱。

⑦桐：《史记·殷本纪》正义引《晋太康地记》云："尸乡南有亳阪，东有城，太甲所放处也。"尸乡，在今河南偃师西南五里。

⑧亳：商朝都城，在今河南偃师西，亦叫西亳。

【译文】

万章问道："有人说：'到禹的时候，天下的道德已经衰微了，他没有将天下传给圣贤之人，却传给自己的儿子。'有这事吗？"

孟子答道："不，不是这样的。上天要授予圣贤之人，便授予圣贤之人；上天要授予君主的儿子，便授予君主的儿子。从前，舜把禹推荐给上天，十七年之后，舜去世了，三年的服丧期一满，禹为了让位于舜的儿子，自己便躲避到阳城去了。但是，天下的百姓跟随禹，正好像当年尧死后他们不跟随尧的儿子却跟随舜一样。禹把益推荐给上天，七年之后，禹去世了，三年的服丧期一满，益为了让位给禹的儿子，自己便躲避到箕山的北边去了。当时朝见天子的人和要打官司的人，都不去益那里，却去了禹的儿子启那里，他们说：'他是我们君主的儿子呀。'歌功颂德的人也不歌颂益，却歌颂启，他们说：'他是我们君主的儿子呀。'尧的儿子丹朱不成器，舜的儿子也不成器。舜辅佐尧、禹辅佐舜，经过的年岁多，对老百姓施予恩惠的时间也长。启很贤明，能够谨慎小心地继承禹的美德。益辅佐禹，经过的年岁少，对老百姓施予恩惠的时间也短。舜、禹、益之间相距时间的长短，他们的儿子成器与不成器，这都是上天安排的，不是人力所能做到的。没有人叫他们这样做，却竟然这样做了，这便是天意；没有人叫他们来，却竟然来了，这便命中注定。以一个老百姓的身份而能得到天下的人，他的道德必然要像舜和禹一样，而且还要有天子的推荐，孔子（虽然是圣人，因为没有天子的推荐），所以得不到天下。世代相传而得到天下的，上天如果要让他丧失天下，则必须是夏桀、殷纣王那样残暴无德的君主，所以益、伊尹、周公（虽然圣贤，因为所遇到的君主都不是夏桀、殷纣王那样），便得不到天下。伊尹辅佐商汤统一了天下，商汤去世后，太丁未继位便死了，外丙在位二年，仲壬在位四年，至太甲时，因为他破坏了商汤所立的法度，伊尹便将他流放到桐。三年之后，太甲悔过自新，对自己往日的所作所为非常怨恨，决心改过，就是在桐地，也能以仁义行事。经过三年，太甲完全听从伊尹对自己的教训了，然后又回到亳都做天子。周公不能得到天下，正像益在夏朝、伊尹在殷朝不能得到天下一样。孔子说：'唐尧、虞舜以天下禅让给贤人，夏、商、周三代却传于子孙，本质上是一致的。'"

七

【原文】

万章问曰："人有言：'伊尹以割烹要汤①'。有诸？"

孟子曰："否，不然。伊尹耕于有莘②之野，而乐尧舜之道焉。非其义也，非其道也，禄③之以天下，弗顾也；系马千驷，弗视也。非其义也，非其道也，一介④不以与人，一介不以取诸人。汤使人以币⑤聘之，嚣嚣然⑥曰：'我何以汤之聘币为哉？我岂若处畎亩之中，由是以乐尧舜之道哉？'汤三使往聘之，既而幡然⑦改曰：'与⑧我处畎亩之中，由是以乐尧舜之道，吾岂若使是君为尧舜之君哉？吾岂若使是民为尧舜之民哉？吾岂若于吾身亲见之哉？天之生此民也，使先知觉后知，使先觉觉后觉也。予，天民之先觉者也；予将以斯道觉斯民也。非予觉之，而谁也？'思天下之民匹夫匹妇有不被尧舜之泽者，若己推而内⑨之沟中。其自任以天下之重如此，故就汤而说⑩之以伐⑪夏救民。吾未闻枉己而正人者也，况辱己以正天下者乎？圣人之行不同也，或远，或近；或去，或不去；归洁其身而已矣。吾闻其以尧舜之道要汤，未闻以割烹也。《伊训》曰：'天诛造攻自牧宫，朕载自亳⑫。'"

【注释】

①伊尹以割烹要汤:《墨子·尚贤》云:"昔伊尹为莘氏女师仆,亲为庖人,汤得而举之。"《史记·殷本纪》云:"伊尹,名阿衡。阿衡欲于汤而无由,乃为有莘氏媵臣,负鼎俎,以滋味说汤,至于王道。"

②有莘:国名。

③禄:用如动词,以……作为俸禄。

④一介:一点点之意。

⑤币:帛也。

⑥嚣嚣:闲暇貌。

⑦幡然:同"翻然",指很快而彻底地改变。

⑧与:与其。

⑨内:同"纳"。

⑩说:音shuì,劝说,说服。

⑪伐:讨伐。

⑫《伊训》曰:"天诛造攻自牧宫,朕载自亳":赵岐注云:"《伊训》,《尚书》逸篇名。"造,始也;牧宫,夏桀之宫;载,始也;朕,伊尹自谓。

【译文】

万章问道:"有人说:'伊尹自己作了厨子,切肉做菜以求于商汤。'有这样的事吗?"

孟子答道:"不,不是这样的。伊尹在有莘国耕种庄稼之时,以尧舜之道为乐。如果不合于义,不合于道,即使把天下所有的财富作为他的俸禄,他也不会回头看一下;即使有四千匹马拴在那里,他也不会看一眼。如果不合于义,不合于道,他一点东西也不会给别人,也不会从别人那里取一点东西。商汤派人拿着礼物去聘请他,他却心情平静地说:'我为什么要接受汤的聘礼呢?我为何不住在田野之中,因此以尧舜之道而自得其乐呢?'商汤几次派人去聘请他,不久,他便彻底地改变了态度,说:'我与其住在田野之中,因此以尧舜之道作为自己的快乐,我为什么不去使现在的君主成为尧舜一样的君主呢？我为什么不去使现在的老百姓成为尧舜时代一样的老百姓呢？我为什么不去使尧舜时代的盛世在我这个时候再现呢？上天生育人民，就是要让先知先觉者使得后知后觉者有所觉悟。我是老百姓中的先觉者，我就应该以尧舜之道使现在的老百姓有所觉悟。如果我不去使他们有所觉悟，那么又有谁去做此事呢？'伊尹认为，如果天下的老百姓中，有一个男子或一个妇女没有受到尧舜之道的惠泽，便犹如自己把他们推进了山沟中一样。他就是这样把天下的重任担在自己身上，所以一到汤那里，便劝说汤讨伐夏桀来拯救老百姓。我没有听说过先使自己屈曲，却能够匡正别人的；更何况先使自己受到侮辱，却能够匡正天下的？圣人的行为各有不同，有的疏远当时君主，有的靠拢当时君主，有的离开朝廷，有的留恋朝廷，但归根结底，他们必须做到自己干净，没有污点。我只听说过伊尹以尧舜之道求于汤，而没有听说过他作厨子切肉做菜的事情。《伊训》中说：'上天的讨伐，是因夏桀的宫室而起，我呢，不过是从殷都亳开始打算此事罢了。'"

八

【原文】

万章问曰："或谓孔子于卫主痈疽①，于齐主侍人瘠环②，有诸乎？"

孟子曰："否，不然也。好事者为之也。于卫主颜仇由③。弥子④之妻与子路⑤之妻，兄弟⑥也。弥子谓子路曰：'孔子主我，卫卿可得也。'子路以告。孔子曰：'有命。'孔子进以礼，退以义，得之⑦不得曰'有命'。而主痈疽与侍人瘠环，是无义无命也。孔子不悦于鲁卫，遭宋桓司马将要⑧而杀之，微服⑨而过宋。是时孔子当阨⑩，主司城贞子⑪，为陈侯周⑫臣。吾闻观近臣，以其所为主；观远臣，以其所主。若孔子主痈疽与侍人瘠环，何以为孔子？"

【注释】

①主痈疽：主，用如动词，以……为主人，引申为居住。痈疽，卫灵公宠幸的宦官。

②侍人瘠环：侍人，朱熹注云："侍人，奄人也。"瘠环，人名，齐国宦官。

③颜仇由：人名。

④弥子：卫灵公宠臣弥子瑕。

⑤子路：孔子弟子。

⑥兄弟：姊妹。

⑦之：与

⑧桓司马将要：桓司马，桓魋（tuí）。要，拦截。

⑨微服：指变易平常的服装以避人耳目。

⑩当阨：当，处在。阨，同"厄"，困穷，苦难。

⑪司城贞子：人名，陈国人。《史记·孔子世家》云："孔子遂至陈，主于司城贞子家。"

⑫陈侯周：赵岐注云："陈怀公子也。为楚所灭，故无谥，但曰陈侯周。"

【译文】

万章问道："有人说，孔子在卫国时，住在卫灵公宠幸的宦官痈疽家里；在齐国时，也住在宦官瘠环家里。有这样的事吗？"

孟子答道："不，不是这样的。这都是好事之徒捏造出来的。孔子在卫国时，住在颜仇由家里。弥子瑕的妻子和子路的妻子是姊妹。弥子瑕对子路说：'孔子住在我家里，卫国卿相的位置便可以得到了。'子路把这话告诉了孔子。孔子说：'一切都由天命决定。'孔子依礼而进，依义而退，所以他说得到与得不到官位都由'天命决定'。如果他住在痈疽和瘠环家里，这种行为便是无视礼义和天命了。孔子在鲁国和卫国时不得意，又碰上宋国的司马桓魋准备拦截杀死他，他只得改变常服悄悄走过宋国。这时候，孔子正处在困难的境地，便住在了司城贞子的家里，做了陈侯周的臣子。我听说过，观察在朝的臣子，只要看他所招待的客人；观察在外来朝的臣

169

子，只要看他所寄居的主人，（就可以知道了）。如果孔子真的住在痈疽和宦官瘠环的家里，那还算什么孔子呢？"

九

【原文】

万章问曰："或曰：'百里奚①自鬻②于秦养牲者五羊皮，食牛以要秦穆公③。'信④乎？"

孟子曰："否，不然。好事者为之也。百里奚，虞⑤人也。晋人以垂棘之璧⑥与屈产之乘⑦假⑧道于虞以伐虢⑨。宫之奇⑩谏，百里奚不谏。知虞公之不可谏而去之秦，年已七十矣；曾⑪不知以食牛干秦穆公之为污也，可谓智乎？不可谏而不谏，可谓不智乎？知虞公之将亡而先去之，不可谓不智也。时举⑫于秦，知穆公之可与有行⑬也而相之，可谓不智乎？相秦而显其君于天下，可传于后世，不贤而能之乎？自鬻以成其君，乡党自好者不为，而谓贤者为之乎？"

【注释】

①百里奚：春秋时人，佐秦穆公霸西戎。

②鬻：卖。

③秦穆公：春秋五霸之一。

④信：相信，可信。

⑤虞：国名。

⑥垂棘之璧：垂棘，晋国地名。璧，玉璧。

⑦屈产之乘：屈，地名。产，生。乘，驾车的良马。

⑧假：借。

⑨虢：国名。

⑩宫之奇：虞国大臣。

⑪曾：竟。

⑫举：推举。

⑬有行：有为

【译文】

万章问道："有人说：'百里奚以五张羊皮的价格把自己卖给了秦国养牲畜的，替人家养牛来得到秦穆公的重用。'这话可信吗？"

孟子答道："不，不是这样的。这是好事之徒捏造出来的。百里奚是虞国人，晋国人以垂棘之地所产的玉璧和屈地所产的良马贿赂虞国，以借道虞国而讨伐虢国。虞国大臣宫之奇劝阻虞国国君，要他不答应晋国的请求。百里奚却不劝阻，是因为他知道劝阻虞国国君没有用。于是，百里奚离开了虞国去了秦国，当时他已七十岁了。他竟然不知道以替人养牛来得到秦穆公的重用是恶浊行为，这能说他聪明吗？知道劝阻不了便不去劝阻，这能说他不聪明吗？知道虞公将要被灭亡，而预先离开，这不能说他不聪明。当他在秦国被推举出来时，他知道秦穆公是位可以帮助而且有所作为的国君，于是便辅佐秦穆公，这可以说他不聪明吗？为秦国的卿相而使秦穆公在天下有显赫的名望，这种名望足以流传于后代，不是贤能之人能做到这一点吗？卖掉自己来成全国君，是乡里中一般洁身自爱之人也不会干的事，而说贤能之人干了此事，这可能吗？"

万章章句　下

一

【原文】

孟子曰："伯夷，目不视恶色，耳不听恶声。非其君，不事①；非其民，不使②。治③则进，乱则退。横④政之所出，横民之所止，不忍居也。思与乡人处，如以朝衣朝冠坐于涂炭也。当纣之时，居北海之滨，以待天下之清也。故闻伯夷之风者，顽⑤夫廉，懦夫有立志。

"伊尹曰：'何事非君？何使非民？'治亦进，乱亦进，曰：

'天之生斯民也，使先知觉⑥后知，使先觉觉后觉。予，天民之先觉者也。予将以此道觉此民也。'思天下之民匹夫匹妇有不与被⑦尧舜之泽者，若己推而内⑧之沟中，其自任也天下之重也。

"柳下惠不羞污⑨君，不辞小官。进不隐贤，必以其道。遗佚⑩而不怨，阸⑪穷⑫而不悯。与乡人处，由由然⑬不忍去⑭也。'尔为尔，我为我，虽袒裼裸裎⑮于我侧，尔焉能浼⑯我哉?'故闻柳下惠之风者，鄙⑰夫宽，薄⑱夫敦。

"孔子之去齐，接淅⑲而行；去鲁，曰：'迟迟吾行也，去父母国之道也。'可以速而速，可以久而久，可以处而处⑳，可以仕而仕，孔子也。"

孟子曰："伯夷，圣之清者也；伊尹，圣之任者也；柳下惠，圣之和者也；孔子，圣之时者也。孔子之谓集大成。集大成也者，金声而玉振之也。金声也者，始条理也；玉振之也者，终条理也。始条理者，智之事也；终条理者，圣之事也。智，譬㉑则巧也；圣，譬则力也。由㉒射于百步之外也，其至，尔力也；其中，非尔力也。"

【注释】

①事：侍奉。

②使：役使。

③治：治理得好，太平。

④横：残暴，强暴。

⑤顽：贪婪。

⑥觉：使动用法，使……省悟。

⑦被：沾润。

⑧内：通"纳"。

⑨污：污浊。

⑩佚：弃置。

⑪阸：同"厄"，受困。

⑫穷：不得志，不显贵。

⑬由由然：自得貌。

⑭去：离开。

⑮袒裼裸裎：袒，脱去上衣；裼，音xī，脱去上衣；裸，赤裸身体；裎，音chéng，脱衣露体。意为脱衣露体，粗野无礼。

⑯浼：污。

⑰鄙：朱熹注云："鄙，狭陋也。"

⑱薄：刻薄。

⑲淅：音xī，淘米。

⑳处：停留。

㉑譬：比，比如。

㉒由：通"犹"。

【译文】

孟子说："伯夷，眼睛不看不好的景色，耳朵不听不好的声音。不是他理想中的君主，不去侍奉；不是他理想中的百姓，不去役使。天下太平就出来做事，天下混乱就退隐山林。施行暴政的地方，居住暴民的地方，他都不忍心去居住。他认为同乡下人相处，就如同穿着朝服戴着朝冠坐在泥路、炭灰上。殷纣王的时候，他居住在北海的海边，来等待天下变得清平。所以，听说伯夷的风韵的人，贪婪的人变得廉洁，懦弱的人也有远大的志向。

"伊尹说：'哪一个君主不可以侍奉？哪一个百姓不可以役使？'天下太平也出来做事，天下混乱也出来做事，说：'上天养育这些百姓，就是要让先知先觉的人使后知后觉的省悟。我是这些百姓之中的先觉者。我要以尧舜之道来使这些人省悟。'他认为：在天下的百姓中，只要有一个男子或一个妇女没有沾润尧舜之道的好处，便好像是自己把他推进山沟之中的，这就是他把天下的重担自己挑起的态度。

"柳下惠不以侍奉污浊之君为羞耻，也不以官位低而辞掉。在朝为官不隐藏自己的才能，但一定按自己的原则办事。被人弃置一旁，也不怨恨；受困而不得志，也不忧愁。与乡下人相处，高兴得不忍心离开。'你是你，我是我，即使你赤身露体在我身旁，你怎么能玷污我呢？'所以，听说柳下惠的风韵的人，心胸狭窄的人也变得心胸开阔，刻薄的人也变得敦厚。

"孔子离开齐国的时候，不等把米淘完便匆忙离开；离开鲁国的时候，说：'我们慢慢地走吧，这是离祖国的态度。'应该马上走就马上走，应该继续干就继续干，应该停留就停留，应该做官就做官，这是孔子啊。"

孟子说："伯夷，圣人中的清高者；伊尹，圣人中的担重任者；柳下惠，圣人中的随和者；孔子，圣人中的识时务者。孔子可以叫他集大成者。集大成的意思，就像奏乐要先敲镈钟，最后以特磬收束一样。先敲镈钟，是节奏条理的开始；用特磬收束，是节奏条理的终结。条理的开始在于智，条理的终结在于圣。智犹如技巧，圣好比气力。这就像在一百步以外射箭，射到了是你的力气；射中了却不是由你的力气决定一样。"

二

【原文】

北宫锜①问曰："周室班②爵禄也，如之何？"

孟子曰："其详不可得闻也，诸侯恶其害己也，而皆去其籍；然而轲也尝闻其略也。天子一位，公一位，侯一位，伯一位，子男同一位，凡五等也。君一位，卿一位，大夫一位，上士一位，中士一位，下士一位，凡六等。天子之制，地方千里，公侯皆方百里，伯七十里，子男五十里，凡四等。不能③五十里，不达④于天子，附于诸侯，曰'附庸'。天子之卿受地视⑤侯，大夫受地视伯，元士受地视子男。大国地方百里，君十卿禄，卿禄四大夫，大夫倍上士，上士倍中士，中士倍下士，下士与庶人在官者同禄，禄足以代其耕也。次国地方七十里，君十卿禄，卿禄三大夫，大夫倍上士，上士倍中士，中士倍下士，下士与庶人在官者同禄，禄足以代其耕也。小国地方五十里，君十卿禄，卿禄二大夫，大夫倍上士，上士倍中士，中士倍下士，下士与庶人在官者同禄，禄足以代其耕也。耕者之所获，一夫百亩；百亩之粪⑥，上农夫食九人，上次食八人，中食七人，中次食六人，下食五人。庶人在官者，其禄以是为差。"

【注释】

①北宫锜：赵岐注云："卫人。"

②班：规定等级。

③不能：朱熹注云："不能，犹不足也。"

④达：到达。

⑤视：赵岐注云："视，比也。"

⑥粪：段玉裁《说文》注云："凡粪田多用所除之秽为之，故曰粪。"

【译文】

北宫锜问道："周朝规定的官爵和俸禄的等级制度，是怎么样的呢？"

孟子答道："详细情况已经不能知道了，诸侯因为厌恶那种制度不利于自己，便都把有关文献毁掉了，但我也曾经听说过它的大概情况。天子为一级，公为一级，侯为一级，伯为一级，子男同为一级，共五个等级。君为一级，卿为一级，大夫为一级，上士为一级，中士为一级，下士为一级，共六个等级。天子直接管辖的土地纵横一千里，公侯各一百里，伯七十里，子男各五十里，共四个等级。纵横如果不足五十里的国家，不能直接同天子来往，只能附属于诸侯，叫做'附庸'。天子的卿所受的封地同于侯，大夫所受的封地同于伯，元士所受的封地同于子男。大国土地纵横一百里，国君的俸禄十倍于卿，卿的俸禄四倍于大夫，大夫的俸禄一倍于上士，上士的俸禄一倍于中士，中士的俸禄一倍于下士，下士的俸禄等同于在官府当差的庶民，这些俸禄足以抵偿他们耕种的收入了。中等的国家土地纵横七十里，国君的俸禄十倍于卿，卿的俸禄三倍于大夫，大夫的俸禄一倍于上士，上士的俸禄一倍于中士，中士的俸禄一倍于下士，下士的俸禄等同于在官府当差的庶民，这些俸禄足以抵偿他们耕种的收入了。小国土地纵横五十里，国君的俸禄十倍于卿，卿的俸禄二倍于大夫，大夫的俸禄一倍于上士，上士的俸禄一倍于中士，中士的俸禄一倍于下士，下士的俸禄等同于在官府当差的庶民，这些俸禄足以抵偿他们耕种的收入了。耕种人的收入靠一个农夫分的百亩土地。一百亩的土地，上等的农夫可以养活九个人，次一点的农夫可以养活八个人；中等的农夫可以养活七个人，次一点的农夫可以养活六个人；下等农夫可以养活五个人。庶民在官府当差的，他们的俸禄也参照这个定等级。"

<h1 style="text-align:center">三</h1>

【原文】

万章问曰："敢①问友。"

孟子曰："不挟②长，不挟贵，不挟兄弟而友。友也者，友其德也，不可以有挟也。孟献子③，百乘之家也，有友五人焉：乐正裘、牧仲，其三人，则予忘之矣。献子之与此五人者友，无献子之家者也。此五人者，亦有献子之家，则不与之友矣。非惟百乘之家为然也，虽小国之君亦有之。费惠公④曰：'吾于子思，则师之矣；吾于毅般⑤，则友之矣；王顺、长息则事我者也。'非惟小国之君为然也，虽大国之君亦有之。晋平公之于亥唐⑥也，入云则入，坐云则坐，食云则食；虽蔬食菜羹，未尝不饱，盖不敢不饱也。然终于此而已矣。弗与共天位也，弗与治天职也，弗与食天禄也，士之尊贤者也，非王公之尊贤也。舜尚⑦见帝，帝馆甥⑧于贰室⑨，亦飨舜，迭为宾主，是天子而友匹夫也。用⑩下敬上，谓之尊贵；用上敬下，谓之尊贤。贵贵尊贤，其义一也。"

【注释】

①敢：古代人所用谦词，有冒昧的意思。

②挟：倚仗，倚以自重。

③孟献子：即鲁国大夫仲孙蔑。

④费惠公：费，小国名。惠公，即其国君。

⑤颜般：人名。

⑥亥唐：晋平公时的贤人。

⑦尚：同"上"。

⑧甥：赵岐注云："谓妻父曰外舅，谓我舅者，吾谓之甥。"此处指女婿。

⑨贰室：赵岐注云："副宫也"。

⑩用：以。

【译文】

万章问道："请问交朋友的原则。"

孟子说："不倚仗自己年纪大，不倚仗自己地位尊贵，不倚仗自己的兄弟富贵，这样才能交朋友。交朋友就是因朋友的品德而相交，心中不能有什么倚仗。孟献子是位有一百辆车的大夫，他有五个朋友：乐正裘、牧仲，其他三人我忘记了。孟献子与这五个人交朋友，自己的心中并不存在自己是大夫的想法。这五个人的心中如果存在孟献子是大夫的想法，那就不会和他交朋友了。不仅仅有一百辆车的大夫有朋友，即使小国的国君也有朋友。费惠公说：'我对于子思，则以他为老师；对于颜般，则以他为朋友；至于王顺和长息，则以他们为侍奉我的人。'不仅仅小国的国君有朋友，即使大国的国君也有朋友。晋平公对于亥唐，亥唐让他进去，他便进去；让他坐，他便坐；让他吃饭，他便吃饭。即使是粗茶淡饭菜汤，晋平公也不曾饿过，他不敢不饱。然而晋平公也只是做到这一点罢了，却不同他共有官位，不同他共同治理国家，不同他共同享受俸禄，这只是一般士人尊敬贤人，而不是王公尊敬贤人所应当做的。舜拜见帝尧，帝尧让他这位女婿住在别宫，也请舜吃饭，互为客人和主人，这是以天子的尊位同老百姓交朋友的典型。以卑下的地位去尊敬高贵的人，叫做尊贵贵人；以高贵的地位去尊敬地位卑下的人，叫做尊敬贤人。尊贵贵人和尊敬贤人，其意义是一致的。"

四

【原文】

万章问曰："敢问交际①何心也？"

孟子曰："恭也。"

曰："'却②之却之为不恭'，何哉？"

曰："尊者③赐之，曰：'其所取之者义乎？不义乎？'而后受之，以是为不恭，故弗却也。"

曰："请无以辞却之，以心却之，曰：'其取诸民之不义也。'而以他辞无受，不可乎？"

曰："其交也以道，其接也以礼，斯④孔子受之矣。"

万章曰："今有御⑤人于国门之外者，其交也以道，其馈也以礼，斯可受御与？"

曰："不可。《康诰》曰：'杀越⑥人于货，闵不畏死，凡民罔不譀⑦。'是不待教而诛者也。殷受夏，周受殷，所不辞也；于今为烈⑧，如之何其受之？"

曰："今之诸侯取之于民也，犹御也。苟善其礼际矣，斯君子受之，敢问何说也？"

曰："子以为有王者作，将比⑨今之诸侯而诛之乎？其教之不改而后诛之乎？夫谓非其有而取之者盗也，充类至义之尽也。孔子之仕于鲁也，鲁人猎较⑩，孔子亦猎较。猎较犹可，而况受其赐乎？"

曰："然则孔子之仕也，非事道与？"

曰："事道也。"

"事道奚猎较也？"

曰："孔子先簿正祭器，不以四方之食供簿正。"

曰："奚不去也。"

曰："为之兆⑪也。兆足以行矣，而不行，而后去，是以未尝有所终三年淹⑫也。孔子有见行可之仕，有际可⑬之仕，有公养⑭之仕。于季桓子，见行可之仕也；于卫灵公，际可之仕也；于卫孝公，公养之仕也。"

【注释】

①交际：朱熹注云："交际，谓人以礼仪币帛相交接也。"

②却：推辞，不接受。

③尊者：指地位尊贵的人。

④斯：指示代词，此。

⑤御：阻拦，引申为拦路抢劫。

⑥越：通"敓"，抢劫。

⑦闵不畏死，凡民罔不譈：闵，同"瞥"，音mǐn，顽悍。罔，通"无"，没有。譈：音duì，同"憝"，怨恨。

⑧烈：厉害。

⑨比：同。

⑩猎较：赵岐注云："猎较者，田猎相较夺禽兽，得之以祭，时俗所尚，以为吉祥。"

⑪兆：赵岐注云："兆，始也。"

⑫淹：停留。

⑬际可：对单独某一个人之礼遇。

⑭公养：对当时一般人之礼遇。

【译文】

万章问道："请问交际应当持以什么心态？"

孟子答道："应该持以恭敬之心。"

万章问道："'一再拒绝别人的礼物是不恭敬。'这是为什么呢？"

孟子答道："地位尊贵的人有所赐予，如果自己先问：'取得这种礼物合乎义呢？还是不合乎义呢？'然后才接受礼物，这是不恭敬的，所以不要拒绝别人礼物。"

万章问道："请问，如果拒绝别人的礼物，不明白地说出，只是在心里不接受，然后在心中说：'这是他取自老百姓的不义之财呀。'然后以别的借口拒绝，难道不可以吗？"

孟子答道："如果依道同我交往，依礼节同我接触，那孔子也会接受他的礼物的。"

万章问道："假如现在有人在城外拦路抢劫别人的财物，他同我交往也依道而行，他赠我礼物也依礼节而行，这样的赃物我可以接受吗？"

孟子答道："不可以接受。《康诰》中说：'杀死别人，抢劫他的财物，顽悍不怕死，这种人，老百姓没有不怨恨的。'这是不必先去教育他就可以诛杀的一类人。殷商接受了夏朝的国祚，周朝接受了殷商的国祚，这是绝不推辞的；现在抢劫杀人尤为厉害，怎么能够接受呢？"

万章问道："现如今的诸侯，他们从老百姓那里获取财物，犹如拦路抢劫一般。如果把交际的礼节搞好了，君子也就接受了这种财物，请问这又作何解释呢？"

孟子答道："你认为如果有圣王兴起，对待现在的诸侯是一律同等看待，然后全部诛杀呢？还是先行教育，如果不改悔，然后诛杀呢？如果不是自己的东西却据为己有，这种行为是抢劫，这只是把它高度概括而说的话。孔子在鲁国做官的时候，鲁国人在田猎中争夺猎物，孔子也争夺猎物。争夺猎物都可以做，更何况接受赐予呢？"

万章问道："那么，孔子做官，就不是为着行道吗？"

孟子答道："是为着行道。"

万章问道："既然为着行道，那为什么还要争夺猎物呢？"

孟子答道："孔子先用文书来规定祭祀所用器物和祭礼用品，不用别处的食物来供祭祀。"

万章问道："孔子为什么不辞官而去呢？"

孟子答道："孔子做官先得试一试。试行的结果，如果他的学说可以行通，但君主却不肯执行，这样才会辞官而去，所以孔子在一个国家中不曾停留三年。孔子因可以行道而做官，也因为君主对他的礼遇不错而做官，也因为国君养贤而做官。对于鲁国的季桓子，是因为可以行道而做官；对于卫灵公，是因为礼遇不错而做官；对于卫孝公，是因为国君养贤而做官。"

五

【原文】

孟子曰："仕非为贫也，而有时乎为贫；娶妻非为养也，而有时乎为养。为贫者，辞尊居卑，辞富居贫。辞尊居卑，辞富居贫，恶乎宜乎？抱关击柝①。孔子尝为委吏②矣，曰：'会计③当而已矣。'尝为乘田④矣，曰：'牛羊茁壮长而已矣。'位卑而言高，罪也；立乎人之本朝⑤，而道不行，耻也。"

【注释】

①抱关击柝：抱关，指门卒。柝，赵岐注云："行夜所击木也。"
②委吏：赵岐注云："主委积仓廪之吏也。"
③会计：会，音kuài，算账。会计，犹言算账的工作。
④乘田：赵岐注云："苑囿之吏也，主六畜之刍牧者也。"
⑤本朝：朝廷。

【译文】

孟子说："做官不是因为贫困，但有时也是因为贫困；娶妻不是因为要养父母，但有时也是因为要养父母。因为贫困而做官，就应拒绝高官而接受低的职位，就应拒绝多的俸禄而接受少的俸禄。拒绝高官而接受低的职业，拒绝多的俸禄而接受少的俸禄，怎样才算合适呢？就像门卒、打更者这样的小吏都行。孔子曾经做过主管仓库的小吏，他说：'帐都算对就行了。'他也曾经做过主管苑囿的小吏，他说：'只要牛羊能茁壮成长就行了。'处在低的职位却议论朝廷大事，这是有罪的；在君主的朝廷上做官，自己的主张却得不到执行，这是耻辱的事情。

六

【原文】

万章曰："士之不托于诸侯①，何也？"

孟子曰："不敢也。诸侯丧国，而后托于诸侯，礼也；士之托于诸侯，非礼也。"

万章曰："君馈之粟，则受之乎？"

曰："受之。

"受之何义也？"

曰："君之于氓②也，固周③之。"

曰："周之则受，赐之则不受，何也？"

曰："不敢也。

曰："敢问其不敢何？"

曰："抱关击柝者皆有常职④以食于上。无常职而赐于上者，以为不恭也。"

曰："君馈之，则受之，不识可常继⑤乎？"

曰："缪公之于子思也，亟⑥问，亟馈鼎肉。子思不悦。于卒也，摽⑦使者出诸大门之外，北面稽首再拜⑧而不受，曰：'今而后知君之犬马畜伋。'盖自是台⑨无馈也。悦贤不能举，又不能养也，可谓悦贤乎？"

曰："敢问国君欲养君子，如何斯可谓养矣？"

曰："以君命将⑩之，再拜稽首而受。其后廪人继粟，庖人继肉，不以君命将之。子思以为鼎肉使己仆仆尔⑪亟拜也，非养君子之道也。尧之于舜也，使其子九男事之，二女女⑫焉，百官牛羊仓廪备，以养舜于畎亩之中，后举而加⑬诸⑭上位，故曰：王公之尊贤者也。"

【注释】

①托于诸侯：指失去国家的诸侯在别的诸侯那里做寓公，以求得生存。

②氓：音 méng，外来的百姓。

③周：周济。

④常职：固定的工作。

⑤继：连续。

⑥亟：音 qì，屡次。

⑦摽：音 biào，赵岐注云："摽，麾（挥）也。"

⑧北面稽首再拜：北面，面向北。稽（qǐ）首：古代礼节，跪下以手拱地，头也至地。再拜，两拜。

⑨台：始也。

⑩将：送也。

⑪仆仆尔：赵岐注云："仆仆，烦猥貌。"

⑫女：嫁。

⑬加：同"居"，使动用法。

⑭诸：之于。

【译文】

万章问道："士不能像寓公那样靠诸侯生活，这是为什么呢？"

孟子答道："不敢那样。诸侯丧失了自己的国家，然后寄托于别的诸侯做寓公，这是合于礼的；士如果寄托于诸侯去做寓公，那是不合于礼的。"

万章问道："国君如果赠给他谷米，那可以接受吗？"

孟子答道："可以接受。"

万章问道："接受是什么原因呢？"

孟子答道："国君对于外来的百姓，本来就应该周济。"

万章问道："周济他可以接受，那赐予他却不接受，这是为什么呢？"

孟子答道："不敢接受。"

万章问道："请问他为什么不敢接受呢？"

孟子答道:"门卒、打更者都有固定的职位,才接受上面的给养。如果没有固定的职位,却去接受上面的赐予,这被认为是不恭敬的。"

万章问道:"国君赐予他,他就接受,不知道会不会经常这样?"

孟子答道:"鲁缪公对于子思,经常不断地问候,也经常不断地赐予他鼎中的肉,子思非常不高兴。最后,子思将缪公的使者赶到大门之外,面向北稽首作揖,没有接受问候和鼎中的肉,然后说:'现在我才知道,国君是把我当狗马牲畜一样看待。'大概从此以后,鲁缪公再也没有赐过子思。喜欢贤人,却不能重用他,又不能有礼貌地养活他,这可以说是喜欢贤人吗?"

万章问道:"请问国君想要养活贤人,那要怎么样才能叫养活呢?"

孟子答道:"把君主的旨意传达给他,他便先作揖稽首,才接受君主的旨意。然后管理仓库的人经常送来谷米,掌供膳食的人经常送来肉食,这些就用不着再去传达君主的旨意了。子思认为为了一块肉而屡次不断地让他作揖稽首,这不是养活君子的方式。尧对于舜,让他的九个儿子向他学习,并将两个女儿嫁给他,而且各种官吏、牛羊以及仓库无不具备,使得舜在四野之中得到很好的侍奉,然后提拔他使他处于很高的职位。所以说:这是王公尊敬贤人的典型。"

七

【原文】

万章曰:"敢问不见诸侯,何义也?"

孟子曰:"在国曰'市井之臣',在野曰'草莽之臣',皆谓庶人。庶人不传质①为臣,不敢见于诸侯,礼也。"

万章曰:"庶人,召之役,则往役;君欲见之,召之,则不往见之,何也?"

曰："往役，义也；往见，不义也。且君之欲见之也，何为也哉？"

曰："为其多闻也，为其贤也。"

曰："为其多闻也，则天子不召师，而况诸侯乎？为其贤也，则吾未闻欲见贤而召之也。缪公亟见于子思，曰：'古千乘之国以友士，何如？'子思不悦，曰：'古之人有言曰：事之云乎？岂曰友之云乎？'子思之不悦也，岂不曰：'以位，则子，君也；我，臣也；何敢与君友也？以德，则子事我者也，奚可以与我友？'千乘之君求与之友而不得也，而况可召与？齐景公田②，招虞人以旌③，不至，将杀之。志士不忘在沟壑，勇士不忘丧其元④。孔子奚取焉？取非其招不往也。"

曰："敢问招虞人何以？"

曰："以皮冠⑤，庶人以旃⑥，士以旂⑦，大夫以旌。以大夫之招招虞人，虞人死不敢往；以士之招招庶人，庶人岂敢往哉？况乎以不贤人之招招贤人乎？欲见贤人而不以其道，犹欲其入而闭之门也。夫义，路也；礼，门也。惟君子能由是路，出入是门也。《诗》云：'周道如底⑧，其直如矢；君子所覆，小人所视。'"

万章曰："孔子，君命召，不俟驾而行；然则孔子非与？"

曰："孔子当仕有官职，而以其官召之也。"

【注释】

①传质：传，送。质，通"贽"，古代初次拜见尊长时送的礼物。
②田：田猎。
③旌：古代以五色羽装饰的旗子。虞人，古代管理山泽的官员。
④元：头。
⑤皮冠：指加于礼冠上的皮帽子，田猎时挡尘，也用以挡雨雪。
⑥旃：音zhān，赤色的曲柄旗。
⑦旂：音qí，古代一种有铃的旗子。
⑧周道如底：周道，犹言大道。底，通"砥"，磨刀石。

【译文】

万章问道："请问士不去拜见诸侯，这是什么道理？"

孟子答道："住在都市没有官职的人叫'市井之臣'，住在田野没有官职的人叫'草莽之臣'，这些人都叫做老百姓。老百姓不送见面礼而为臣属，不敢去拜见诸侯，是合于礼的。"

万章问道："对老百姓，召唤他去服劳役，他便去服劳役；君主如果要接见他，召唤他，却不去拜见，这又是为什么呢？"

孟子答道："去服劳役是应该的，去拜见是不应该的。再说君主想接见他，为的是什么？"

万章说："为的是他见闻博广，品德高尚。"

孟子说："如果为的是他见闻博广，那么天子还不能随便召唤自己的老师，更何况于诸侯呢？如果为的是他品德高尚，那我不曾听说过想同贤人相见而去随便召唤的。鲁缪公屡次想见子思，说：'古代有一千辆战车的国君，如果想同士人交朋友，那要怎么样呢？'子思很不高兴，说：'古代人这样说：国君以士为师吧，哪里是说要与他交朋友呢？'子思的不高兴，难道不是这个意思：'论地位，你是国君，我是臣子，哪里能和国君交朋友呢？论道德，那你是向我学习的人，怎么可以和我交朋友呢？'拥有一千辆战车的国君同他交朋友都不可能做到，更何况去召唤他呢？齐景公田猎，用五色羽毛装饰的旗子召唤管理山泽的官员，他不来，便准备杀他。有志之士不怕身死沟壑之中，勇敢的人不怕掉脑袋。孔子对管理山泽的官员取他哪一点呢？就是取他不是自己应该接受的召唤之礼，便不去应召这一点。"

万章问道："请问召唤山泽的管理官员应该用什么呢？"

孟子答道："用皮帽子。召唤老百姓用赤色的曲柄旗，召唤士用带铃的旗，召唤大夫用五色羽毛装饰的旗。用召唤大夫的礼节去召唤管理山泽的官员，他死也不敢前往；用召唤士的礼节去召唤老百姓，老百姓怎么敢前往呢？更何况用召唤不贤之人的礼节去召唤贤人呢？所以，想接见贤人却不遵守礼节，这就像要他进来却关闭着大门一样。义好比是大路，礼好比是大门。只有君子由这一条道路行走，由这处大门进出。《诗经》中说：'大路平如磨刀石，笔直犹如箭之杆；此路只有君子走，小人随后所效法。'"

万章问道："孔子听说有国君的召唤，便不等车马驾好就自己先行走去，这样的话，孔子不是错了吗？"

孟子答道："那是因为孔子正在做官，有职务在身，国君是用他担任的官职召唤他。"

八

【原文】

孟子谓万章曰："一乡之善士斯①友一乡之善士，一国之善士斯友一国之善士，天下之善士斯友天下之善士。以友天下之善士为未足，又尚②论古之人。颂③其诗，读④其书，不知其人，可乎？是以论其世也，是尚友也。"

【注释】

①斯：句中语气词。
②尚：同"上"。
③颂：同"诵"。
④读：断其章曰读。

【译文】

孟子对万章说："一个乡的优秀人物和另一个乡的优秀人物交朋友，全国性的优秀人物和全国性的优秀人物交朋友，天下性的优秀人物和天下性的优秀人物交朋友。认为和天下性的优秀人物交朋友还不够，便又追论古代的人物。诵读他的诗篇，研究他的著作，却不解他的为人，这可以吗？所以，要讨论他那个时代，这才是和古代的人交朋友呀。"

九

【原文】

齐宣问卿。孟子曰："王何卿之问也？"

王曰："卿不同乎？"

曰："不同。有贵戚之卿，有异姓之卿。"

王曰："请问贵戚之卿。"

曰："君有大过则谏；反覆之而不听，则易位。"

王勃然变乎色。

曰："王勿异也。王问臣，臣不敢不以正①对。"

王色定，然后请问异姓之卿。

曰："君有过则谏；反覆之而不听，则去。"

【注释】

①正：读如"诚"，实话。

【译文】

齐宣王问关于公卿的事情。孟子说："王问的是哪一种公卿呢？"

宣王问道："公卿还有不相同的吗？"

孟子答道："不相同。有与王室同宗的公卿，也有不属于王族的公卿。"

宣王说："我请问与王室同宗的公卿。"

孟子说："君王如果有重大的过错，他便讽劝王；如果反覆讽劝了还不听从，那就把他废了，改立他人。"

宣王的脸色立即变了。

孟子说："王不要奇怪。王问我，我不敢不以老实话回答。"

宣王的脸色又恢复正常了，然后请问不属于王族的公卿。

孟子说："君王有过错，他便讽劝王；如果反覆讽劝了还不听从，那就离他而去。"

◇ 卷 六 ◇

告子章句 上

一

【原文】

告子①曰："性，犹杞柳②也；义，犹杯棬③也。以人性为仁义，犹以杞柳为杯棬。"

孟子曰："子能顺杞柳之性而以为杯棬乎？将戕贼杞柳而后以为杯棬也？如将戕贼杞柳而以为杯棬，则亦将戕贼人以为仁义与？率天下之人而祸仁义者，必子之言夫。"

【注释】

①告子：告，姓也。其人名不害，兼治儒、墨之道，曾就学于孟子。

②杞柳：树木名。一说为柜柳，另一说为杞木。

③杯棬：亦作"杯圈"。棬，音quān，杯未雕饰时名其质为"棬"。赵岐注云："杯棬，杯素也。"

【译文】

告子说："人的本性犹如柜柳，义犹如杯子；把人的本性纳于仁义之中，犹如用柜柳来制作杯子。"

孟子说："你是顺着柜柳的本性制作杯子呢？还是伤害柜柳的本性来制作杯子呢？如果是要伤害柜柳的本性来制作杯子，那也是要伤害人的本性然后将其纳于仁义吗？让天下的人来祸害仁义，这一定是你的学说吧！"

二

【原文】

告子曰："性犹湍水也，决诸东方则东流，决诸西方则西流；人性之无分善与不善也，犹水之无分于东西也。"

孟子曰："水信①无分于东西。无分于上下乎？人性之善也，犹水之就下也。人无有不善，水无有不下。今夫水搏而跃之，可使过颡②；激而行之，可使在山，是岂水之性哉？其势则然也，人之可使为不善，其性亦犹是也。"

【注释】

①信：诚然，确实。
②颡：音 sǎng，额。

【译文】

告子说："人性犹如急流的水，在东方决口便东流而去，在西方决口便西流而去：人性不分什么善与不善，犹如水的流向不分什么东方西方一样。"

孟子说："水的流向的确不分什么东方西方。难道它也不分上与下吗？人性的善犹如水的向下流一样。人没有不善的，水没有不向下流的。现在如果拍击水，使它溅起来，便可以高过人的额头；如果使它倒流，便可以流向高山。这难道是水的本性吗？外在的力量使它这样的。人可以使他做不好的事情，他的本性得以改变，正如同水性的改变一样。"

三

【原文】

告子曰："生之谓性。"

孟子曰："生之谓性也，犹白之谓白与？"

曰："然。"

"白羽之白也，犹白雪之白；白雪之白，犹白玉之白与？"

曰："然。"

"然则犬之性犹牛之性，牛之性犹人之性与？"

【译文】

告子说："天生的资质叫做性。"

孟子说："天生的资质叫做性，犹如白色叫做白吗？"

告子说："是的。"

孟子说："白羽毛的白犹如白雪的白，白雪的白犹如白玉的白吗？"

告子说："是的。"

孟子说："那么狗的天性犹如牛的性，牛的性犹如人的性吗？"

四

【原文】

告子曰："食色，性也。仁，内也，非外也。义，外也，非内也。"

孟子曰："何以谓仁内义外也？"

曰："彼长而我长之，非有长于我也。犹彼白而我白之，从其白于外也，故谓之外也。"

曰："异于白马之白也，无以异于白人之白也。不识长马之长也，无以异于长人之长与？且谓长者义乎？长之者义乎？"

曰："吾弟则爱之，秦人之弟则不爱也，是以我为悦者也，故谓之内。长楚人之长，亦长吾之长，是以长为悦者也，故谓之外也。"

曰："耆^①秦人之炙^②，无以异于耆吾炙。夫物则亦有然者也。然则耆炙亦有外与？"

【注释】

①耆：同"嗜"，喜欢。

②炙：音zhì，烤肉。

【译文】

告子说："饮食、性欲，这是人的本性。仁是内在的东西，而不是外在的东西；义是外在的东西，而不是内在的东西。"

孟子说："依什么说仁是内在的东西，义是外在的东西呢？"

告子说："因为他年纪大，我便去尊敬他，尊敬不是我本心之意。这犹如有东西是白色的，我便认为它是白色的，由于它的外表是白色的缘故，所以说它是白色的。"

孟子说："这种外表的白色可能不同于白马的白色，也可能与白人的白色没有什么不相同。不知道对老马的怜悯之心和对年纪大的人的尊敬之心有什么不相同呢？你说年纪大的人义呢？还是尊敬年纪大的人义呢？"

告子说："如果是我自己的弟弟，我便爱他；如果是秦人的弟弟，我便不会爱他，这是由我自己内心的高兴而决定的，所以仁是内在的东西。尊敬楚国年纪大的人，也尊敬我自己亲人中年纪大的人，这是由年纪大的人而决定的，所以义是外在的东西。"

孟子说："喜欢吃秦国人的烤肉，和喜欢吃自己的烤肉没有什么不相同，各种事物都会有这种情形，那么，难道喜欢吃烤肉的本性也是外在的东西吗？"

五

【原文】

孟季子①问公都子②曰："何以谓义内也?"

曰："行吾敬,故谓之内也。"

"乡人长于伯兄③一岁,则谁敬?"

曰："敬兄。"

"酌则谁先?"

曰："先酌乡人。"

"所敬在此,所长在彼,果在外,非由内也。"

公都子不能答,以告孟子。

孟子曰："敬叔父乎? 敬弟乎? 彼将曰:'敬叔父。'曰:'弟为尸④,则谁敬?'彼将曰:'敬弟。'子曰:'恶⑤在其敬叔父也?'彼将曰:'在位故也。'子亦曰:'在位故也。庸⑥敬在兄,斯须之敬在乡人。'"

季子闻之,曰："敬叔父则敬,敬弟则敬。果在外,非由内也。"

公都子曰："冬日则饮汤,夏日则饮水。然则饮食亦在外也。"

【注释】

①孟季子:人名,无从查考,情况不详。

②公都子:人名,孟子弟子。

③伯兄:伯,排行第一的,老大。伯兄,长兄。

④尸:古代祭祀时代表死者受祭的人。

⑤恶:音wū,疑问代词,怎么,哪里。

⑥庸:平常的。

【译文】

孟季子问公都子："依什么说义是内在的东西呢?"

公都子答道："恭敬从我的内心发出，所以说义是内在的东西。"

孟季子问道："如果本乡人有大于长兄一岁的，那你恭敬谁呢？"

公都子答道："恭敬长兄。"

孟季子问道："如果一起饮酒，先给谁斟酒？"

公都子答道："先给本乡的年长者。"

孟季子说："这样一来，你心里恭敬的是长兄，却对本乡年长者行礼，可见义是外在的东西，而非内在的东西。"

公都子不能回答，便将这事告诉了孟子。

孟子说："你可以问：'恭敬叔父呢？还是恭敬弟弟呢？'他会回答：'恭敬叔父。'你又问：'弟弟如果做了受祭的代表，那又要恭敬谁呢？'他会回答：'恭敬弟弟。'你再问：'那为什么你却说恭敬叔父呢？'他会回答：'那是因为弟弟处于当受恭的地位这一缘故。'那你也说：'那也是由于本乡的年长者处于应当给他首先斟酒的地位这一缘故。平常的恭敬在于长兄，暂的恭敬在于本乡的年长者。'"

孟季子听到孟子的话，便说："对叔父也是恭敬，对弟弟也是恭敬，毕竟义是外在的东西，不是由内心发出的。"

公都子说："冬天喝热水，夏天喝冷水，那么，难道饮食也是外在的吗？"

六

【原文】

公都子曰："告子曰：'性无善无不善也。'或曰：'性可以为善，可以为不善。是故文、武兴[1]，则民好善；幽、厉兴，则民好暴。'或曰：'有性善，有性不善。是故以尧为君而有象[2]；以瞽瞍为父而有舜；以纣为兄之子，且以为君，而有微子启、王子比干。'今曰'性善'，然则彼皆非与？"

孟子曰："乃若[3]其情，则可以为善矣，乃所谓善也。若夫为不善，非才之罪也。恻隐之心，人皆有之；羞恶之心，人皆有之；恭敬之心，人皆有之；是非之心，人皆有之。恻隐之心，仁也；羞恶之心，义也；恭敬之心，礼也；是非之心，智也。仁义礼智，非由外铄④我也，我固有之也，弗思耳矣。故曰：'求则得之，舍则失之。'或相倍蓰⑤而无算者，不能尽其才者也。《诗》曰：'天生蒸⑥民，有物有则⑦。民之秉彝⑧，好是懿⑨德。'孔子曰：'为此诗者，其知道乎！'故有物必有则，民之秉彝也，故好是懿德。"

【注释】

①兴：起来，兴起。

②象：舜之弟。

③乃若：至于。

④铄：音shuò，授。

⑤蓰：音xǐ，五倍。

⑥蒸：通"丞"，众，多。

⑦则：准则，规律。

⑧秉彝：秉，持。彝，音yí，法度，常道。

⑨懿：音yì，美，好。

【译文】

公子说："告子说：'人的本性没有什么善良，也没有什么不善良。'也有人说：'人的本性可以使它善良，也可以使它不善良。'所以周文王、周武王兴起，老百姓便趋向善；周幽王、周厉王兴起，老百姓便趋向横暴。'也有人说：'有的人本性善良，有的人本性不善良。所以有尧这样的圣君，也有像这样的坏百姓；有瞽瞍这样的坏父亲，也有舜这样的好儿子；有纣这样坏的侄儿和君王，也有微子启、王子比干这样好的叔父和臣子。'现在先生所说的'人的本性都是善良的'，难道都错了吗？"

孟子说："人天生的本性，可以使它善良，这便是我所说的人的本性都是善良的。至于有些人不善良，这不能归罪于他的本性。同情之心，每个人都有；羞耻之心，每个人都有；恭敬之心，每个人都有；是非之心，每个人都有。同情之心属于仁，羞耻之心属于义，恭敬之心属于礼，是非之心属于智。这样的话，仁义礼智不是别人授予我的，而是我本来就有的，不曾探求过罢了。所以说：'如果探求便会得到，如果放弃便会失去。'人与人之间有相差一倍、五倍乃至无数倍的，究其原因就是没有充分发挥他们本来就有的本性。《诗经·大雅·荡》上说：'上天养育众民，事物皆有规律；百姓坚持法度，喜爱美好品德。'孔子说：'写这首诗的人真正懂得道啊！天下事物都有它的规律，老百姓掌握了这些规律，所以喜爱美好品德。'"

七

【原文】

孟子曰："富岁，子弟多懒；凶岁，子弟多暴。非天之降才尔殊也，其所以陷溺其心者然也。今夫麰麦①，播种而耰②之。其地同，树③之时又同，浡④然而生，至于日至⑤之时皆熟矣。虽有不同，则地有肥硗⑥雨露之养，人事之不齐⑦也。故凡同类者，举相似也，何独至于人而疑之。圣人与我，同类者。故龙子曰：'不知足而为屦⑧，我知其不为蒉⑨也。'屦之相似，天下之足同也。口之于味，有同耆也，易牙⑩先得我口之所耆者也。如使口之于味也，其性与人殊，若犬马之与我不同类也，则天下何耆皆从易牙之于味也？至于味，天下期⑪于易牙，是天下之口相似也。惟⑫耳亦然。至于声，天下期于师旷⑬，是天下之耳相似也。惟目亦然。至于子都，天下莫不知其姣⑭也。不知子都之姣者，无目者也。故曰：口之于味也，有同耆焉耳；耳之于声也，有同听焉；目之于色也，有同美焉。至于心，独无所同然乎？心之所同然者，何也？谓理也，义也。圣人先得我心之所同然耳。故礼义之悦我心，犹刍豢⑮之悦我口。"

【注释】

①麰麦：麰，音móu，大麦。麰麦即大麦。

②耰：音yōu，农具名，此处用为动词，意为平土掩盖种子。

③树：种植。

④浡：音bó，兴旺。

⑤日至：指夏至。

⑥硗：音qiāo，土地坚硬而贫瘠。

⑦齐：一同，一齐。

⑧屦：音jù，用麻、葛等制成的鞋。

⑨蒉：音kuì，草编的筐子。

⑩易牙：人名，齐桓公宠臣，曾杀子做汤以取悦桓公。

⑪期：希望，要求。

⑫惟：语首词，无意义。

⑬师旷：春秋时晋国乐师，字子野。目盲，善弹琴，辨音能力强。

⑭姣：音jiāo，美好。

⑮刍豢：刍，音chú，牲口吃的草。豢，音huàn，喂养，饲养。刍豢合用，指家畜。

【译文】

孟子说："丰收的年份，少年子弟大多懒惰；灾荒的年份，少年子弟大多强暴，并不是天生的资质很不相同，是由于外在的环境使他们的心情变坏的。现在来说说大麦吧，播种之后将土盖后，如果地力相同，播种得又及时，它便旺盛地生长，到夏至的时候，都会成熟。如果有什么不一样的地方，那便是土地的肥瘠，雨水的多少，人工的勤懒不一样罢了。所以说一切同类的事物，无不大体上相一致，为什么一说到人便会怀疑这个道理呢？圣人和我，同样都是人。所以龙子说：'即使不看一个人的脚的大小编织草鞋，我也知道不会将草鞋编成筐子。'草鞋所以相近似，是由于人的脚大体相同。人的口舌对于味道，也会有相同的嗜好；易牙早就知道这么回事。如果假设人的口舌对于味道各有所好，互不相同，就会像狗马和我们人类不属于同类一样，那样的话，天下的人凭什么都追随着易牙的口味呢? 一说到人的口味,天下人都希望能和易牙一样,这是由于天下人的口味大体相同的缘故。一说到音乐,天下人都希望能和师旷一样,这是由于天下人的听觉大体相同的缘故。人的眼睛也是如此。一说子都,天下人没有不知他美丽的。不认为子都美丽的人,那是没有眼睛的人。所以说:人的口舌对于味道,有相同的嗜好;人的耳朵对于音乐,有相同的听觉;人的眼睛对于美色,有相同的美感。一说到人心,就惟独没有相同之处吗? 人心的相同之处表现在什么地方呢? 在于理,在于义。圣人早就知道我们人类的心有相同之处。所以说,理义使我的心得以高兴,就好像猪狗牛羊的肉合于我的口味一样。"

八

【原文】

孟子曰:"牛山^①之木尝美矣。以其郊^②于大国^③也,斧斤^④伐之,可以为美乎? 是其日夜之所息^⑤,雨露之所润,非无萌蘖^⑥之生焉,牛羊又从而牧之,是以若彼濯濯^⑦也。人见其濯濯也,以为未尝有材焉,此岂山之性也哉? 虽存乎人者,岂无仁义之心哉! 其所以放其良心者,亦犹斧斤之于木也。旦旦而伐之,可以为美乎? 其日夜之所息,平旦之气,其好恶与人相近也者几希。财其旦昼之所为,有牿^⑧亡之矣。牿之反覆,则其夜气不足以存。夜气不足以存,则其违禽兽不远矣。人见其禽兽也,而以为未尝有才焉者,是岂令情也哉? 故苟得其养,无物不长;苟失其养,无物不消。孔子曰:'操则存,舍则亡。出入无时,莫知其乡^⑨。'惟心之谓与?"

【注释】

①牛山:在今山东临淄南十里。
②郊:用如动词,居其郊之意。
③国:国都,京城。

④斤：斧子一类的工具。

⑤息：增长。

⑥萌蘖：萌，开始发芽。蘖，音niè，被砍去或倒下的树木再生的枝芽。

⑦濯濯：无草木之貌。

⑧牿：音gù，同"梏"，圈禁。

⑨乡：向。

【译文】

孟子说："牛山的树木曾经是很茂盛的，那是因为它们生长在大都城郊外的缘故，如果经常用斧子去砍伐的话，它们还能够生长得茂盛吗？实际上这些树木在日增夜长，雨水露珠在不断滋润，不是没有新枝嫩条长出，而是由于长出的新枝嫩条被放牧的牛羊吃掉了，所以山会变成光秃秃的样子。人们看见山光秃秃的样子，便以为这山不曾生长过树木，这难道是山的本性吗？在某些人的身上，难道不曾有过仁义的心吗？他之所以丧失了他的良心，就好像斧子砍伐树木一样，如果天天去砍伐它，还能够茂盛吗？他白天生出夜里增长的善心，接触到天亮的时的清新气息时，那些生长出来的好恶感与别人相差无几，但到第二天天亮时，那些好恶感便消失了。如果不断地消失下去，那么他黑夜里便不可能生出善心；黑夜里不能生出善心，那么他便和禽兽相差不远了。别人把他当禽兽看待，也会以为他不曾有过善心，这难道也是人的本性吗？所以，如果能得滋养，那就没有不生长的东西；如果失去了滋养，那就没有不消亡的东西。孔子说：'抓住它，就会得到它；如果放弃它，就会亡失；出出进进没有定时，也不知道它何去何从。'这大概是指人心而说的吧。"

九

【原文】

孟子曰："无或①乎王之不智也。虽有天下易生之物也，一日暴②之，十日寒之，未有能生者也。吾见亦罕矣，吾退而寒之者至矣。吾如有萌③焉何哉！今夫弈④之为数⑤，小数也，不专心致志则不得也。弈秋，通⑥国之善⑦弈者也。使弈秋诲二人弈。其一人专心致志，惟弈秋之为听。一人虽听之，一心以为有鸿鹄将至，思援弓缴⑧而射之。虽与之俱学，弗若之矣。为是其智弗若与？曰，非然也。"

【注释】

①或：通"惑"，迷惑。

②暴：同"曝"，音pù，晒。

③萌：萌芽。

④弈：下棋。

⑤数：技艺。

⑥通：全部，整个。

⑦善：擅长。

⑧援弓缴：援，拉，拽。缴，音zhuó，拴在箭上的生丝绳。

【译文】

孟子说："国君不够聪明，不必感到奇怪。即使天下有一种最容易生长的植物，如果晒它一天，冻它十天，那它也不能够生长了。我最近和国王相见的次数少了，我一离开国王那些小人便到了他的身边，即使他有善心萌芽，我又能怎么样呢？就拿下棋来说吧，它只是个小技艺，如果不一心一意，那也学不会。弈秋是全国最擅长于下棋的人了。如果让他去教二人下棋，其中一人一心一意，只听弈秋的讲授。另外一人呢，虽然听着弈秋的讲授，心里却想着有一只天鹅飞来，自己在拉弓射它，这样一来，即使他和前者一起学习下棋，他的成绩也不会超过前者。是因为他的聪明程度不如人家吗？回答是：不是的。"

十

【原文】

孟子曰："鱼，我所欲也，熊掌，亦我所欲也。二者不可得兼，舍鱼而取熊掌者也。生，亦我所欲也；义，亦我所欲也。二者不可得兼，舍生而取义者也。生亦我所欲，所欲有甚于生者，故不为苟得也。死亦我所恶，所恶有甚于死者，故患有所不辟①也。如使人之所欲莫甚于生，则凡可以得生者，何不用也？使人之所恶莫甚于死者，则凡可以辟患者，何不为也？由是则生而有不用也，由是则可以辟患而有不为也。是故所欲有甚于生者，所恶有甚于死者，非独贤者有是心也，人皆有之，贤者能勿丧耳。一箪食，一豆羹，得之则生，弗得则死。呼尔而与之，行道之人弗受；蹴②尔而与之，乞人不屑也。万钟③则不辨礼义而受之，万钟于我何加④焉？为宫室之美，妻妾之奉，所识穷乏者得我与？乡⑤为身死而不受，今为宫室之美为之；乡为身死而不受，今为妻妾之奉为之；乡为身死而不受，今为所识穷乏者得我而为之，是亦不可以已乎？此之谓失其本心。"

【注释】

①辟：同"避"，躲开。

②蹴：音cù，踢。

③万钟：钟，古代量度单位，六石四斗为一钟。万钟指丰厚的俸禄。

④加：增益。

⑤乡：同"向"，从前，过去。

【译文】

孟子说："鱼是我想得到的，熊掌也是我想得到的，如果两者不能同时兼得，那就放弃鱼而取熊掌。生命是我所热爱的，义也是我所热爱的，如果两者不能同时拥有，那就放弃生命而取义。生命是我所热爱的，但所热爱的还有超过生命的，所以我不做苟且偷生之事；死亡是我所厌恶的，但所厌恶的还有超过死亡的，所以我不躲避有的祸患。如果人们所热爱的没有超过生命的，那么一切可以得以生存的方法，有什么不可以用呢？如果人们所厌恶的没有超过死亡的，那么一切可以得以避免祸患的事情，有什么不可做呢？由此而行，便可以得以生存，却不去做；由此而行，便可以得以避免祸害，也不去做，由此可知还有比生命更让人热爱的东西，还有比死亡更让人厌恶的东西。这种心不仅仅贤人有，人人都有，只是贤人不丧失它罢了。一筐饭，一碗汤，能够得到便可以活命，不能得到便会死亡，（在这种情况下），如果呀喝着给与别人，就是过路的饥饿之人也不会接受；如果用脚踢给别人，就是乞丐也不会接受；有的人却不问万钟这样高的俸禄合不合礼义，便接受了。万钟这样高的俸禄对我能有什么增益呢？为了得到华丽的住宅、妻妾的侍奉和我所认识的穷苦人的感激吗？以前宁肯死亡也不接受的，现在却为了得到华丽的住宅而接受了；以前宁肯死亡也不接受的，现在却为了得到妻妾的侍奉而接受了；以前宁肯死亡也不接受的，现在却为了得到所认识的穷人的感激而接受了，这些不也可以停止了吗？这便叫做丧失了人的本性。"

十一

【原文】

孟子曰："仁，人心也；义，人路也。舍其路而弗由①，放②其心而不知求，哀哉！人有鸡犬放，则知求之；有放心而不知求。学问之道③无他，求其放心而已矣。

【注释】

①由：经由。
②放：丧失，丢掉。
③道：方法。

【译文】

孟子说："仁是人的心，义是人的路。放弃正道而不走，丧失了自己的善心而不知道找回，真是可悲啊！人们对走失的鸡狗，都知道寻找；对于丧失了的善心，却不知道去找。学问的方法没有别的，就是把丧失了的善心找回来罢了。"

十二

【原文】

孟子曰："今有无名之指，屈而不信①，非疾痛害事也。如有能信之者，则不远秦、楚之路，为指之不若人也。指不若人，则知恶之；心不若人，则不知恶。此之谓不知类②也。"

【注释】

①信：通"伸"，伸直。

②不知类：朱熹注云："言不知轻重之等也。"

【译文】

孟子说："现在，假如有个人的无名指弯曲不能伸直，虽然不痛疼，也不妨碍做事情，但如果有人能使它伸直，就是要走去秦国、楚国那样远的路程，他也不会感到路程遥远，为的是自己的无名指不像别人那样。无名指不像别人那样，都知道厌恶它；心性不像别人那样，却不知道厌恶，这就叫做不知轻重的人。"

十三

【原文】

孟子曰："拱把①之桐梓②，人苟欲生③之，皆知所以养之者。至于身而不知所以养之者，岂爱身不若桐梓哉？弗思甚也。"

【注释】

①拱把：赵岐注云："拱，合两手也。把，以一手把之也。"意指小树。

②桐梓：指桐树和梓树。

③生：使动用法，使……生长。

【译文】

孟子说："一两把粗的桐树和梓树，人们假如要让它们生长起来，都知道怎样去养护。对于自身，人们却不知道怎样培养，难道爱惜自身还不如爱惜桐树和梓树吗？真是太动脑筋了！"

十四

【原文】

孟子曰："人之于身也，兼所爱。兼所爱，则兼所养也。无尺寸之肤不爱焉，则无尺寸之肤不养也。所以考其善不善者，岂有他哉？于己取之而已矣。体有贵贱，有大小。无以小害大，无以贱害贵。养其小者为小人，养其大者为大人。今有场师①，舍其梧槚②，养其樲棘③，则为贱场师焉。养其一指而失其肩背而不知也，则为狼疾④人也。饮食之人，则人贱之矣，为其养小以失大也。饮食之人无有失也，则口腹岂适⑤为尺寸之肤哉？"

【注释】

①场师：园艺家。

②梧槚：梧，梧桐。槚，音 jià，楸树。

③樲棘：樲，音 èr，酸枣。棘，荆棘。

④狼疾：同"狼藉"。

⑤适；同"啻"，只。

【译文】

孟子说："人对自己的身体，那一部分都爱护。都爱护，便全面保养。没有一尺一寸的皮肤不爱护，便没有一尺一寸的皮肤不保养。看一个人保养得好与不好，难道有别的方法吗？只要看他所注重保养的是哪一部分便行了。人的身体有重要部分，有次要部分；有小的部分，也有大的部分。不要因为保养小的部分而损害大的部分，也不要因为保养次要部分而损害重要部分。保养小的部分的是小人，保养大的部分的便是君子。现在，假若有一个园艺家，舍弃梧桐和楸树，而去培植酸枣和荆棘，那便是一个很糟糕的园艺家。如果有人只保养他的一个手指，却失去了对肩膀和脊背的保养，自己还不明白，那便是一个非常糊涂的人。只讲究吃喝的人，人们便会轻视他，因为他只保养了小的部分，而失去了对大的部分的保养。只讲究吃喝的人所没有失去的，难道只是口腹那一点点尺寸皮肤吗？"

十五

【原文】

公都子问曰："钧①是人也，或为大人，或为小人，何也？"

孟子曰："从其大体为大人，从其小体为小人。"

曰："钧是人也，或从其大体，或从其小体，何也？"

曰："耳目之官不思，而蔽于物，物交②物，则引之而已矣。心之官则思，思则得之，不思则不得也。此天之所以与我者。先立乎其大者，则其小者不能夺③也。此为大人而已矣。"

【注释】

①钧：同"均"，同。

②交：纵横交错。

③夺：使丧失。

【译文】

公都子问道："同样都是人，有些人则是君子，有些人则是小人，为什么呢？"

孟子答道："追求满足身体重要部分的人是君子，追求满足身体次要部分的人是小人。"

公都子问道："同样都是人，有人追求满足身体重要部分，有人则追求满足身体次要部分，为什么呢？"

孟子答道："耳朵、眼睛这类器官不能进行思考，所以常常被外界的事物蒙蔽。外界的事物相互交错，便将耳朵、眼睛引入迷途了。心这个器官的功能是用作思考的，如果思考了便会有所得，如果不思考便不会有所得。这是上天特意赐给我们人类的。所以，先要将重要的树立起来，那么，次要的便不会使重要的丧失。这样便成了君子了。"

十六

【原文】

孟子曰："有天爵者，有人爵者。仁义忠信，乐善不倦，此天爵也；公卿大夫，此人爵也。古之人修其天爵，而人爵从之；今之人修其天爵，以要①人爵；既得人爵，而弃其天爵，则惑之甚者也，终亦必亡②而已矣。"

【注释】

①要：追求。
②亡：丧失。

【译文】

孟子说："有自然爵位，有人为爵位。仁义忠信，以善为乐不知疲倦，这就是自然爵位；公卿大夫，这是人为爵位。古代的人培养他的自然爵位，人为爵位便随之而来；现在的人培养他的自然爵位，目的是追求人为爵位；已经得到了人为爵位，便会放弃他的自然爵位，那就太糊涂了，这样的话最终也会丧失人为爵位的。"

十七

【原文】

孟子曰:"欲贵者,人之同心也。人人有贵于己者,弗思耳矣。人之所贵者,非良贵也。赵孟①之所贵,赵孟能贱之。《诗》云:'既醉以酒,既饱以德。'言饱乎仁义也。所以不愿人之膏粱②之味也。令闻广誉③施于身,所以不愿人之文绣④也。"

【注释】

①赵孟:晋国正卿,姓赵,名盾,字孟。
②膏粱:膏,肉肥谓膏。粱,精细而色鲜的小米。
③令闻广誉:令,善,美好。广,大,宏大。闻、誉,名声。
④文绣:指古代有爵命的人才能穿的衣服。

【译文】

孟子说:"希望自己获得尊贵地位,这是人们共有的心理。但每个人自己都有值得尊贵的东西,只不过没有思考过罢了。人们一般所认为的尊贵,并不是真正值得尊贵的。赵孟所尊贵的,赵孟也能使它变得下贱。《诗经》中说:'酒已经喝醉,德已经吃饱。'这是说仁义之德已经很富足了,也就不美慕别人的肥肉细米了;到处传播的好名声在我自己身上,也就不美慕别人的文绣之服了。"

十八

【原文】

孟子曰:"仁之胜不仁也,犹水之胜①火。今之为仁者,犹以一杯水救一车薪之火也;不熄,则谓之水不胜火。此又与于不仁之甚者也,亦终必亡而已矣。"

【注释】

①仁之胜不仁也，犹水之胜火：第一个"胜"为超过，胜过；第二个"胜"为扑灭。

【译文】

孟子说："仁胜过不仁，正犹如水能扑灭火一样。现在行仁的人，正犹如用一杯水去扑灭一车柴木所燃起的火焰，如果火焰不熄灭，就说水不能扑灭火。这些人便又同很不仁的人相同了，最终连自己所行的那一点仁也丧失了。"

十九

【原文】

孟子曰："五谷者，种之美者也。苟为不熟，不如荑稗①。夫仁，亦在乎熟之而已矣。"

【注释】

①荑稗：荑，音 tí，通"稊"，一种类似稗子的草，结实甚小，可作家畜饲料，古人也用它备凶年。稗，音 bài，植物名，又称"稗子"、"稗草"。

【译文】

孟子说："五谷是庄稼中的好品种，但如果不能成熟，那还不及稊和稗子。仁，在于使之成熟罢了。"

二十

【原文】

孟子曰："羿之教人射，必志于彀①，学者亦必志于彀。大匠诲人，必以规矩，学者亦必以规矩。"

【注释】

①志于彀：志，犹"期"也，希望。彀，时 gòu，弓满。

【译文】

孟子说："羿教人射箭，一定要拉满弓，学习的人也一定要拉满弓。高明的工匠教导人，一定依循规矩，学习的人也一定要依循规矩。"

告子章句　下

一

【原文】

任①人有问屋庐子②曰："礼与食孰重？"

曰："礼重。"

"色与礼孰重？"

曰："礼重。"

曰："以礼食，则饥而死；不以礼食，则得食，必以礼乎？亲迎③则不得妻；不亲迎，则得妻，必亲迎乎？"

屋庐子不能对，明日④之邹⑤以告孟子。

孟子曰："于答是也，何有？不揣⑥其本，而齐其末，方寸之木可使高于岑楼⑦。金⑧重于羽者，岂谓一钩金⑨与一舆羽之谓哉？取食之重者与礼之轻者而比之，奚翅⑩食重？取色之重者与礼之轻者而比之，奚翅色重？往应之曰：'紾⑪兄之臂而夺之食，则得食；不紾，则不得食，则将紾之乎？逾东家墙而搂⑫其处子⑬，则得妻；不搂，则不得妻，则将搂之乎'？"

【注释】

①任：国名，故址在今山东省济宁市。

②屋庐子：孟子弟子，名连。

③亲迎：古代婚娶之时，新郎亲迎新妇，自诸侯至于老百姓皆如此。

④明日：第二天。

⑤之邹：之，到。邹，国名，孟子出生地，故址在今山东邹县东南二十六里。

⑥揣：度高为揣。

⑦岑楼：岑，音 cén，本意为小而高的山，用以修饰楼，则言楼高如山。

⑧金：在我国先秦文献中，金指金属，非今天所言的金子，当时的金子以"黄金"而言。

⑨一钩金：指三钱重的金属。一钩，即三钱。

⑩奚翅：奚，疑问代词，怎么。翅，同"啻"，止，但。

⑪绀：赵岐注云："绀，戾也。"意为扭转。

⑫搂：挟持。

⑬处子：未嫁的女子。

【译文】

有一个任国人问屋庐子："礼和吃饭哪个重要呢？"

屋庐子答道："当然礼重要。"

那人又问："娶妻和礼哪个重要？"

屋庐子答道："当然礼重要。"

那人问："如果按着礼节去找饭吃，便会饿死；不按礼节去找饭吃，便会得到吃的，还一定要按礼节行事吗？如果按亲迎之礼，便得不到妻子；不按亲迎之礼，便会得到妻子，还一定行亲迎之礼吗？"

屋庐子不能回答，第二天便到邹国，将此事告诉了孟子。

孟子说："回答这个有什么困难呢？如果不揣度房屋基础的高低是否一致，便可以使一寸厚的方木比山一样的楼还要高。金属比羽毛重，难道是说三钱重的金属比一车羽毛还要重吗？拿吃饭的重要性和礼的细节相比，何止于吃饭重要？拿娶妻的重要性和礼的细节比较，何止于娶妻重要？你去回答他说：'扭住哥哥的胳膊，抢夺他的食物，便会得到吃的；如果不扭，便得不到吃的，那还要扭吗？

翻越东邻的墙去挟持人家的女儿，便会得到妻子；如果不去挟持，便不会得到妻子，那还要挟持吗?'"

二

【原文】

曹交①问曰："人皆可以为尧舜，有诸②?"

孟子曰："然。"

"交闻文王十尺，汤九尺，今交九尺四寸以长，食粟而已，如何则可?"

曰："奚有于是? 亦为之而已矣。有人于此，力不能胜一匹雏③，则为无力人矣；今曰举百钧④，则曰有力人矣。然则举乌获⑤之任⑥，是亦为乌获而已矣。夫人岂以不胜为患⑦哉? 弗为耳。徐徐后长者谓之弟⑧，疾行先长者谓之不弟。夫徐行者，岂人所不能哉? 所不为也。尧舜之道，孝弟而已矣。子服尧之服，诵尧之言，行尧之行，是尧而已矣。子服桀之服，诵桀之言，行桀之行，是桀而已矣。"

曰："交得见于邹君⑨，可以假⑩馆，原留而受业于门。"

曰："夫道若大路然，岂难知哉? 人病⑪不求耳。子归而求之，有余师。"

【注释】

①曹交：赵岐注云："曹君之弟。交，名也。"

②诸：之乎。

③雏：小鸡。

④钧：古代的重量单位，三十斤为一钧。

⑤乌获：指古代有力之人。

⑥任：负荷。此处意为重量。

⑦患：担忧。

⑧弟：通"悌"，音 tì，指弟弟顺兄长。

⑨邹君：邹国国君。

⑩假：借。

⑪病：担心，忧虑。

【译文】

曹交问道："人人都可以成为尧舜，有这话吗？"

孟子答道："有这话。"

曹交问道："我听说周文王身高一丈，商汤身高九尺，现在我曹交身高九尺四寸多，仅能吃饭罢了，怎样才可以成为尧舜那样的人呢？"

孟子答道："这有什么呢？只要去做就行了。假如在这儿有个人，他的力量连一只小鸡也提不起来，那他就是个没有力气的人；如果说能够举起三千斤，那他就是个有力气的人了。如果能举起大力士乌获所举的重量，那他也就是乌获那样的大力士了。人怎么能以不能胜任为担忧呢？不能那样做。在比自己年长的人后面慢慢地走，这叫做'悌'；在比自己年长的人前面快步地走，这叫做'不悌'。慢慢地走，难道是人不能做到的吗？只不过不那样做罢了。尧舜之道也不过就是'孝'和'悌'罢了。如果你穿尧那样的衣服，说尧所说的话，做尧所做的事，那你便和尧一样了。如果你穿夏桀那样的衣服，说夏桀所说的话，做夏桀所做的事，那你便和夏桀一样了。"

曹交说："我打算去谒见邹国国君，向他借个居住的地方，希望能留在先生您的门下学习。"

孟子说："学习的方法就像大路一样，是不是很难了解呢？只担心人们不去寻求罢了。你回去自已寻求吧，老师多得很呢。"

三

【原文】

公孙丑问曰："高子①曰：'《小弁》，小人之诗也。'"

孟子曰："何以言之？"

曰："怨。"

曰："固②哉！高叟之为③诗也。有人于此，越人关④弓而射之，则己谈笑而道之；无他，疏之也。其兄关弓而射之，则己垂泣⑤而道之；无他，戚⑥之也。《小弁》之怨，亲亲也。亲亲，仁也。固矣夫，高叟之为诗也。"

曰："《凯风》何以不怨？"

曰："《凯风》，亲之过小者也；《小弁》，亲之过大者也。亲之过大而不怨，是愈疏也；亲之过小而怨，是不可矶⑦也。愈疏，不孝也；不可矶，亦不孝也。孔子曰：'舜其至孝矣，五十而慕。'"

【注释】

①高子：赵岐注云："孟子弟子。"有人持怀疑态度，因为下文孟子称之为"高叟"，似乎年长于孟子。

②固：赵岐注云："固，陋也。"知识浅薄之意。

③为：此处为理解之意。

④关：繁体为"關"，通"開（开）"。

⑤垂泣：泣，眼泪。垂泣即流着眼泪。

⑥戚：意动用法，以……为戚。

⑦矶：音jī，本意为水冲击岩石，引申为激动。文中"不可矶"，朱熹注云："言微激之而遽怒也。"

【译文】

公孙丑问道："高子说：'《小弁》这首诗是小人作的。'"

孟子说："依据什么这样说呢？"

公孙丑说："因为诗意有怨恨之情。"

孟子说："高老先生理解的诗意真是太浅薄了！假如在这儿有个人，如果越国人张弓去射他，他可以有说有笑地讲述这事；这没有别的原因，因为越国人和他关系疏远。如果他的兄长张弓射他，他便会流着眼泪讲述这事；这没有别的原因，因为兄长是他的亲人。

《小弁》诗中的怨恨之情，正是热爱亲人的缘故。热爱亲人就是仁。高老先生理解的诗意真是太浅薄了！"

公孙丑问道："《凯风》这首诗又为什么没有怨恨之情呢？"

孟子答道："《凯风》这首诗所以没有怨恨之情，是由于母亲的过错小；《小弁》这首诗所以有怨恨之情，是由于父亲的过错大。如果父母的过错大，却不怨恨，那是更加疏远父母的表现；如果父母的过错小，却去怨恨，那是以小过激起大怒。更加疏远父母是不孝，以小过激起大怒也是不孝。孔子说：'舜真是最孝的人了，五十岁还依恋父母。'"

四

【原文】

宋轻①将之楚，孟子遇于石丘②，曰："先生③将何之？"

曰："吾闻秦楚将构④兵，我将见楚王说⑤而罢之。楚王不悦，我将见秦王说而罢之。二王我将有所遇⑥焉。"

曰："轲⑦也请无问其详，愿闻其指⑧。说之将何如？"

曰："我将言其不利也。"

曰："先生之志则大⑨矣，先生之号⑩则不可。先生以利说秦楚之王，秦楚之王悦于利，以罢三军之师，是三军之士乐罢而悦于利也，为人臣者怀利以事其君，为人子者怀利以事其父，为人弟者怀利以事其兄，是君臣、父子、兄弟终⑪去仁义，怀利以相接，然而不亡者，未之有也。先生以仁义说秦楚之王，秦楚之王悦于仁义，以罢三军之师，是三军之士乐罢而悦于仁义也。为人臣者怀仁义以事其君，为人子者怀仁义以事其父，为人弟者怀仁义以事其兄，是君臣、父子、兄弟去利，怀仁义以相接也，然而不王者，未之有也。何必曰'利'？"

【注释】

①宋轻，人名，宋国人。

②石丘：地名，属宋国。

③先生：对有德年长者的称呼。

④构：交接。

⑤说：音shuì，劝说，说服。

⑥遇：遇合，指得到君主的信任。

⑦轲：孟子之名。古人称呼别人称字，对人言己称名。

⑧指：同"旨"，意图，意思。

⑨大：善。

⑩号：音háo，大声喊叫。

⑪终：终归。

【译文】

宋轻将要到楚国去，孟子在石丘碰着他，孟子问道："先生要到哪里去呢？"

宋轻说："我听说秦国和楚国要相互交战，我要去劝说楚王，让他罢兵。如果楚王不高兴罢兵，我就去劝说秦王，让他罢兵。两个国王中，我总会有所遇合的。"

孟子说："我不想问得太仔细，只想听个大概意图。你打算怎样去劝说他们呢？"

宋轻说："我打算以交兵不利劝说他们。"

孟子说："先生的志向是很好的了，可是先生这样直白地大声喊叫却不行。先生用利来劝说秦王和楚王，秦王和楚王因为有利而高兴，于是便停止交兵之事，这就将使军队的官兵乐于罢兵，因之喜悦利。做臣子的怀抱着利去侍奉君主，做儿子的怀抱着利去侍奉父亲，做弟弟的怀抱着利去侍奉兄长，这终归会使君臣之间、父子之间、兄弟之间失掉仁义。怀抱着利相互对待，如此而国家不灭亡的是没有的事情。先生如果用仁义去劝说秦王和楚王，秦王和楚王因仁义而高兴，于是便停止交兵之事，这就会使军队的官兵乐于罢兵，因之喜悦仁义。做臣子的怀抱着仁义侍奉君主，做儿子的怀抱着仁义侍奉父亲，做弟弟的怀抱着仁义侍奉兄长，这终归会使君臣之间、父子之间、兄弟之间去掉利。怀抱着仁义相互对待，如此而国家不以德政统一天下的，那是没有的事。为什么一定要说到'利'呢？"

五

【原文】

孟子居邹，季任①为任处守，以币②交，受之而不报。处于平陆③，储子为相，以币交，受之而不报。他日，由邹之任，见季子；由平陆之齐，不见储子。屋庐子喜曰："连得间④矣。"问曰："夫子之任，见季子；之齐，不见储子，为其为相与？"

曰："非也。《书》曰：'享多仪⑤，仪不及物曰不享，惟不役志于享。'为其不成享也。"

屋庐子悦。或问之。屋庐子曰："季子不得之邹，储子得之平陆。"

【注释】

①季任：赵岐注云："季任，任君弟也。"

②币：帛也。

③平陆：地名。

④间：不足之处。

⑤享多仪：周用锡《尚书正义》云："享以仪为多也。"享，用食物供奉神主。

【译文】

孟子住在邹国的时候，季任留守任国，代理国政，送帛给孟子与他相交，孟子接受了礼物却不回报。孟子住在平陆的时候，储子做了齐国的卿相，也送帛给孟子与他相交，孟子也接受了礼物却不回报。有一天，孟子由邹国到任国，拜访了季子；由平陆到齐国，却不拜访储子。屋庐子高兴地说："我可找到先生的不是了。"便问孟子道:"先生到任国,拜访季子;到齐国,却不拜访储子,是因为他做了卿相吗?"

孟子说:"不是的。《尚书》中说:'用食物供奉神主,最可贵的是仪节,如果仪节不够,礼物虽多,那也叫做没有供奉,因为供奉的人心意并没有用在这上面。'这是因为他没有完成供奉的缘故。"

屋庐子非常高兴。有人问起这事。屋庐子说:"季子不能去邹国,而储子却能够亲身去平陆的缘故。"

六

【原文】

淳于髡①曰:"先名实者,为人也;后名实者,自为也。夫子在三卿之中,名实未加于上下而去之,仁者固如此乎?"

孟子曰:"居下位,不以贤事不肖,伯夷也;五就汤,五就桀者,伊尹也;不恶污君,不辞小官,柳下惠也。三子者不同道,其趋一也。一者何也?曰:仁也。君子亦仁而已矣,何必同?"

曰:"鲁缪公②之时,公仪子③为政,子柳④子思⑤为臣,鲁之削也滋⑥甚。若是乎,贤者之无益于国也!"

曰:"虞⑦不用百里奚而亡,秦穆公用之而霸。不用贤则亡,削何可得与?"

曰:"昔者王豹⑧处于淇⑨,而河西⑩善讴⑪;绵驹处于高唐⑫,而齐右善歌;华周杞梁⑬之妻善哭其夫,而变国俗。有诸⑭内,必形诸外。为其事而无其功者,髡未尝睹⑮之也。是故无贤者,有则髡必识之。"

曰:"孔子为鲁司寇,不用,从而祭,燔⑯肉不至,不税冕⑰而行。不知者以为为肉也,其知者以为为无礼也。乃孔子则欲以微罪行,不欲为苟⑱去。君子之所为,众人固不识也。"

【注释】

①淳于髡：淳于，姓。髡，名。齐国人，曾仕于齐。

②鲁缪公：鲁国国君，名显，在位三十三年。缪同"穆。"

③公仪子：即公仪休，鲁国博士，曾为鲁相。

④子柳：赵岐注云："子柳，泄柳也。"

⑤子思：孔子孙子，名伋。

⑥滋：益，更加。

⑦虞：国名。

⑧王豹：赵岐注云："王豹，卫之善讴者。"

⑨淇：水名，在河北省北部。

⑩河西：当时卫国在黄河之西，故曰河西。

⑪讴：音ōu，唱歌。

⑫绵驹处于高唐：赵岐注云："绵驹，善歌者也。"高唐，地名，故址在今山东禹城县西南。

⑬华周杞梁：赵岐注云："华周，华旋也。杞梁，杞殖也。二人齐大夫。"

⑭诸：之于。

⑮觌：同"睹"。

⑯燔：通"膰"，音fán，古代祭祀用的烤肉。

⑰税冕：税，通"脱"。冕，古代大夫以上贵族所戴的礼帽。

⑱苟：随便，苟且。

【译文】

淳于髡说："重视名誉功业的，是为了济世救民；轻视名誉功业的，是为了独善其身。先生您为齐国的三卿之一，对于上辅君王下济臣民的名誉和功业都没有建立，您就离开了，仁人原来是这样的吗？"

孟子说："处在卑贱的地位，不用自己贤人的身分去侍奉不贤之人，这是伯夷；五次往商汤那里，五次往夏桀那里，这是伊尹；不厌恶污浊的君主，不拒绝微贱的职位，这是柳下惠。这三个人的行为不相同，但目的却是一样的。一样是指什么呢？回答是'仁'。君子只要仁就行了，为什么一定要完全一致呢?"

淳于髡说:"鲁缪公的时候，公仪子主持国政，泄柳、子思也为朝中之臣，鲁国却更加削弱，贤人对于国家毫无益处就像那样吧!"

孟子说:"虞国不用百里奚而亡了国，秦穆公用了他便成为霸主。如果不用贤人便会亡国。

淳于髡说:"从前，王豹住在淇水边上，河西的人便都会唱歌;绵驹住在高唐，齐国西部的人便都会唱歌;华周、杞梁的妻子哭他们的丈夫很悲哀，因此改变了国家风俗。内心存在什么便会在外表显示出来。做事情却不见结果，我不曾见过这样的事情。所以，如果真的有贤人，我一定会知道的。"

孟子说:"孔子做鲁国司寇的时候，不被重用，跟随着去祭祀，祭祀的烤肉却不见送来，于是来不及脱帽便匆匆离开。不了解孔子的人，还认为他是为争祭肉而离开的;了解孔子的人，认为他是为鲁国失礼而离开的。至于孔子本人，却是要自己背一点小罪名而离开，不想随便离开。君子的所作所为，不是一般人所知道的。"

七

【原文】

孟子曰:"五霸者，三王之罪人也;今之诸侯，五霸之罪人也;今之大夫，今之诸侯之罪人也。天子适①诸侯曰'巡狩'，诸侯朝于天子曰'述职'。春省耕而补不足，秋省敛而助不给②。入其疆，土地辟③，田野治，养老尊贤，俊杰在位，则有庆④;庆以地。入其疆，土地荒芜，遗老失贤，掊克⑤在位，则有让⑥。一不朝，则贬其爵;再⑦不朝，同削其地;三不朝，则六师移⑧之。是故天子讨而不伐，诸侯伐而不讨。五霸者，搂⑨诸侯以伐诸侯者也，故曰:五霸者，三王之罪人也。五霸，桓公为盛。葵丘⑩之会，诸侯束牲⑪载书⑫而不歃血⑬。初命⑭曰:诛⑮不孝，无易树之，无以妾为妻。再命曰:尊贤育才，以彰有德。三命曰:敬老慈幼，无忘宾旅。四命曰:士无世官，官事无摄，取士必得，无专杀大夫。五命曰："无曲防⑯，无遏籴，无有封而不告。曰：凡我同盟之人，既盟之后，言归于好。今之诸侯皆犯⑰此五禁，故曰：今之诸侯，五霸之罪人也。长⑱君之恶其罪小，逢君之恶其罪大。今之大夫皆逢君之恶，故曰：今之大夫，今之诸侯之罪人也。"

【注释】

①适：到……去。

②省：音xǐng，察看。给：丰足。

③辟：开垦，开辟。

④庆：赵岐注云："庆，赏也。"

⑤掊克：聚敛之人。

⑥让：责备。

⑦再：两次。

⑧移：移动，挪动，意指使他上朝。

⑨搂：挟持。

⑩葵丘：地名，春秋时属于宋国，故址在今河南兰考城县东三里。齐桓公曾在此举行盟会。

⑪束牲：赵岐注云："束缚其牲。"

⑫书：盟书。

⑬歃血，歃音shà。古代举行盟会时，杀牲饮血，以表示诚意。

⑭命：辞命，指盟会之词。

⑮诛：讨伐。

⑯曲防：设防。

⑰犯：触犯。

⑱长：音zhǎng，使……增长。

【译文】

孟子说："春秋五霸，对于三王来说，是有罪之人；现在的诸侯，对于春秋五霸来说，也是有罪之人；现在的大夫，对现在的诸侯来说，又是有罪之人。天子到诸侯那里去叫'巡狩'，诸侯朝拜天子叫'述职'。天子春天视察耕种情况，补助不足的人；秋天视察收获情况，补助不丰足的人。进入诸侯的封疆，如果土地得以开垦，庄稼种得很好，老人得到赡养，贤人得到尊重，俊杰之士列于朝廷，那就给他赏赐；用土地封赏他。进入诸侯的封疆，如果土地荒芜，老人被遗弃，贤人不被任用，聚敛钱财的人位列朝廷，那就责罚他。诸侯一次不朝拜，就降低他的爵位；两次不朝拜，就削减他的封地；三次不朝拜，就把军队开去使他朝拜。所以天子的用武叫'讨'不叫'伐'，诸侯的用武叫'伐'不叫'讨'。春秋五霸是挟持诸侯来'伐'诸侯的人，所以说：春秋五霸，对于三王来说，是有罪的。春秋五霸之中，以齐桓公最强大。在葵丘盟会之时，各路诸侯捆绑着牺牲，以它们驮着盟书，因为相信诸侯不敢违约便没饮血。第一条辞命说：讨伐不孝之人，不废立太子，不立妾为妻。第二条辞命说：尊敬贤人，养育人才，表彰有仁德的人。第三条辞命说：尊敬老人，慈爱幼小，不懈怠贵宾和旅客。第四条辞命说：士人的官职不世代相传，国家事务不兼摄，任用士人一定要得当，不独断地杀戮大夫。第五条辞命说：不到处设防，不禁止邻国采购粮食，不得有所封赏而不报告。最后说：所有我们参与盟会的人，订立盟约之后，恢复旧有的友好。现在的诸侯都违背了这五条禁令，所以说：现在的诸侯，对于春秋五霸来说，也是有罪之人。君主有不对的地方，臣不加以助长，这罪行还算小的；如果君主有不对的地方，臣下加以逢迎，这罪行就大了。现在的大夫都逢迎君主的不对之处，所以说：现在的大夫，对于现在的诸侯来说，又是有罪之人。"

八

【原文】

鲁欲使慎子①为将军。孟子曰："不教民而用之，谓之殃②民。殃民者，不容于尧舜之世。一战胜齐，遂有南阳③，然且不可。"

慎子勃然不悦曰："此则滑釐④所不识也。"

曰："吾明告子。天子之地方千里；不千里，不足以待诸侯。诸侯之地方百里；不百里，不足以守宗庙典籍⑤。周公之封于鲁，为方百里也；地非不足，而俭⑥于百里。太公之封于齐也，亦为方百里也；地非不足，而俭于百里。今鲁方百里者五，子以为有王者作，则鲁在所损乎，在所益乎？徒取诸彼以与此，然且仁者不为，况于杀人以求之乎？君子之事君也，务引其君以当道，志于仁而已。"

【注释】

①慎子：人名，赵岐注云："慎子，善用兵者。"
②殃：祸害。
③南阳：即汶阳，在泰山西南，汶水之北。
④滑釐：慎子的名。
⑤典籍：重要文册。
⑥俭：贫乏。

【译文】

鲁国准备让慎子做将军。孟子说："不先教导老百姓却去让他们打仗，这叫做祸害老百姓。祸害老百姓的人，在尧舜的时代是不会被容纳的。即使一次作战胜了齐国，从而得到南阳之地，这样尚且不可以。"

慎子勃然不高兴地说："这是我所不了解的。"

孟子说："我明明白白地告诉你。天子的土地纵横一千里；如果不到一千里，便不够接待诸侯。诸侯的土地纵横一百里；如果不到一百里，便不够奉守祖宗的礼法制度。周公被封于鲁国的时候，土地应该纵横一百里；土地并不是不够，却少于一百里。太公被封于齐国的时候，土地也应该纵横一百里；土地并不是不够，却少于一百里。现在，鲁国的大小等于五块纵横一百里的土地，你认为如果有圣王兴起，鲁国的土地在被减少之列呢？还是在被增加之列呢？不用兵力而白白地取自那个国家而送给这个国家，仁人尚且不干，何况杀人来求得土地呢？君子侍奉君主，只是专心引导他趋向正路，有志于仁就行了。"

九

【原文】

孟子曰："今之事君者皆曰：'我能为君辟土地，充府库。'今之所谓良臣，古之所谓民贼也。君不乡道①，不志于仁，而求富之，是富桀也。'我能为君约与国②，战必克。'今之所谓良臣，古之所谓民贼也。君不乡道，不志于仁，而求为之强战，是辅桀也。由今之道，无变今之俗，虽与之天下，不能一朝居也。"

【注释】

①乡道：乡，同"向"。道，指道德。

②约与国：约，订约，邀结。与国，同盟国。

【译文】

孟子说："现在侍奉君主的人都说：'我能够替君主开辟国土，充实府库。'现在的所谓良臣，正是古代的所谓祸害百姓的人。君主不向往道德，无意于仁，却让他钱财富足，这是让夏桀钱财富足呀。'我能够给君主邀结盟国，每战必胜。'现在的所谓良臣，正是古代的所谓祸害百姓的人。君主不向往道德，无意于仁，却去替他勉强作战，这等于是辅佐夏桀。从现在的道路走下去，也不改变现在的风俗，即使把整个天下给他，他也不能坐稳一个早晨。"

十

【原文】

白圭①曰："吾欲二十而取一，何如？"

孟子曰："子之道，貉②之道也。万室之国，人陶③，则可乎？"

曰："不可，器不足用也。"

曰："夫貉，五谷不生，惟黍④生之；无城郭、宫室、宗庙、祭祀之礼，无诸侯币帛饔飧⑤，无百官有司，故二十取一而足也。今居中国⑥，去人伦，无君子，如之何其可也？陶以寡，且不可以为国，况无君子乎？欲轻之于尧舜之道者，大貉小貉也；欲重之于尧舜之道者，大桀小桀也。"

【注释】

①白圭：人名，名丹，字圭，曾相于魏。

②貉：同"貊（mò）"，北方的一个国家名。

③陶：用如动词，制作陶器。

④黍：糜子。

⑤饔飧：朱熹注云："以饮食馈贵客之礼也。"

⑥中国：指中原之国。

【译文】

白圭说："我想把税率定为二十分之一，怎么样呢？"

孟子说："你的税率就是貉国的税率。假如一个拥有万户的国家，只有一个人制作陶器，那能行吗？"

白圭说："不行，因为陶器不够用。"

孟子说："在貉国，五谷都不生长，只生长糜子；又没有城墙、宫殿、宗庙、祭祀的礼节；也没有各国之间的相互往来，致送礼物和宴飧；更没有各种衙署和官史，所以二十分之一的税率就足够了。现在处于中原之国，如果也像貉国一样，去掉一切伦常，没有各种官吏，那怎么能行呢？制作陶器的人太少，尚且不能够使一个国家搞好，更何况没有各种官吏呢？想要比尧舜十分之一的税率低的，那是大貉小貉之国；想要比尧舜十分之一的税率高的，那是大桀小桀之国。"

十一

【原文】

白圭曰："丹之治水也愈于禹。"

孟子曰："子过矣。禹之治水，水之道也，是故禹以四海为壑①。今吾子②以邻国为壑。水逆行谓之洚水。洚水者，洪水也。仁人之所恶也。吾子过矣。"

【注释】

①壑：朱熹注云："壑，受水处也。"

②吾子：你。

【译文】

白圭说："我治理水患比大禹强。"

孟子说："你错了。禹治理水患，是顺于水的本性而行，所以禹使水流向了四海之中。现在，你治理水患却让水流向了邻近的国家。水逆向流行叫做洚水。所谓洚水就是洪水，这是有仁爱之心的人最厌恶的。你错了。"

十二

【原文】

孟子曰："君子不亮①，恶乎②执？"

【注释】

①亮：同"谅"，信也。

②恶乎：怎么。恶，音wū，疑问代词。

【译文】

孟子说："君子如果不讲诚信，那如何能有操守呢？"

十三

【原文】

鲁欲使乐正子为政。孟子曰："吾闻之，喜而不寐。"

公孙丑曰："乐正子强①乎？"

曰："否。"

"有知虑②乎？"

曰："否。"

"多闻识乎？"

曰："否。"

"然则奚为喜而不寐？"

曰："其为人也好善③。"

"好善足乎？"

曰："好善优于天下，而况鲁国乎？夫苟为好善，则四海之内皆将轻④千里而来告之以善；夫苟不好善，则人将曰：'訑訑⑤，予既已知之矣。'訑訑之声音颜色距⑥人于千里之外。士止于千里之外，则谗谄面谀之人⑦至矣。与谗谄面谀之人居，国欲治，可得乎？"

【注释】

①强：坚强。

②知虑：如，通"智"，聪明。虑，主意。

③好善：赵岐注云："乐闻善言，是采用之也。"

④轻：朱熹注云："轻，易也。言不以千里为难也。"

⑤訑訑：音yí yí，赵岐注云："自足其智不嗜善言之貌。"

⑥距：通"拒"。

⑦谗谄面谀之人：指邪恶顺意奉承之人。

【译文】

鲁国准备让乐正子治理国政。孟子说："我听到这事，高兴得睡不着觉。"

公孙丑问道："乐正子坚强吗？"

孟子答道："不。"

公孙丑问道："乐正子有聪明的主意吗？"

孟子答道："不。"

公孙丑问道："乐正子见多识广吗？"

孟子答道："不。"

公孙丑问道："哪你为什么高兴得睡不着觉？"

孟子答道："他的为人喜欢听取善言。"

公孙丑问道："喜欢听取善言就能够了吗？"

孟子答道："喜欢听取善言，用这个来治理天下都绰绰有余了，何况仅仅只治理一个鲁国呢？如果喜欢听取善言，那天下的人都会从千里以外赶来把善言告诉他；如果不喜欢听取善言，那别人就会学他的样子说：'呵呵！我早已知道了！'呵呵的声音面色就会把别人拒绝于千里之外。士人在千里之外停步不来，那些阿谀奉承的人就会来的。同阿谀奉承的人一起共事，想把国家治理好，能做得到吗？"

十四

【原文】

陈子①曰："古之君子何如则仕？"

孟子曰："所就三，所去三。迎之致敬以有礼；言，将行其言也，则就之。礼貌②未衰③，言弗行也，则去之。其次，虽未行其言也，迎之致敬以有礼，则就之。礼貌衰，则去之。其下，朝不食，夕不食，饥饿不能出门户，君闻之，曰：'吾大者不能行其道，又不能从其言，使饥饿于我土地，吾耻之。'周④之，亦可受也，免死而已矣。"

【注释】

①陈子：即陈臻。

②礼貌：有礼的样子。

③衰：音cuī，减少。

④周：周济。

【译文】

陈子问道："古代的君子在怎么样的情况下才出来做官呢？"

孟子答道："出来做官的情况有三种，辞去官职的情况也有三种。有礼貌且恭敬地迎接；他有建议，便按照他的建议执行，这样的话就出来做官。礼貌虽未减少，但建议已得不到执行了，这样的话就辞去官职。其次，虽然不执行自己的建议，但还能有礼貌且恭敬地迎接，这样的话也出来做官。礼貌如果减少，便辞去官职。最次的情况，早晨没饭吃，晚上没饭吃，君主知道了，便说：'我在大的方面没有实行他的学说，又不能听从他的建议，使他在我自己的国土上受饥挨饿，我感到非常羞耻。'于是君主周济他，这也可以接受，因为他可以因此而免于死亡罢了。"

十五

【原文】

孟子曰："舜发①于畎亩②之中，傅说③举于版筑④之间，胶鬲⑤举于鱼盐之中，管夷吾⑥举于士，孙叔敖⑦举于海，百里奚举于市。故天将降大任于斯人也，必先苦其心志，劳其筋骨，饿其体肤，空乏其身，行拂乱其所为，所以动心忍性，曾⑧益其所不能。人恒⑨过，然后能改；困于心，衡于虑⑩，而后作；征于色，发于声，而后喻。入则无法家拂士，出则无敌国外患者，国恒亡。然后知生于忧患而死于安乐也。"

【注释】

①发：兴起，产生。

②畎亩：田间。

③傅说：商代武丁时的贤人。

④版筑：古人筑墙，以两板相土，实土其中，以杵夯实。

⑤胶鬲：商纣王的臣子。

⑥管夷吾：即管仲。

⑦孙叔敖：楚国令尹（宰相）。

⑧曾：同"增"。

⑨恒：经常。

⑩衡于虑：衡，横也。意为"横塞虑于心中"。

【译文】

孟子说："舜是从田间兴起的，傅说是从筑墙的人中被提拔的，胶鬲是从鱼盐贩子中被提升的，管夷吾是从狱官的手中释放出来而被重用的，孙叔敖是从海边的人中被提举的，百里奚是从买卖市上被提拔出来的。所以，上天如果要把重大任务交给某个人，一定会先使他的心志苦恼，使他的筋骨劳作，使他的肠胃饥饿，使他的身子穷困，使他的一言一行总不能如意。这样的目的，是为了使他的心意受到震动，使他的性情坚忍，使他的能力得以增强。人经常会有错误发生，然后才能改正；心志困苦，思虑阻塞，然后才能奋发有为；表现于面色，吐发在言语中，然后别人才会理解。（一个国家），在内没有依法度的大臣和作为辅佐的臣子，对外没有相匹敌的邻国和外患的忧虑，经常会被灭亡。这样，就可以知道忧患足以使人生存，安于逸乐便会使人死亡的道理。"

十六

【原文】

孟子曰："教亦多术①矣，予不屑之教诲也者，是亦教诲之而已矣。"

【注释】

①术：方式。

【译文】

孟子说："教育有很多种方式，我不屑于教育他，这也算是一种教育吧！"

◇ 卷 七 ◇

尽心章句 上

一

【原文】

孟子曰："尽其心者，知其性也。知其性，则知天矣。存其心，养其性，所以事天也。夭寿不贰①，修身以俟②之，所以立命也。"

【注释】

①夭寿不贰：夭，夭折，短命。寿，长寿。贰，不专一。
②俟：等待。

【译文】

孟子说："充分广大自己善良的本心，这就是懂得了人的本性。懂得了人的本性，就懂得天命了。保持住人的本心，培养人的本性，这就是对待天命的办法。短命也好，长寿也好，都不三心二意，只是培养身心以等到天命，这就是人安身立命的方法。"

二

【原文】

孟子曰："莫非命也，顺受其正；是故知命者不立乎岩墙之下。尽其道而死者，正命也；桎梏①死者，非正命也。"

【注释】

①桎梏：音 zhì gù，古代用来拘系罪人手脚的刑具，"在手曰桎，在脚曰梏"。此处指犯罪。

【译文】

孟子说："天下的事没有不是命运决定的，只要顺理而行，所接受的便是正命；所以，懂得命运的人不会站在危墙之下。尽力行道而死的人，所接受的是正命；犯罪而死的人，所接受的不是正命。"

三

【原文】

孟子曰："求则得之，舍则失之，是求有益于得也，求在我者也。求之有道，得之有命，是求无益于得也，求在外者也。"

【译文】

孟子说："追求便会得到，放弃便会失去，这种追求是有益于收获的追求，因为所追求的对象存在于我的内心。追求有一定的方式，至于得到得不到，则听由命运决定，这种追求是无益于收获的追求，因为所追求的对象存在于我的内心之外。"

四

【原文】

孟子曰："万物皆备于我矣。反身而诚，乐莫大焉。强恕而行，求仁莫近焉。"

【译文】

孟子说:"天下的一切我都具备了。如果反身自问,自己是诚实的,那便是最大的快乐。不懈怠地推己及人,按此做下去,那达到仁德的道路没有比这更便捷的了。"

五

【原文】

孟子曰:"行之而不著①焉,习矣而不察②焉,终身由③之而不知其道者,众④也。"

【注释】

①著:明白。

②察:知道。

③由:从,经由。

④众:庶,一般人。

【译文】

孟子说:"做了却不明白其中的道理;习惯了却不知道其所以然;一生都从这条大道走去,却不了解这是什么道路的人,这是个一般的人。"

六

【原文】

孟子曰:"人不可以无耻,无耻之耻,无耻也。"

【译文】

孟子说:"人不可以没有羞耻,不知羞耻的那种羞耻,那才是真正的不知羞耻呀!"

七

【原文】

孟子曰："耻之于人大矣，为机变之巧者，无所用耻焉。不耻不若人，何若人有？"

【译文】

孟子说："羞耻对于人来说，关系重大。那些搞阴谋诡计，干奸诈机谋事情的人，是没有地方使用羞耻的。不以赶不上别人为羞耻，那怎么能赶上别人呢？"

八

【原文】

孟子曰："古之贤王好善而忘势；古之贤士何独不然？乐其道而忘人之势，故王公不致敬尽礼，则不得亟见之。见且由不得亟，而况得而臣之乎？"

【译文】

孟子说："古代的贤能君主喜欢好言善行，因而忘记了自己的富贵权势；古代的贤能之士何尝不是这样呢？乐于走他自己的道路，因而就忘记了别人的富贵权势，所以王公如果不对他恭敬尽礼，就不能与他多次相见。相见的次数尚且不够多，更何况要他作为臣下呢？"

九

【原文】

孟子谓宋勾践①曰："子好游②乎？吾语子游。人知之，亦嚣嚣③；人不知，亦嚣嚣。"

曰："何如斯可以嚣嚣矣？"

曰："尊德乐义，则可以嚣嚣矣。故士穷④不失义，达⑤不离道。穷不失义，故士得己⑥焉；达不离道，故民不失望焉。古之人，得志，泽加于民；不得志，修身见于世。穷则独善其身，达则兼善天下。"

【注释】

①宋勾践：人名，已不可考。

②游：朱熹注云："游，游说也。"

③嚣嚣：赵岐注云："自得无欲之貌。"

④穷：不得志，不显贵。

⑤达：得志，显贵。

⑥得己：自得。

【译文】

孟子对宋勾践说："你喜欢游说吗？我给你讲讲游说之事。别人知道我，我自得其乐；别人不知道我，我也自得其乐。"

宋勾践问："要怎样才能够自得其乐呢？"

孟子答道："尊尚德，乐于义，就可以自得其乐了。所以，士人在不得志时，不失去义；得志时，不离开道。不得志时不失义，所以自得其乐；得志时不离开道，所以百姓不至于失望。古代的人，得志就恩加于百姓；不得志就修养个人品德，以此表现于世人面前。不得志就只修善自身，得志就以恩惠施天下。"

十

【原文】

孟子曰："待文王而后兴①者，凡民也。若夫豪杰之士，虽无文王犹兴。"

【注释】

①兴：朱熹注云："兴者，感动奋发之意。"

【译文】

孟子说："等待周文王出来才奋发的人，那是一般百姓。至于那些英雄豪杰，即使没有周文王，也能奋发。"

十一

【原文】

孟子曰："附①之以韩魏之家②，如其自视欿然③，则过人远矣。"

【注释】

①附：增益，增强。

②韩魏之家：指春秋时晋国的韩氏、魏氏两家大臣。

③欿然：欿，音kǎn，段玉裁《说文》注云："《孟子》假欿为坎，谓视盈若虚也。"

【译文】

孟子说："把春秋时韩魏两家大臣的财富加于其身，如果他视盈若虚，这样的人就远远超出一般人。"

十二

【原文】

孟子曰："以佚道使民，虽劳不怨。以生道杀民，虽死不怨杀者。"

【译文】

孟子说："如果役使老百姓是为了使他们生活安逸，老百姓即使劳苦也不会怨恨。如果杀人是为了使老百姓得以生存，那人即使被杀也不会怨恨杀他的人。"

十三

【原文】

孟子曰："霸者之民骓虞①如也，王者之民皞皞②如也。杀之而不怨，利之而不庸③，民日迁善而不知为之者。夫君子，所过者化④，所存者神⑤，上下与天地同流，岂曰小补之哉？"

【注释】

①骓虞：欢娱。

②皞皞：朱熹注云："广大自得之貌。"

③庸：功也。

④化：感化，教化。

⑤神：如神之意。

【译文】

孟子说："霸主（的功业显著，恩惠易见），所以他的老百姓欢喜快乐；圣王（的功德浩荡），所以他的老百姓心情舒畅。百姓被杀也不怨恨；得到好处也不知是谁的功绩；老百姓每天向好的方面发展，也不知是谁让他们如此。圣人经过的地方，使百姓得到教化；圣人所在的国度，其教化如神。圣王之政浩浩荡荡，上与天，下与地同时运转，怎么能说是小小的补益呢？"

十四

【原文】

孟子曰："仁言不如仁声之人人深也，善政不如善教之得民也。善政，民畏之；善教，民爱之。善政得民财，善教得民心。"

【译文】

孟子说:"仁德的言语赶不上仁德的音乐入人心之深,良好的政治赶不上良好的教育那样获得民心。良好的政治,老百姓怕它;良好的教育,老百姓爱它。良好的政治可以获得老百姓的财富,良好的教育则能获得老百姓的心。"

十五

【原文】

孟子曰:"人之所不学而能者,其良能也;所不虑而知者,其良知也。孩提①之童无不知爱其亲者,及其长也,无不知敬其兄也,亲亲,仁也;敬长,义也;无他,达之天下也。"

【注释】

①孩提:赵岐注云:"孩提,二三岁之间在襁褓知孩笑可提抱者也。"孩,小儿笑。

【译文】

孟子说:"人不通过学习便能做到的,这是良能;不通过思考便会知道的,这是良知。二三岁的小孩没有不爱他的父母的,等他长大后,没有不知道尊敬兄长的。亲爱自己的父母是仁,尊敬自己的兄长是义,这没有其他原因,因为这两种品德通行于天下。"

十六

【原文】

孟子曰:"舜之居深山之中,与木石居,与鹿豕游,其所以异于深山之野人者几希;及其闻一善言,见一善行,若决江河,沛①然莫之能御②也。"

【注释】

①沛：水流的样子。

②御：阻止。

【译文】

孟子说："舜居住在深山之中的时候，住处只有树木和石头，出外只有鹿和野猪，他跟深山中的其他人没有什么不同；等到他听见一句好话，看见一种好的行为，（他便去身体力行），就像江河决口一般，一泻千里，没有什么能阻止住他。"

十七

【原文】

孟子曰："无为其所不为，无欲其所不欲，如此而已矣。"

【译文】

孟子说："不要让人做他不想做的事，不要去索取别人不想给的东西，这样就行了。"

十八

【原文】

孟子曰："人之有德慧术知①者，恒②存乎疢疾③。独孤臣孽子④，其操心也危⑤，其虑患也深，故达⑥。"

【注释】

①德慧术知：赵岐注云："德行、知慧、道术、才智。"

②恒：经常。

③疢疾：疢，音chèn。朱熹注云："疢疾，犹灾患也。"

④孽子：亦称庶子，非正妻所生的子女。

⑤危：不安。

⑥达：朱熹注云："达，谓之达于事理。"

【译文】

孟子说："人之所以有道德、聪明、道术、才智，那是因为人经常要面对灾患。只有孤立的臣子、庶出的儿子，他们时常心中不安，考虑灾患之事也非常深刻，所以才能通达事理。

十九

【原文】

孟子曰："有事君人者，事是君则为容悦者也；有安社稷臣者，以安社稷为悦者也；有天民者，达可行于天下而后行之者也；有大人者，正己而物正者也。"

【译文】

孟子说："侍奉君主的人，是侍奉一个君主，就（猜测君主的心理），以讨得他欢喜的人；使江山社稷得到安定的臣子，是把江山社稷的安定当作快乐的人；天民，是那种知道自己的道可以行于天下才去实行的人；圣人，是那种先端正了自己，外在的事物便随着端正了的人。"

二十

【原文】

孟子曰："君子有三乐，而王天下不与存焉。父母俱存①，兄弟无故②，一乐也；仰不愧于天，俯不怍③于人，二乐也；得天下英才而教育之，三乐也。君子有三乐，而王天下不与存焉。"

【注释】

①存：存在，与"亡"相对。

②故：灾患丧病。

③怍：惭愧。

【译文】

孟子说："君子有三种乐趣，但称王于天下是不在其中的。父母亲都健在，兄弟没有灾患，这是第一种乐趣；上不愧于天，下不愧于人，这是第二种乐趣；得到天下优秀人才而对他们进行教育，这是第三种乐趣。所以君子有三种乐趣，但称王于天下不在其中。"

二十一

【原文】

孟子曰："广土众民，君子欲之，所乐不存焉；中天下而立，定四海之民，君子乐之，所性不存焉。君子所性，虽大行①不加焉，虽穷居不损焉，分定故也。君子所性，仁义礼智根于心，其生色也睟然②，见于面，盎③于背，施④于四体，四体不言而喻。"

【注释】

①大行：行政于天下。

②睟然：睟，音cuì。赵岐注云："睟然，润泽之貌。"

③盎：显现。

④施：延及。

【译文】

孟子说："拥有广大的国土、众多的人民，是君子所希望的事情，然而他的乐趣不在这上面；居于天下的中央，使天下的老百姓得以安定生活，是君子感到快乐的事情，然而他的本性不在这上面。君子的本性，即使他的理想通行于天下，不会因此而有所增加；即使他不得志而隐居，不会因此而有所减少，因为这是本性已经固定的原因。君子的本性，仁、义、礼、智扎根于心中，表现出的神色纯和温润，它表现于君子的颜面，表现于君子的肩背，延及于君子四肢的动作，不必言语，别人就可以一目了然。"

二十二

【原文】

孟子曰："伯夷辟纣，居北海之滨，闻文王作①，兴②曰：'盍③归乎来，吾闻西伯④善养老者。'太公⑤辟纣，居东海之滨，闻文王作，兴曰：'盍归乎来，吾闻西伯善养老者。'天下有善养老，则仁人以为己归矣。五亩之宅，树墙下以桑，匹妇蚕⑥之，则老者足以衣帛矣。五母鸡，三母彘⑦，无失其时，老者足以无失肉矣。百亩之田，匹夫耕之，八口之家足以无饥矣。所谓西伯善养老者，制其田里，教之树畜，导其妻子使养其老。五十非帛不暖，七十非肉不饱。不暖不饱，谓之冻馁⑧。文王之民无冻馁之老者，此之谓也。"

【注释】

①作：兴起。

②兴：欣然貌。

③盍：何不。

④西伯：周文王。

⑤太公：姜尚，字子牙，号太公。

⑥蚕：意动用法，以……养蚕。

⑦彘：音zhì，猪。

⑧馁：音něi，饥饿。

【译文】

孟子说："伯夷躲避殷纣王，住在北海的海边，听说周文王兴起来了，欣然说：'为什么不到西伯那里去呢？我听说西伯是个善于养老的人。'太公躲避殷纣王，住在东海的海边，听说周文王兴起来了，欣然说：'为什么不到西伯那里去呢？我听说西伯是个善于养老的人。'天下有善于养老的人，那么，仁人便把他作为自己的归宿了。五亩大的宅院，如果在墙下种植上桑树，妇女依靠桑树养蚕，那么年老之人便可以穿丝帛了。五只母鸡，两头母猪，饲养它们，不让它们失去交配繁殖的时机，那么年老之人便足以有肉吃了。百亩大的田地，男子来耕种，八口人的家庭便足以能吃饱了。人们所说的西伯善于养老，就在于他制定土地制度，教化人民去种桑畜牧，引导老百姓奉养自己的老人。人到五十岁时，不穿丝帛便不觉暖和；七十岁时，不吃肉便觉得没有吃饱。穿不暖、吃不饱，这叫受冻挨饿。而周文王的百姓中，没有受冻挨饿的老人，说的便是这个意思。"

二十三

【原文】

孟子曰："易①其田畴②，薄其税敛，民可使富也。食之以时，用之以礼，财不可胜用③也。民非水火不生活，昏暮叩人之门户求水火，无弗与者，至足矣。圣人治天下，使有菽粟如水火。菽粟如水火，而民焉有不仁者乎？"

【注释】

①易：赵岐注云："易，治也。"
②田畴：田地。
③胜用：用尽。

【译文】

孟子说："耕种好田地，减轻税收，就可以使老百姓富足。按时食用，依礼消费，那财物是不会用尽的。老百姓没有水和火，就不能生活，黄昏傍晚敲别人的门去要水和火，没有不给的，为什么呢？因为水、火极多的缘故。圣人治理天下，使粮食如同水、火一样多。如果粮食如同水、火一样多了，哪里会有老百姓不仁爱的呢？"

二十四

【原文】

孟子曰："孔子登东山①而小②鲁，登泰山而小天下，故观于海者难为水，游③于圣人之门者难为言。观水有术，必观其澜④。日月有明，容光⑤必照焉。流水之为物也，不盈科不行；君子之志于道也，不成章⑥不达。"

【注释】

①东山：即蒙山，在今山东蒙阴之南。

②小：意动用法，以……为小。

③游：游学，学习。

④澜：赵岐注云："澜，水中大波也。"

⑤容光：赵岐注云："容光，小郤也，言大明照幽微也。"

⑥成章：指事物达到一定程度，一定规模而言。

【译文】

孟子说："孔子登上东山，便觉得鲁国变小了；登上泰山，便觉得天下变小了。所以对于看过海洋的人来说，别的什么水便难以吸引他了；对于曾在圣人的门下学习过的人，别的什么议论便难以吸引他了。观赏水是有方法的，（懂得的人）一定要看它壮阔的波澜。太阳和月亮都有光明，一点小的缝隙都一定要照到。流动的水不把沟沟坎坎流满，是不会再往前流的；君子的有志于道，没有到一定的程度，便不会通达。"

二十五

【原文】

孟子曰："鸡鸣而起，孳孳①为善者，舜之徒②也；鸡鸣而起，孳孳为利者，跖③之徒也。欲知舜与跖之分，无他，利与善之间也。"

【注释】

①孳孳：音 zī zī，勤勉，努力不懈的样子。

②徒：同类之人。

③跖：音 zhí，相传为春秋时期的大盗。

【译文】

孟子说："鸡叫便起，努力行善，是舜一类的人；鸡叫便起，努力求利，是盗跖一类的人。如果想知道舜与盗跖的差别，没有别的，只要看看是行善还是求利就行了。"

二十六

【原文】

孟子曰："杨子①取②为我，拔一毛而利天下，不为也。墨子兼爱，摩顶放踵③利天下，为之。子莫④执中。执中为近之。执中无权，犹执一也。所恶执一者，为其贼道也，举一而废百也。"

【注释】

①杨子：人名，即杨朱。

②取：主张。

③摩顶放踵：赵岐注云："摩秃其顶，下至于踵。"

④子莫：赵岐注云："鲁之贤人也。"

【译文】

孟子说："杨子主张为我，拔一根毫毛而有利于天下，这样的事都不肯干。墨子主张兼爱，摩秃头顶，走破脚跟，只要有利于天下，一切都肯干。子莫主张中道。主张中道也差不多。但如果主张中道而不灵活，不懂得变通，那便是执著于一点上。之所以要厌恶执著于一点，是因为它有损于仁义之道，只取一点而放弃其余。"

二十七

【原文】

孟子曰："饥者甘食，渴者甘饮，是未得饮食之正也，饥渴害之也。岂惟口腹有饥渴之害？人心亦皆有害。人能无以饥渴之害为心害，则不及人不为忧矣。"

【译文】

孟子说："饥饿的人觉得任何食物都是美味，口渴的人觉得任何饮品都甜美，这是不知道饮品、食品的正常滋味，其原因在于受了饥饿干渴的损害。难道仅仅只有口舌、肚腹受饥饿干渴的损害吗？人心也会有这种损害。如果人们不使自己的心志受到饥饿干渴那样的损害，就不会以赶不上别人为忧虑了。"

二十八

【原文】

孟子曰："柳下惠①不以三公易②其介③。"

【注释】

①柳下惠：《淮南子·说林训》高诱注云："柳下惠，鲁大夫展无骇之子，名获，字禽。家有大柳，树惠德，因号柳下惠。"

②易：改变。

③介：操守。

【译文】

孟子说："柳下惠不因为做了三公便改变了自己的操守。"

二十九

【原文】

孟子曰："有为者辟若①掘井，掘井九轫②而不及泉，犹为弃③井也。"

【注释】

①辟若：辟，音pì，通"譬"。辟若，比如。

②轫：同"仞"，七尺曰仞。赵岐注云："轫，八尺也。"

③弃：废。

【译文】

孟子说："做事情好比打井，打井六七丈还不见泉水，仍然是一口废井。"

三十

【原文】

孟子曰："尧舜，性之也；汤武，身之也；五霸，假之也。久假而不归①，恶②知其非有也。"

【注释】

①归：归还。

②恶，音wū，疑问代词，哪里，怎么。

【译文】

孟子说："尧舜实行仁义，是出于本性；商汤、周武王实行仁义，则亲身体验，努力推行；春秋五霸实行仁义，则是假借仁义，以此谋利。但是，如果久借而不归还，又怎么能知道仁义不变成他自己的呢？"

三十一

【原文】

公孙丑曰："伊尹曰：'予不狎①于不顺，放太甲于桐，民大悦。太甲贤，又反之，民大悦。'贤者之为人臣也，其君不贤，则固可放与？"

孟子曰："有伊尹之志，则可；无伊尹之志，则篡也。"

【注释】

①狎：亲近而不庄重。

【译文】

公孙丑说："伊尹说：'我不愿亲近于违背礼义之人，于是把太甲流放到桐，老百姓都非常高兴。等到太甲悔过自新，又恢复他的王位，老百姓也非常高兴。'贤能之人作为臣子，他的君主不好，就可以流放吗？"

孟子说："如果有伊尹那样的胸怀，未尝不可；如果没有伊尹那样的胸怀，那便是篡位了。"

三十二

【原文】

公孙丑曰："《诗》曰：'不素餐兮'。君子之不耕而食，何也？"

孟子曰："君子居是国也，其君用之，则安富尊荣；其子弟从之，则孝悌忠信。'不素餐兮'，孰大于是？"

【译文】

公孙丑说："《诗经》上说：'不白吃饭呀'。可是，君子不耕种庄稼，也来吃饭，这是为什么呢？"

孟子说："君子居住在一个国家，他的国君任用他，就会得到平安、富足、尊贵、荣誉；他的子弟信从他，就会孝敬父母、尊敬兄长、忠于君主、守信用。'不白吃饭'，还有比这更好的事吗？"

三十三

【原文】

王子垫①问曰："士何事？"

孟子曰："尚志。"

曰："何谓尚志。"

曰："仁义而已矣。杀一无罪，非仁也；非其有而取之，非义也。居恶在？仁是也；路恶在？义是也。居仁由义，大人之事备矣。"

【注释】

①王子垫：赵岐注云："齐王子，名垫。"

【译文】

王子垫问道："士人干什么事呢？"

孟子答道："士人使得自己的志向高尚。"

王子垫又问："怎样才能使自己的志向高尚？"

孟子答道："行仁与义就行了。杀一个没有罪过的人，这不是仁；不是自己所有却拿了归己，这不是义。居住之处在哪里呢？在于仁；行走的路在哪里呢？在于义。居住于仁，依义行走。"

三十四

【原文】

孟子曰："仲子①，不义与之齐国而弗受，人皆信之，是舍箪食豆羹之义也。人莫大焉亡亲戚君臣上下。以其小者信其大者，奚可哉？"

【注释】

①仲子：陈仲子。

【译文】

孟子说："陈仲子，假若不合道理地把齐国给他，他也不会接受，别人都相信这话是真的。但是，他那种义不过是抛弃一筐饭一碗汤的义。人的罪过没有超过不要父兄君臣上下的了，（而陈仲子却这样做了）。因为一个人有小节操，便相信他也会有大节操，这怎么可以呢？"

三十五

【原文】

桃应①问曰："舜为天子，皋陶②为士，瞽瞍杀人，则如之何？"

孟子曰："执之而已矣。"

"然则舜不禁③与？"

曰："夫舜恶得而禁之？夫有所受之也。"

"然则舜如之何？"

曰："舜视弃天下犹弃敝蹝④也。窃负而逃，遵海滨而处，终身䜣⑤然，乐而忘天下。"

【注释】

①桃应：赵岐注云："孟子弟子。"

②皋陶：读如 gāo yáo，传说中东夷族的首领。

③禁：禁止。

④跳：亦作"屣"，音 xǐ，没有脚跟的鞋子。

⑤䜣：同"欣"。

【译文】

桃应问道："舜做天子，皋陶为法官，如果舜的父亲瞽瞍杀了人，那该怎么办呢？"

孟子答道："把他逮捕起来就是了。"

桃应又问："那么，舜不会阻止吗？"

孟子答道："舜怎么会阻止呢？逮捕是有根据的。"

桃应问道："那么，舜又该怎么办呢？"

孟子答道："舜把抛弃天子之位看得跟抛弃破烂鞋子一样。（如果那样的话），舜会偷偷地背着父亲逃走，沿着海边住下来，一生都会很快乐，快乐得把天子之位忘掉。"

三十六

【原文】

孟子自范之齐，望见齐王之子，喟①然叹曰："居移气，养移体，大哉居乎！夫非尽人之子与？"

孟子曰："王子宫室、车马、衣服多与人同，而王子若彼者，其居使之然也；况居天下之广居者乎？鲁君之宋，呼于垤泽之门②。守者曰：'此非吾君也，何其声之似我君也？'此无他，居相似也。"

【注释】

①喟：叹息。

②垤泽之门：垤，音 dié。即宋东城南门。

【译文】

孟子从范来到齐国，远远地望见齐王的儿子，长长地叹息道："环境改变气度，奉养改变体质，环境真是重要呀！他难道不也是人的儿吗？"

孟子说："王子的住所、车马和衣服多半与别人相同，为什么王子却是那样的呢？就因为他所居住的环境使他那样；更何况以天下为自己住处的人呢？鲁国的国君来到宋国，在宋国的东南城门下呼喊，守门人说：'他不是我的国君，为什么他的声音和我的国君声音那么相像呢？这没有别的缘故，只因为环境相似罢了。'"

三十七

【原文】

孟子曰："食而弗爱，豕交①之也；爱而不敬，兽畜之也。恭敬者，币之未将②者也。恭敬而无实，君子不可虚拘。"

【注释】

①交：一起，并。

②将：送。

【译文】

孟子说："养活人却不爱他，等于养猪；爱却不恭敬，等于畜养牲畜。恭敬之心应当在送礼物以前就具备了的。只有恭敬的形式，却没有恭敬的实质，君子便不能被这种虚假的恭敬留住。"

三十八

【原文】

孟子曰："形色，天性也；惟圣人然后可以践形。"

【译文】

孟子说："人的身体容貌是天生的，只有圣人能使（这种外在的美通过内在的美）得到充实。"

三十九

【原文】

齐宣王欲短丧。公孙丑曰："为期①之丧，犹愈于已乎？"

孟子曰："是犹或紾②其兄之臂，子谓之姑徐徐云尔，亦教之孝悌而已矣。"

王子有其母死者，其傅为之请数月之丧。公孙丑曰："若此者何如也？"

曰："是欲终之而不可得也。虽加一日愈于已，谓夫莫之禁而弗为者也。"

【注释】

①期：音jī，一周年。
②紾：音zhěn，扭转，弯曲。

【译文】

齐宣王想要缩短服丧的时间。公孙丑说："服丧一周年，不是还比完全不服丧的人强些吗？"

孟子说："这好比有人在扭他兄长的胳膊，你却说慢慢地扭吧。只要教导他孝顺父母尊敬兄长便行了。"

王子有死了母亲的，王子的老师为他请求服丧几个月。公孙丑问道："像这样的事情，又怎么样呢？"

孟子说："这是由于王子想把三年的丧期服完，却办不到。那么，纵然多服丧一天也比不服丧要好，这是对那些没有人禁止他服丧自己却不去服丧的人说的。"

四十

【原文】

孟子曰："君子之所以教者五：有如时雨化之者，有成德者，有达财者，有答问者，有私淑艾者。此五者，君子之所以教也。"

【译文】

孟子说："君子进行教育的方法有五种方式：有像及时雨那样滋润万物的，有成全其道德的，有培养其才能的，有解答疑问的，有以流风余韵让后世之人学习的。这就是君子的五种教育方式。"

四十一

【原文】

公孙丑曰："道则高矣，美矣，宜若登天然，似不可及也；何不使彼为可几及而日孳孳也？"

孟子曰："大匠不为拙工改废绳墨，羿不为拙射变其彀率①。君子引而不发，跃如也。中道而立，能者从之。"

【注释】

①彀率：音 gòu lǜ，按射中目标的需要把弓拉开的程度。

【译文】

公孙丑说："圣人之道既高深又完美，几乎像登天一样不可达到。为什么不使它改变得可以达到，而使别人每天去努力呢？

孟子说："高明的工匠不因为拙劣的工人而去改变、废弃绳墨规矩，羿也不会因为拙劣的射手而去改变拉弓的彀率。君子拉满弓却不发箭，只作出跃跃欲试的样子。君子在正确道路之中站住，有能力的人便跟随而来。"

四十二

【原文】

孟子曰："天下有道，以道殉身；天下无道，以身殉道；未闻以道殉乎人者也。"

【译文】

孟子说："天下清明，君子得志，'道'也就会得以实施；天下黑暗，君子为守'道'，也就不惜为'道'而死；没有听说过歪曲'道'以逢迎王侯的。"

四十三

【原文】

公都子曰："滕更①之在门也，若在所礼，而不答，何也？"

孟子曰："挟贵而问，挟贤而问，挟长而问，挟有勋劳而问，挟故而问，皆所不答也。滕更有二焉。"

【注释】

①滕更：赵岐注云："滕君之弟，来学于孟子者也。"

【译文】

公都子说："滕更在先生门下学习的时候，似乎应该以礼貌待之，而先生您却不回答他的问题，这是为什么呢？"

孟子说："仗着自己地位尊贵而发问，仗着自己的贤能而发问，仗着自己年长而发问，仗着自己功劳卓著而发问，仗着自己是故交而发问，这些发问我都不予以回答。这五条之中，滕更占了两条，（所以我不回答他）。"

四十四

【原文】

孟子曰："于不可已①而已者，无所不已。于所厚者薄，无所不薄也。其进锐者，其退速。"

【注释】

①已：朱熹注云："已，止也。"

【译文】

孟子说："对于不可以停止的事情却停止了，那就没有什么不可以停止的了；对于应当厚待的人却薄待他，那就没有谁不可以薄待的了。前进迅猛的人，后退也就迅速。"

四十五

【原文】

孟子曰："君子之于物也，爱之而弗仁；于民也，仁之而无亲。亲亲而仁民，仁民而爱物。"

【译文】

孟子说："君子对于天下万物，爱惜它们却不用仁对待它们；对于天下百姓，用仁对待他们却不亲爱他们。君子亲爱自己的亲人，因此仁爱百姓；仁爱百姓，因此爱惜万物。"

四十六

【原文】

孟子曰："知者无不知①也，当务之为急；仁者无不爱也，急亲贤之为务。尧舜之知而不遍物，急先务也；尧舜之仁不遍爱人，急亲贤也。不能三年之丧，而缌②、小功察；放饭③流歠④，而问无齿决⑤，是之谓不知务。"

【注释】

①知者无不知：第一个"知"同"智"，第二个"知"为"知道"。

②缌：音sī，指缌麻三月的孝服。缌麻三月是五种孝服中最轻的，用熟布为孝服，服丧三个月。

③小功：五月的孝服。如外孙为外祖父母带孝，服丧五个月。

④流歠：歠，音chuò，饮，啜。赵岐注云："流歠，长歠也。"

⑤齿决：古人用餐湿肉用牙齿啃断，干肉只用手折断。如果在长者面前以牙齿咬断干肉，这是不礼貌的吃相。此处的"齿决"指以牙齿啃断干肉。

【译文】

孟子说："智者是没有什么不该知道的，但是急于当前重要之事；仁者没有不仁爱的，但是务必先爱亲人和贤人。尧舜的智慧不能完全知道所有的事物，因为他们急于知道首要的任务；尧舜的仁德不能普遍爱所有的人，因为他们急于爱亲人和贤人。如果不能为父母服三年的丧期，却对于缌麻三月、小功五月的丧期仔细讲求；在长者面前大口吃饭，大口喝汤，却仔细讲究不用牙齿啃断干肉，这叫做不识大礼。"

尽心章句　下

一

【原文】

孟子曰："不仁哉梁惠王也！仁者以其所爱及其所不爱，不仁者以其所不爱及其所爱。"

公孙丑问曰："何谓也?"

"梁惠王以土地之故,糜烂其民而战之,大败,将复之,恐不能胜,故驱其所爱子弟以殉之,是之谓以其所不爱及其所爱也。"

【译文】

孟子说:"梁惠王真是不仁呀!仁人把他对待喜爱的人的恩惠推及到他不喜爱的人身上,不仁的人把他对待不喜爱的人的祸害推及到他喜爱的人身上。"

公孙丑问道:"这话是什么意思呢?"

孟子答道:"梁惠王因为要扩张土地的原因,驱使他所不喜爱的百姓去作战,使他们的骨肉糜烂,结果被打得大败。他还要再战,又恐怕不能获胜,于是便驱使他喜欢的子弟上战场作殉葬品,这便叫做把他对待不喜爱的人的祸害推及到他喜爱的人身上。"

二

【原文】

孟子曰:"春秋无义战。彼善于此,则有之矣。征者,上伐下也,敌国不相征也。"

【译文】

孟子曰:"春秋时代没有什么正义战争。至于那国的国君比这国的国君要好一些,那是有的。征讨的意思是指上级讨伐下级,相互敌对的国家之间是不能互相征讨的。"

三

【原文】

孟子曰:"尽信《书》^①,则不如无《书》。吾于《武成》^②,

取二三策③而已矣。仁人无敌于天下，以至仁伐至不仁，而何其血之流杵④也?"

【注释】

①《书》：指《尚书》。

②《武成》：《尚书》中的一篇，记述周武王伐殷纣王之事。

③策：竹简，古代人用竹简书写。

④杵：音chǔ，古兵器名。

【译文】

孟子说："如果完全相信《尚书》，那还不如没有《尚书》。我对于其中的《武成》篇，只取其中的二三页罢了。仁人是天下无敌的，周武王这样极为仁义之人，去讨伐殷纣王这样极不仁义之人，又怎样能至于流血成河，使得杵也漂浮起来呢?"

四

【原文】

孟子曰："有人曰：'我善为陈①，我善为战。'大罪也。国君好仁，天下无敌焉。南面而征，北夷怨；东面而征，西夷怨，曰：'奚为后我?'武王之伐殷也，革车三百两②，虎贲③三千人。王曰'无畏! 宁尔也，非敌④百姓也。'若崩厥角⑤稽首。征之为言正也，各欲正己也，焉用战?"

【注释】

①陈：阵。

②两：辆。

③虎贲：勇士。

④敌：用作动词，为敌之意。

⑤厥角：厥，同"蹶"，顿。角，额角。

【译文】

孟子说："有人说；'我擅长于布阵，我擅长于作战。'其实这是最大的罪恶。国君如果喜爱仁义，那么天下便会没有可匹敌之人。（商汤）征讨南方，北方的人便生怨气；征讨东方，西方的人便生怨气，说：'为什么把我们这里放在后边？'周武王讨伐殷朝，兵车三百辆，勇士三千人。周武王说：'不要害怕，我是来使你们安定的，不是与你为敌的。'百姓便把额头触地，叩起头来，其声音犹如山陵崩塌一般。征的意是正，各人都想端正自己，哪里用得着战争呢？"

五

【原文】

孟子曰："梓、匠、轮、舆①能与人规矩，不能使人巧。"

【注释】

①梓、匠、轮、舆：梓，古代专门做器具之人；匠，古代专门造房屋之人；轮，古代专门造车轮之人；舆，古代专门造车箱之人。

【译文】

孟子说："做器具者、盖房屋者、造车轮者、制车箱者，这些人只能把制作的准则传授给别人，但不能把高超的技巧传给别人，（那要靠自己去寻求）。"

六

【原文】

孟子曰："舜之饭糗①茹②草也，若将终身焉；及其为天子也，被袗③衣，鼓琴，二女果④，若固有之。"

【注释】

①饭糗：饭，动词，吃。糗，音qiǔ，干饭。

②茹：食。

③袗：音zhēn，赵岐注云："袗，画也。"

④果：赵岐注云："果，侍也。"

【译文】

孟子说："舜吃干粮啃野草之时，好像他要一生那样；等他成为天子以后，穿着装饰漂亮的衣服，弹着琴，尧的两个女儿侍候着，又好像这些享受本来就有。"

七

【原文】

孟子曰："吾今后知杀人亲之重也：杀人之父，人亦杀其父；杀人之兄，人亦杀其兄。然则非自杀之也，一间①耳。"

【注释】

①间：隔也，离也。

【译文】

孟子说："我现在才知道杀害别人的亲人所得报复之重了：杀害别人的父亲，别人也会杀害他的父亲；杀害别人的兄长，别人也会杀害他的兄长。那样的话，即使自己的父兄不是自己杀害的，也相差不远了。"

八

【原文】

孟子曰："古之为关也，将以御暴；今之为关也，将以为暴。

【译文】

孟子说："古代的设关立卡是打算抵挡残暴，现在的设立关卡却是打算实行残暴。"

<h1 style="text-align:center">九</h1>

【原文】

孟子曰："身不行道，不行于妻子；使人不以道，不能行于妻子。"

【译文】

孟子说："如果自身不依'道'而行，那么'道'在自己的妻子儿女身上也行不通；如果役使别人不合于'道'，那么连自己的妻子儿女也役使不动。

<h1 style="text-align:center">十</h1>

【原文】

孟子曰："周①于利者凶年②不能杀③，周于德者邪世不能乱。"

【注释】

①周：朱熹注云："周，足也。"
②凶年：没有收成的年份。
③杀：缺乏，引申为困穷。

【译文】

孟子说："财富充足的人，即使遇到灾荒年月也不会使他困穷；道德高尚的人，即使遭逢乱世也不会使他心志迷乱。"

十一

【原文】

孟子曰："好名之人能让千乘①之国，苟②非其人，箪食豆羹见于色。"

【注释】

①乘，音shèng，量词，古代一车四马叫"乘"。
②苟：如果。

【译文】

孟子说："喜欢好名声的人能把有千辆战车国家的君位让给别人，但如果要让给的人不是合适的人选，那么，即使要他让一筐饭一碗汤，不高兴的神色也会表现于面部。

十二

【原文】

孟子曰："不信仁贤，则国空虚①；无礼义，则上下乱；无政事，则财用不足。"

【注释】

①空虚：朱熹注云："空虚言若无人然。"

【译文】

孟子说："不信任仁德贤能之人，国家就会没有仁德贤能之人；没有礼义，上下之间的关系就会混乱；没有好的政事，国家的财物就会不够用。"

十三

【原文】

孟子曰："不仁而得国者，有之矣；不仁而行天下者，未之有也。"

【译文】

孟子说："不仁道却能拥有一个国家的人，那是有的；不仁道却能拥有天下的人，那是没有的。"

十四

【原文】

孟子曰："民为贵，社稷①次之，君为轻。是故得乎丘②民而为天子，得乎天子为诸侯，得乎诸侯为大夫。诸侯危社稷，则变置。牺牲③既成，粢④盛既洁，祭祀以时，然而旱干水溢，则变置社稷。"

【注释】

①社稷：音shè jì，社，指土地之神。稷，指谷之神。古代君主都祭祀社稷，后来就用"社稷"代表国家。

②丘：众也。

③牺牲：古代为祭祀而宰杀的牲畜。

④粢：音zī，古代供祭祀用的谷物。

【译文】

孟子说："人民最为重要，江山社稷为次，国君为轻。所以能得到广大百姓的欢心，便能成为天子；能得到天子的欢心，便能成为诸侯；能得到诸侯的欢心，便能成为大夫。如果诸侯危害国家，那就改立诸侯。如果祭祀用的牲畜既肥又壮，祭祀用的谷物既多又干净，且按时祭祀，但是还在遭受干旱、水涝之害，那就改立土谷之神。"

十五

【原文】

孟子曰："圣人，百世之师，伯夷、柳下惠是也。故闻伯夷之风，顽夫①廉，懦夫有立志；闻柳下惠之风者，薄夫②敦③，鄙夫④宽⑤，奋乎百世之上，百世之下，闻者莫不兴起也。非圣人而能若是乎？而况于亲炙之者乎？"

【注释】

①顽夫：贪婪之人。顽，贪婪。
②薄夫：薄，不厚道，不淳厚，刻薄。意为刻薄之人。
③敦：厚道。
④鄙夫：鄙，庸俗，浅陋。意为心胸狭窄的人。
⑤宽：度量大，宽宏。

【译文】

孟子说："圣人是百代人的老师，伯夷、柳下惠就是这样的圣人。所以听到伯夷的风范的人，贪得无厌之人变得清廉，懦弱的人开始立高远的志向；听到柳下惠的风范的人，刻薄的人变得敦厚，心胸狭窄的人变得心胸宽大。圣人在百代之前奋发有为，在百代之后，听到他们的风范的人没有不感动奋发的。如果不是圣人，能够像这样吗？更何况那些亲自接受他们熏陶教育的人呢？"

十六

【原文】

孟子曰："仁也者，人也。合而言之，道也。"

【译文】

孟子说："仁就是人，仁和人合起来讲，就是道。"

十七

【原文】

孟子曰："孔子之去鲁，曰："迟迟吾行也，去父母国之道也。'去齐，接淅^①而行，去他国之道也。"

【注释】

①淅：音xī，淘米。

【译文】

孟子说："孔子离开鲁国的时候，他说：'我们慢慢走吧，这是离开祖国的态度。'当他离开齐国的时候，不等把米淘完就走了，这是离开别国的态度。"

十八

【原文】

孟子曰："君子之厄于陈蔡之间^①，无上下之交也。"

【注释】

①君子之厄于陈蔡之间：君子，孔子。厄，受困。陈，国名。蔡，国名。其事见《论语．卫灵公》、《史记·孔子世家》。

【译文】

孟子说："孔子受困于陈国、蔡国之间，那是因为他与陈蔡两国君臣之间没有交往。"

十九

【原文】

貉稽①曰："稽大不理②于口。"

孟子曰："无伤也，士憎兹③多口。《诗》云：'忧心悄悄，愠于群小。'孔子也。'肆不殄④厥⑤愠⑥，亦不殒⑦厥问⑧。'文王也。"

【注释】

①貉稽：赵岐注云："貉，姓；稽，名；仕者也。"

②理：顺也。

③兹：这个，这种。

④殄：音 tiǎn，灭绝。

⑤厥：其，他的。

⑥愠：怒。

⑦殒：赵岐注云："殒，失也。"

⑧问：赵岐注云："善声闻。"

【译文】

貉稽说："我被人们说得很坏。"

孟子说："这没有什么关系。士人憎恶这种七嘴八舌。《诗经》上说：'忧愁沉沉压心头，小人视我为眼中钉。'这说的是孔子。'不消灭别人的怨恨，也不失去自己的名声。'这说的是周文王。"

二十

【原文】

孟子曰："贤者以其昭昭使人昭昭，今以其昏昏使人昭昭。"

【译文】

孟子说："贤能之人先使自己明明白白，（然后才去教导别人），使别人也明明白白；现在的人自己都迷迷糊糊，却想用这些迷迷糊糊的东西去使别人明明白白。"

二十一

【原文】

孟子谓高子①曰："山径②之蹊③间④介然⑤用之而成路；为间⑥不用，则茅塞⑦之矣。今茅塞子之心矣。"

【注释】

①高子：赵岐注云："高子，齐人也，尝学于孟子。"

②山径：赵岐注云："山径，山之岭。"

③蹊：音xī，小路。

④间：夹缝，间隙，引伸为极狭窄。

⑤介然：持续不断之意。

⑥为间：赵岐注云："有间也，谓废而不用。"

⑦塞：音sāi，阻塞，堵塞。

【译文】

孟子说："山巅的小路非常狭窄，如果经常去走，它便会成为一条道路；如果废而不走，就会被茅草阻塞。现在茅草也把你的心阻塞住了。"

二十二

【原文】

高子曰："禹之声①尚②文王之声。"

孟子曰："何以言之?"

曰："以追蠡③。"

曰："是奚④足哉? 城门之轨⑤，两马⑥之力与?"

【注释】

①声：音乐。

②尚：超过，高出。

③追蠡：追，钟钮也。蠡，音，lí，赵岐注云："蠡蠡，欲绝之貌也。"

④奚：疑问代词，什么，哪里。

⑤轨：车辙。

⑥两马：泛指，犹言几匹马之意。

【译文】

高子说："禹的音乐超过周文王的音乐。"

孟子问道："凭什么这样说呢？"

高子说："因为流传下来的钟中，禹的钟钮都快断了，（周文王的钟钮则不然）。"

孟子说："这怎么能充分证明呢？城门下的车辙，难道是几匹马的力量所致吗？"

二十三

【原文】

齐饥①。陈臻②曰："国人皆以夫子将复为发棠③，殆④不可复。"

孟子曰："是为冯妇⑤也。晋人有冯妇者，善搏虎，卒为善士。则之野，有众逐虎。虎负嵎⑥，莫之敢撄⑦。望见冯妇，趋而迎之。冯妇攘⑧臂下车，众皆悦之，其为士者笑之。"

【注释】

①饥：饥荒。

②陈臻：人名。

③发棠：棠，齐国邑名，在今山东即墨县南八十里。"发棠"即发棠邑仓廪以赈贷也。

④殆：大概，恐怕。

⑤冯妇：赵岐注云："冯，姓；妇，名也。"

⑥嵎 yú，同"隅"，角落。

⑦撄：音 yīng，碰，触犯。

⑧攘：音 rǎng，挽起，撩起。

【译文】

齐国遭受了饥荒。陈臻对孟子说："国内的人都以为先生会再度规劝齐王打开棠邑之仓廪来赈贷人民，这恐怕不会再做了吧。"

孟子说："如果再这样做了，那我就成了冯妇了。晋国有个叫冯妇的人，擅长于抓捕老虎，后来因此进为士。（有一次），他到野外，碰见有许多人正追赶老虎。老虎被逼到一个角落，但没有人敢上前碰它。他们望见冯妇来了，便快步上前去迎接他。冯妇也就挽起袖子，走下了车子，众人都非常高兴，可那些为士之人却讥笑他。"

二十四

【原文】

孟子曰："口之于味也，目之于色也，耳之于声也，鼻之于臭①也，四肢之于安佚②也，性也，有命焉，君子不谓性也。仁之于父子也，义之于君臣也，礼之于宾主也，知③之于贤者也，圣人之于天道也，命也，有性焉，君子不谓命也。"

【注释】

①臭：音 xiù，气味。

②佚：音 yì，通"逸"，安逸，安闲。

③知：通"智"，智慧，聪明。

【译文】

孟子说："口舌对于美味的喜爱，眼睛对于美色的喜爱，耳朵对于美妙音乐的喜爱，鼻子对于芬芳气味的喜爱，人体四肢对于安逸的喜爱，这一切都是天性，但得到与否，则由命运决定，所以君子不把它们认为是天性的必然。仁对于父子，义对于君臣，礼对于宾主，智慧对于贤人，圣对于天道，这一切能够在他们身上实现与否，那也是由命运决定的，但也有天性的必然，所以君子不把它们认为该由命运决定。"

二十五

【原文】

浩生不害①问曰："乐正子何人也？"

孟子曰："善人也，信②人也。"

"何谓善？何谓信？"

曰："可欲之谓善，有诸③己之谓信，充实之谓美，充实而有光辉之谓大，大而化之之谓圣，圣而不可知之之谓神。乐正之，二之中四之下也。"

【注释】

①浩生不害：赵岐注云："浩生，姓；不害，名；齐人也。"

②信：实在。

③诸：之于。

【译文】

浩生不害问孟子："乐正子这人怎么样呢？"

孟子答道："好人，实在人。"

浩生不害又问："什么叫好？什么叫实在？"

孟子答道："值得让人喜爱便叫'好'，那些好处实际存在于他本身便叫'实在'，那些好处充满于他本身便叫'美'，那些好处充满且光辉地表现出来便叫'大'，'大'且能够教育熏陶别人便叫'圣'，'圣'且达到不可测度的地步便叫'神'。"乐正子这个人，介于'好'和'实在'之中，又在'美'、'大'、'圣'、'神'之下。

二十六

【原文】

孟子："逃墨①必归②于杨③，逃杨必归于儒。归，斯受之而已矣。今之与杨、墨辩者，如追放豚④，既入其苙⑤，又从而招⑥之。"

【注释】

①墨：墨子之道。

②归：归属，归附。

③杨：杨朱之道。

④豚：音 tún，小猪。

⑤苙：音 lì，猪圈。

⑥招：赵岐注云："招，罥也。"罥音 juàn，网。

【译文】

孟子说："离开墨子之道一定会归属于杨朱之道，离开杨朱之道一定会归属儒家。既然归属了，接受他便行了。但现在和杨、墨两家辩论的人，对于自己的学生，好像追逐已放逸的小猪，已经送回猪圈，还要把它网住。"

二十七

【原文】

孟子曰："有布缕之征，粟米之征，力役之征。君子用其一，缓①其二。用其二而民有殍②，用其三而父子离。"

【注释】

①缓：暂时不用。

②殍：音 piǎo，饿死。

【译文】

孟子说:"有征收布帛的赋税,有征收粟米的赋税,有征发人力的赋税。君子在三者之中只用其中的一种,而暂时不用另二种。如果并用其中的二种,百姓之中便会有人饿死;如果三种同时并用,便会使人父子离散,(丧失礼义)。"

二十八

【原文】

孟子曰:"诸侯之宝三:土地、人民、政事。宝①珠玉者,殃②必及身。"

【注释】

①宝:意动用法,以……为宝。
②殃:祸害。

【译文】

孟子说:"诸侯的宝物有三样:国土,人民,惠政。如果视珠玉为宝物,那祸害便会降到他身上。"

二十九

【原文】

益成括①仕②于齐,孟子曰:"死矣,益成括!"
益成括见③杀,门人问曰:"夫子何以知其将见杀?"
曰:"其为人也小有才,未闻君子之大道,则足以杀其躯而已矣。"

【注释】

①益成括:赵岐注云:"益成,姓;括,名也。"

②仕：做官。

③见：表示被动，相当于"被"。

【译文】

益成括在齐国做官，孟子说："益成括必死无疑了！"

益成括被杀（以后），孟子的学生问道："先生怎么知道他会被杀呢？"

孟子答道："他这个人有点聪明，但是不曾知道君子的大道，这足以使他遭杀身之祸了。"

三十

【原文】

孟子之①滕②，馆③于上宫④。有业屦⑤于牖⑥上，馆人求之弗得。或问之曰："若是乎从者之廋⑦也？"

曰："子以是为窃屦来与？"

曰："殆非也"。

"夫予之设科⑧也，往者不追，来者不拒。苟⑨以是心至，斯受之而已矣。"

【注释】

①之：到。

②滕：国名。

③馆：用如动词，住在宾馆、客舍里。

④上宫：赵岐注云："上宫，楼也。"朱熹注云："上宫，别宫名。"也有人说"上宫"即"上舍"，意为上等馆舍。译文从后者。

⑤业屦：赵岐注云："织之有次业而未成也。"

⑥牖：音yǒu，窗。

⑦廋：音sōu，隐藏，藏匿。

⑧设科：开课教授学生。

⑨苟：如果。

【译文】

　　孟子来到滕国，居住在上等馆舍里。馆舍的窗上挂着未织成的草鞋，馆舍里的人寻找不着了。有人便问孟子："是不是跟随您来的人将它们藏起来了呢？"

　　孟子反问道："你以为他们是为了偷草鞋而来的吗？"

　　那人答道："大概不是的。"

　　孟子接着说："我开课教授学生，对他们的态度是离开的不去追问，来求学的一概不拒绝。如果是不怀着学习的心而来，那就接受他们便行了。"

三十一

【原文】

　　孟子曰："人皆有所不忍，达之于其所忍，仁也；人皆有所不为，达之于其所为，义也。人能充无欲害人之心，而仁不可胜用也；人能充无穿逾①之心，而义不可胜用也；人能充无受尔汝之实，无所往而不为义也。士未可以言而言，是以言餂②之也；可以言而不言，是以不言餂之也，是皆穿逾之类也。"

【注释】

①逾：翻越。
②餂：音tiǎn，诱骗。

【译文】

　　孟子说："人人都有不忍心做的事，把它扩大到忍心做的事情上，那就是仁；人人都有不肯做的事，把它扩大到肯做的事情上，那就是义。人能够把不想害人的心充实了，仁便用不尽了；人能够把不挖洞跳墙的心充实了，义便用不尽了；人能够把不受轻贱的言行充实了，那就无论到那里都合于义了。士人不可以与别人谈论的却谈论了，这是以谈论诱骗别人；可以与别人谈论的不谈论，这是以沉默诱骗别人，这些都属于挖洞跳墙一类。"

三十二

【原文】

孟子曰："言近而指远者，善言也；守约而施博者，善道也。君子之言也，不下带①而道存焉；君子之守，修其身而天下平。人病②舍其田而芸③人之田，所求于人者重，而所以自任者轻。"

【注释】

①不下带：朱熹注云："古人视不下于带，则带之上乃目前常见至近之处也。举目前之近事，而至理存焉。"

②病：弊病。

③芸：通"耘"，除草。

【译文】

孟子说："言语浅近却寓意深远的，这是'善言'；所做的事情简单明了却能发扬广大的，这是'善道'。君子的言语，讲的虽是眼前所见的平常事，'道'在其中；君子做的事情，从修养自身开始，从而使天下太平。人的弊病在于舍弃自己的田地，却去耕种别人的田地；要求别人很大很重，要求自己却很小很轻。"

三十三

【原文】

孟子曰："尧舜，性之也；汤武，反之也。动容周旋中礼者，盛德之至也。哭死而哀，非为生者也。经①德不回②，非以干③禄也。言语必信④，非以正行也。君子行法，以俟命而已矣。"

【注释】

①经：行。

②回：同"违"。

③干：求取。

④信：言语真实谓信。

【译文】

孟子说："尧舜行仁德之事是出于本性；商汤周武王经过修身，然后回到仁德的本性上来。动作容貌没有不合于礼的，是美德的最高境界了。吊哭死去的人，目的不是给活着的人看的。依道德而行事，不违背礼，不是为了求取官禄。说话一定言语真实，不是为了让别人知道我行为端正。君子依法度行事，来等待天命罢了。"

三十四

【原文】

孟子曰："说大人①，则藐②之，勿视其巍巍然③。堂高数仞，榱题④数尺，我得志，弗为也。食前方丈⑤，侍妾数百人，我得志，弗为也。般⑥乐饮酒，驱骋田猎，后车千乘，我得志，弗为也。在彼者，皆我所不为也；在我者，皆古之制也，吾何畏彼哉？"

【注释】

①大人：指诸侯。

②藐：音miǎo，轻视。

③巍巍然：高大的样子。

④榱题：榱音cuī，椽子。题，额。意指屋檐。

⑤食前方丈：赵岐注云："食列于前方一丈。"

⑥般：赵岐注云："般，大也。"

【译文】

孟子说："向诸侯进言,就要轻视他,不要把他高高在上的样子放在眼里。殿堂高几丈,屋檐宽几尺,如果我为诸侯,就不这样做。吃饭时菜肴丰盛,在面前摆一丈长,姬妾数百人服侍着,如果我为诸侯,就不这样做。饮酒作乐,骑马田猎,跟随的车子一千辆,如果我为诸侯,就不这样做。他所拥有的,都是我不做的事情;我所拥有的,都是古代的制度,我为什么要害怕他呢?"

三十五

【原文】

孟子曰:"养心莫善于寡欲。其①为人也寡欲,虽有不存焉者,寡矣;其为人也多欲,虽有存焉者,寡矣。"

【注释】

①其:连词,相当于如果,假使。

【译文】

孟子说:"使心性得到修养的最好方法就是减少贪婪的欲望。如果为人行事欲望不多,那人的善性即使有所丧失,也只是微小的部分;如果为人行事欲望很多,那人的善性即使有所保存,也只是微小的一部分。"

三十六

【原文】

曾皙①嗜②羊枣③,而曾子④不忍食羊枣。公孙丑问曰:"脍炙⑤与羊枣孰⑥美?"

孟子曰:"脍炙哉!"

公孙丑曰:"然则曾子何为食脍炙而不食羊枣?"

曰：“脍炙所同也，羊枣所独也。讳名⑦不讳姓，姓所同也，名所独也。”

【注释】

①曾皙：人名。孔子弟子，名点。

②嗜：喜欢。

③羊枣：一种柿子，初生色黄，熟则黑，似羊矢。

④曾子，人名。孔子弟子，名参。

⑤脍炙：脍，音kuài，细切的肉。炙，音zhī，烤肉。

⑥孰：疑问代词，哪一个，哪一样。

⑦讳名：古人对父母君长的名字，不写不讲，叫做避讳。

【译文】

曾皙喜欢吃羊枣，曾子却不忍心吃羊枣。公孙丑问道：“炒肉与羊枣相比，哪一个味更美？”

孟子答道：“当然是炒肉味美！”

公孙丑又问：“既然这样，曾子为什么吃炒肉却不吃羊枣？”

孟子答道：“炒肉是大家都喜欢吃的，羊枣却只是个别人喜欢吃的。这犹如为父母君上的名应该违讳一样，不必去为姓避讳，因为姓是大家都有的，名却是一个人所独有的。”

三十七

【原文】

万章问曰：“孔子在陈曰：‘盍①归乎来！吾党之小子②狂简③，进取，不忘其初④。’孔子在陈，何思鲁之狂士？”

孟子曰：“孔子‘不得中道而兴之，必也狂狷⑤乎！狂者进取，狷者有所不为也。’孔子岂不欲中道哉？不可必得，故思其次也。”

“敢问何如斯可谓狂矣？”

曰："如琴张⑥、曾皙、牧皮⑦者，孔子之所谓狂矣。"

"何以谓之狂也？"

曰："其志嘐嘐⑧然，曰：'古之人，古之人。'夷⑨考其行，而不掩焉⑩者也。狂者又不可得，欲得不屑不洁之士而与之，是獧⑪也，是又其次也。孔子曰：'过我门而不入我室⑫，我不憾焉⑬者，其惟乡原⑭乎！乡原，德之贼⑮也。'"

曰："何如斯可谓之乡原矣？"

曰："'何以是嘐嘐也？言不顾⑯行，行不顾言，则曰：古之人，古之人。行何为踽踽凉凉⑰？生斯世也，为斯世也，善斯可矣。'阉⑱然媚于世者，是乡原也。"

万子曰："一乡皆称原人焉，无所往而不为原人，孔子以为德之贼，何哉？"

曰："非之无举也，刺⑲之无刺也，同乎流俗，合乎污世，居之似忠信，行之似廉洁，众皆悦之，自以为是⑳，而不可与入尧舜之道，故曰：'德之贼也。'孔子曰：恶㉑似而非者，恶莠㉒，恐其乱㉓苗也；恶佞㉔，恐其乱义也；恶利口，恐其乱信也；恶郑声㉕，恐其乱乐也；恶紫，恐其乱朱也；恶乡原，恐其乱德也。君子反经㉖而已矣。经正，则庶民兴；庶民兴，斯无邪慝也。"

【注释】

①盍：何不。

②小子：学生。

③简：赵岐注云："简，大也。"

④初：故旧之地。

⑤狷：音 juàn，洁身自好。

⑥琴张：人名，无从查考，情况不详。

⑦牧皮：人名，无以查考，情况不详。

⑧嘐嘐：音 xiāo xiāo，赵岐注云："忘大言大者也。"

⑨夷：此字不可解读，前人疑其为语首无义之词。

⑩焉：代词，相当于"之"。

⑪獧：同"狷"。

⑫室：家。

⑬焉：代词，相当于"之"。

⑭原：同"愿"，谨善之意。文中"乡原"之意为好好先生。

⑮贼：害。

⑯顾：照应。

⑰踽踽凉凉：朱熹注云："踽踽，独行不进之貌。"赵岐注云："踽踽凉凉，有威仪如无所施之貌也。"

⑱阉然：笑眯眯之貌。

⑲刺：斥责。

⑳是：正确。

㉑恶：厌恶。

㉒莠：音yǒu，一种有害于农作物生长的杂草，名"狗尾草"。

㉓乱：扰乱。

㉔佞：巧言谄媚。

㉕郑声：郑，国名。赵岐注云："郑声，淫人之听也。"指靡靡之音。

㉖反经：赵岐注云："反，归也；经，经常也。"

【译文】

万章问道："孔子在陈国时，说：'为什么不回去呢？我那些学生志大而狂放，进取而不忘本。'孔子在陈国，为什么思念在鲁国的狂放之人呢？"

孟子答道："孔子说：'得不到中行之人同他交往，那一定只能结交狂放之人和洁身自好之人了。狂放之人向前进取，洁身自好之人有所不为。'孔子难道不想结交中行之人吗？如果不能一定得到，所以只想结交次一等的人了。"

万章问道："我冒昧地问先生一下，怎么样的人才能叫做狂放的人？"

孟子答道："像琴张、曾皙、牧皮这类人就是孔子所说的狂放的人。"

万章问道："为什么说他们是狂放的人呢？"

孟子答道："狂放之人志大而言大，嘴里总是说：'古人呀，古人呀！'可是一考察他们的行为，却与言语不合。如果这种狂放之人又不可以得到，便想和不屑于做坏事的人结交，这便是洁身自好的人，这又要次一等了。孔子说：'从我家门口经过，却不进到我的家里来，我没有什么怨恨他的，那只有好好先生了！好好先生是害德的人。"

万章问道："怎样的人就可以叫做好好先生呢？"

万章问道："（好好先生评价狂放之人说），'为什么这样志大言大呢？所说的话与所做的事不相符合，所做的事也与所说的话不相符合，就只会说古人呀，古人呀。'（好好先生评价洁身自好之人说），'又为什么这样郁郁寡欢呢？生在这个世界上，就为这个世界做事，只要过得去就行了。'笑眯眯地谄媚世人的人就是好好先生。"

万章问道："全乡的人都说他是老好人，他也到处表现出一个老好人的样子，孔子竟将其看为害德的人，为什么呢？"

孟子答道："这种人，要说他有什么不好，却又举不出什么大的错误来；要斥责他，却没有什么可斥责的，他只是同于流俗合于污世，居心好像忠诚老实，行为好像清正廉洁，大家都喜欢他，他也自以为正确，但又和尧舜之道格格不入，所以说他是'害德的人'。孔子说：厌恶那种外貌相似内容却截然不同的东西，厌恶狗尾草，因为怕它把禾苗扰乱了；厌恶巧言谄媚，因为怕它把义扰乱了；厌恶夸夸其谈，因为怕他把真实扰乱了；厌恶靡靡之音，因为怕它把雅乐扰乱了；厌恶紫色，因为怕它把红色扰乱了；厌恶好好先生，因为怕它把道德扰乱了。君子使一切事物回到经常正道便行了。经常正道不被歪曲，老百姓就会兴奋积极；老百姓兴奋就没有邪恶了。"

三十八

【原文】

孟子曰："由尧舜至于汤，五百有余岁；若禹陶，则见而知之；若汤，则闻而知之。由汤至于文王，五百有余岁，若伊尹、莱朱①，则见而知之；若文王，则闻而知之。由文王至于孔子，五百有余岁，若太公望，散宜生②，则见而知之；若孔子，则闻而知之。由孔子而来至于今，百有余岁，去圣人之世若此其未远也，近圣人之居若此其甚也，然而无有乎尔，则亦无有乎尔。"

【注释】

①莱朱：赵岐注云："莱朱，亦汤贤臣也。一曰仲虺是也。"
②散宜生：人名。散宜，姓也；生，名也。

【译文】

孟子说："从尧舜到商汤，其间经过了五百多年，像禹、皋陶那些人，便是通过亲眼所见而知道尧舜之道的；像商汤，便只是通过听说而知道尧舜之道的。从商汤到周文王，其间又经过了五百多年，像伊尹、莱朱那些人，便是通过亲眼所见而知道商汤之道的；像周文王，便只是通过听说而知道商汤之道的。从周文王到孔子，其间又经过五百多年，像太公望、散宜生那些人，便是通过亲眼所见而知道周文王之道的；像孔子，便只是通过听说而知道周文王之道的。从孔子一直到现在，其间仅一百多年，跑离圣人的年代如此不远，距离圣人的家乡如此之近，但却没有继承其道的人，也竟然没有继承其道的人。"